生态空间服务绩效与城镇用地扩张的交互关系及协同路径研究

——以晋中市为例

刘慧芳　著

中国农业出版社
北　京

图书在版编目（CIP）数据

生态空间服务绩效与城镇用地扩张的交互关系及协同路径研究：以晋中市为例 / 刘慧芳著. -- 北京：中国农业出版社，2024. 9. -- ISBN 978-7-109-32572-2

Ⅰ. F299. 272.53

中国国家版本馆 CIP 数据核字第 2024QZ6799 号

生态空间服务绩效与城镇用地扩张的交互关系及协同路径研究

SHENGTAI KONGJIAN FUWU JIXIAO YU CHENGZHEN YONGDI KUOZHANG DE JIAOHU GUANXI JI XIETONG LUJING YANJIU

中国农业出版社出版

地址：北京市朝阳区麦子店街 18 号楼

邮编：100125

责任编辑：赵　刚

版式设计：王　晨　　责任校对：赵　硕

印刷：北京中兴印刷有限公司

版次：2024 年 9 月第 1 版

印次：2024 年 9 月北京第 1 次印刷

发行：新华书店北京发行所

开本：720mm×960mm　1/16

印张：16

字数：310 千字

定价：88.00 元

本书由山西省哲学社会科学规划课题“山西县城城乡融合赋能乡村振兴的作用机制与实现路径研究”（2023YJ036）资助出版

前　言

FOREWORD

生态空间高效服务与城镇用地有序扩张协同发展是新时代国土空间规划的重要内容，然而在扩张过程中，快速扩展的城镇用地占用生态空间，破坏、污染生态环境；同时生态空间功能退化也制约了人类对生态服务的需求，直接反映在生态空间服务绩效与城镇用地扩张的交互状态上。在此背景下，生态空间服务绩效如何演变？与城镇用地扩张交互关系如何？有哪些协同治理路径？这些问题的探索对有效推进生态空间服务绩效与城镇用地扩张协同发展，优化国土空间调控具有重要意义。鉴于此，本书构建生态空间服务绩效与城镇用地扩张的交互关系分析框架，以晋中市为例，基于生态服务过程解析晋中市生态空间结构，定量评价生态空间服务绩效，揭示生态空间服务绩效时空演变趋势，明确城镇用地扩张及其与生态空间服务绩效交互关系的时空演变特征，探寻生态空间服务绩效和城镇用地扩张协同发展路径，为生态型国土空间规划提供借鉴。主要内容如下：

（1）分析框架构建。梳理国内外生态空间服务绩效、城镇用地扩张、生态空间服务绩效与城镇用地扩张交互关系的研究进展，以耗散结构理论、景观生态学理论、协同理论与国土空间治理结构理论为基础，围绕“绩效评价—交互机制—协同治理”逻辑主线形成本研究分析框架。本书认为：基于生态服务过程的生态空间服务绩效评价能够提高生态空间服务供给能力的判断准确度；生态空间服务绩效与城镇用地扩张之间交互关系呈非线性、非平衡演变特征；以市域为研究尺度可以兼顾宏观战略和微观管理，能够提出有效协同治理措施。

（2）现状分析。从自然地理、社会经济和土地利用等方面对晋中市资源特征和土地利用演化轨迹进行解析，综合判断城镇用地扩张过程中生态要素响应状态。本书认为：晋中市自然资源丰富，城镇用地扩张以占用耕地和草地为主，生态要素存在的问题包括环境污染、水土流失、水资源短缺和水污染、原材料需求高、生物多样性下降及景观文化需求强烈等。

（3）生态空间服务绩效评价。以景观生态学为基础，结合 MEA 与基于人类需求的生态服务分类结果明确本研究的生态系统服务分类，并基于生态服务过程构建了生态空间服务绩效评价框架，以此分析晋中市生态空间服务绩效演变特征。本书认为：不同生态服务类型下 ECA 主要分布在太岳山及太行山脉中段、高植被覆盖、主干河流等关联区域，EDA 以城镇和农田为主，EAA 是 ECA 和 EDA 的过渡区域并以中、低程度服务功能为主；整体上晋中市不同类型下单项 ECA 和 EAA 服务绩效以中水平为主，ECA 综合服务绩效以高、中水平为主，EAA 综合服务绩效以中、低水平为主；不同类型下单项生态空间服务绩效和生态空间综合服务绩效的高水平面积占比均呈下降趋势，而中、低水平的面积占比均呈不同程度上升趋势，生态空间服务绩效水平有待提高。

（4）城镇用地扩张特征分析。从规模扩张、空间扩张和有序扩张等方面分析城镇用地扩张一般模式，采用扩张规模、扩张速度、扩张比率、FRAC、扩张贡献率分析城镇用地扩张轨迹、形态及占用其他土地类型情况，并以晋中市为例进行实证分析。本书认为：2000—2020 年晋中市城镇用地扩张规模、扩张速度和扩张比率都呈增长趋势，分为快速增长和缓慢增长两个阶段，晋中市城镇用地 FRAC 从 1.014 2 提高至 1.092 3，说明城镇用地是外延式扩张，以占用耕地和草地为主；从乡镇层面看，晋中市西部地区的城镇用地扩张速度一直高于东部地区，晋中市西部是城镇建设集中区，而晋中市东部的扩张比率高于西部地区，因为东部城镇用地基数面积较小，造成扩张比率偏高。

（5）生态空间服务绩效与城镇用地扩张交互关系解析。以耗散结构理论为指导，从生态空间服务绩效与城镇用地扩张交互关系的形成、判别、演化等方面揭示两者交互机制，采用圈层梯度分析、脱钩分析和空间自相关方法，以晋中市为例，从数量、速度和时空3个层面反映生态空间服务绩效与城镇用地扩张之间的交互关系。本书认为：①总体上生态空间服务绩效随着城镇距离增加而增加，两者为权衡关系，以非线性、不均衡变化为主要形式。2000—2020年不同类型的单项生态空间服务绩效及生态空间综合服务绩效与城镇用地扩张之间的脱钩关系包括强正脱钩、弱正脱钩和扩张性负脱钩3种类型，以强正脱钩为主，由强正脱钩转为弱正脱钩和扩张性负脱钩为发展趋势，总体表明随着城镇用地扩张，生态空间服务绩效逐步降低。2000—2020年不同类型的单项生态空间服务绩效及生态空间综合服务绩效与城镇用地扩张的空间相关关系以正相关转为负相关为主，服务绩效随着城镇用地扩张呈倒U形变化趋势。②两者交互关系时空演变特征如下：从梯度视角看，生态空间服务绩效是城镇距离变化的函数，随着距离增加绩效水平呈非线性变化；从脱钩视角看，城镇用地扩张对生态空间服务绩效产生不同的累积效应，并具有时间滞后效应，不同类型下EAA服务绩效与城镇用地扩张的交互强度更高；从空间相关性来看，两者呈现空间布局不匹配性和空间滞后性，空间正相关关系以低水平正相关为主。

（6）协同路径探寻。依据“要素整合-空间优化-功能提升”逻辑顺序提出工程措施、空间规划、政策制度的协同治理框架。本书认为：协同路径包括：①以工程措施为抓手整合生态要素。根据服务绩效评价结果构建空间优化分区矩阵，并结合障碍因素的障碍度大小排序，最终制定相应的空间调控模式。空间优化分区包括生态功能重点提升区、生态供给提升区、生态传递提升区、生态服务供给区，重点根据前3类分区内障碍因素的障碍度排序提出相应工程组合模式。②以空间规划为依托促进空间结构优化。采用FLUS模型对2035年晋中市国土空间结构进行多情景模拟预测，并识别多情景下新增建设用地与生态用地形成的冲突区域，基于优化分区矩阵设定冲突区调整依据，进行空间优化，最后对优化结果进行检验。最终认为：城市扩张情境下国土空间结构能够兼顾城镇扩张和生态保护，更有利于晋中市平衡城镇发展与生态保护；城镇用地扩张情境下2035年相较于2020年城镇建设用地可增加57.07km²，耕地增加13.00km²，林地增加125.8km²，草地下降281.68km²，增加林地面积可有效支持和维护关键生态服务过程的完整性，提高生态空间服务绩效，新增城镇建设用地可为社会经济发展提供资源支持。③以政策制度为保障提升系统功能。基于共生理论，按照“共生单元功能提升、共生界面交流强化、共生环境制度完善、共生模式协同优化”的系统优化目标，构建政策制度保障体系。

著　者

2024年5月

目　　录

CONTENTS

前言

第 1 章　绪论 …… 1

1.1　研究背景与研究意义 …… 1

1.1.1　研究背景 …… 1

1.1.2　研究意义 …… 5

1.2　研究目标与研究内容 …… 6

1.2.1　研究目标 …… 6

1.2.2　研究内容 …… 7

1.3　研究方法与技术路线 …… 9

1.3.1　研究方法 …… 9

1.3.2　技术路线 …… 10

1.4　可能的创新点和不足之处 …… 12

1.4.1　可能的创新点 …… 12

1.4.2　不足之处 …… 12

第 2 章　文献综述 …… 14

2.1　生态空间服务绩效研究综述 …… 14

2.1.1　生态系统服务分类 …… 14

2.1.2　生态空间结构 …… 17

2.1.3 生态空间服务绩效评价 …… 19
2.2 城镇用地扩张研究综述 …… 23
2.2.1 城镇用地扩张概念与内涵 …… 23
2.2.2 城镇用地扩张格局与过程 …… 24
2.2.3 城镇用地扩张模式 …… 26
2.2.4 城镇用地扩张路径 …… 26
2.3 生态空间服务绩效与城镇用地扩张的交互关系研究综述 …… 27
2.3.1 生态空间服务绩效与城镇用地扩张交互关系 …… 27
2.3.2 生态空间服务绩效与城镇用地扩张协同路径 …… 29
2.4 文献述评 …… 30

第 3 章 基础理论及分析框架 …… 32

3.1 基本概念 …… 32
3.2 理论基础 …… 34
3.2.1 耗散结构理论 …… 34
3.2.2 景观生态学理论 …… 38
3.2.3 协同理论 …… 39
3.2.4 国土空间治理理论 …… 40
3.3 分析框架 …… 41
3.4 本章小结 …… 43

第 4 章 研究区概况与数据准备 …… 44

4.1 数据来源与处理方法 …… 44
4.2 研究区概况 …… 46
4.2.1 自然地理概况 …… 46
4.2.2 社会经济概况 …… 52
4.2.3 土地利用特征 …… 54
4.3 生态要素响应及问题分析 …… 59

第 5 章　生态空间服务绩效评价 …… 62

5.1　生态空间服务绩效评价思路 …… 62

5.1.1　生态系统服务分类 …… 62

5.1.2　生态空间结构解析 …… 65

5.1.3　生态空间服务绩效评价 …… 74

5.2　生态空间结构解析 …… 78

5.2.1　生态空间结构解析方法 …… 78

5.2.2　晋中市生态空间结构特征分析 …… 84

5.3　生态空间服务绩效评价 …… 98

5.3.1　评价目标 …… 98

5.3.2　评价指标 …… 99

5.3.3　评价模型 …… 104

5.3.4　晋中市单项生态空间服务绩效解析 …… 107

5.3.5　晋中市生态空间综合服务绩效解析 …… 120

5.4　本章小结 …… 121

第 6 章　生态空间服务绩效与城镇用地扩张的交互关系分析 …… 126

6.1　交互机制分析 …… 126

6.1.1　交互关系形成过程 …… 126

6.1.2　交互关系判断原则 …… 129

6.1.3　交互关系演变路径 …… 130

6.2　交互关系判别 …… 132

6.2.1　圈层梯度分析 …… 132

6.2.2　脱钩分析 …… 133

6.2.3　双变量空间自相关 …… 137

6.3　城镇用地扩张时空变化特征 …… 138

6.3.1　城镇用地扩张一般模式 …… 138

6.3.2 城镇用地扩张分析指标 …… 141
6.3.3 晋中市城镇用地扩张特征 …… 142
6.4 晋中市生态空间服务绩效距城镇用地的梯度变化分析 …… 146
6.4.1 生态空间服务绩效梯度变化及曲线拟合模型 …… 146
6.4.2 生态空间服务绩效梯度变化特征分析 …… 148
6.5 晋中市生态空间服务绩效与城镇用地扩张的脱钩分析 …… 152
6.5.1 脱钩分析 …… 152
6.5.2 脱钩视角下交互关系演变特征 …… 160
6.6 晋中市生态空间服务绩效与城镇用地扩张的空间自相关分析 …… 161
6.6.1 空间自相关分析 …… 161
6.6.2 空间自相关视角下交互关系演变特征 …… 177
6.7 本章小结 …… 178

第7章 生态空间服务绩效与城镇用地扩张协同路径 …… 181

7.1 协同治理逻辑框架 …… 181
7.2 基于生态要素修复和整合的工程措施 …… 183
7.2.1 工程措施与生态空间服务绩效关联逻辑 …… 183
7.2.2 生态空间优化分区 …… 185
7.2.3 不同优化分区的障碍因素 …… 189
7.3 基于空间结构调整和优化的国土规划 …… 193
7.3.1 FLUS模型原理 …… 194
7.3.2 多情景设置 …… 195
7.3.3 FLUS模型参数设置 …… 201
7.3.4 多情景下城镇用地扩张模拟结果 …… 205
7.3.5 多情景下国土空间格局冲突 …… 207
7.3.6 优化结果检验 …… 212
7.4 基于系统功能提升的政策制度 …… 215
7.4.1 提升共生单元优势功能 …… 216

7.4.2　强化共生界面交流渠道 ………………………………………… 218
7.4.3　完善共生环境制度 ………………………………………………… 220
7.4.4　协同优化共生模式 ………………………………………………… 221
7.5　本章小结 ………………………………………………………………… 221

第8章　结论与展望 …………………………………………………… 224

8.1　研究结论 ………………………………………………………………… 224
8.2　研究展望 ………………………………………………………………… 228

参考文献 ……………………………………………………………………… 230

第1章 绪 论

1.1 研究背景与研究意义

1.1.1 研究背景

1. 生态空间保护与城镇用地扩张之间矛盾日益凸显

世界各国经济发展与城镇化经验表明，城镇化与经济发展需要一定规模的土地资源消耗作为代价，其中城镇用地是城镇人口活动和经济产业发展的主要载体，从2000年到2030年，世界城市建成区面积将增加两倍[1]；1980—2005年中国城镇化率每提高1%占用建设用地1 004km^2，预计在2005—2030年期间中国城镇化率每提高1%占用建设用地达3 459km^2[2]。《全国国土规划纲要（2016—2030年）》指出，随着新型工业化、信息化、城镇化、农业现代化同步发展，2015年实际供地达到53万hm^{2}且资源需求继续保持强劲势头，但资源利用方式较为粗放，人均城镇工矿建设用地面积为149m^2，人均农村居民点用地面积为300m^2，远超国家标准上限；2000—2015年中国城镇建成区面积增长了113%，以外围扩张及内部集约为主要增长方式[3]；根据2021年第三次全国国土调查结果，城市土地节约集约利用程度不高的问题依然突出，城镇化过程中建设用地资源配置仍以拓展增量、规模扩张为主[4]。因此，城镇用地扩张仍然是主要趋势。然而生态空间与城镇空间是关联性较高的空间单元，一方面生态空间受到城镇用地扩张挤压，损害了生态空间的地形地貌、气候水文、植被生物等自然本底条件，导致生态用地减少、生态环境质量下降和生态压力指数上升[5]；生态空间绿色网络廊道有可能被集中连片的城镇用地割裂，降低生态空间自然要素流动的连通性，破坏生态空间结构的完整性[6]；周边生态空间受到城镇用地扩张的扰动，直接导致绿地景观面积减少及生物多样性降低[7-8]，2019 年联合国发布的《生物多样性和生态系统服务全球评估报告》中指出，全球近百万种生物正在濒临灭绝，25％的动植物受到人类负面环境足迹的威胁，生物多样性和生态系统退化，而土地开发利用是首要原因；另一方面生态空间服务功能受到城镇用地扩张的影响而减弱，人类为了满足自身生产生活需求，不断加大城市建设，增加不透水面地表，削弱了生态空间系统的空气调节、水文调节、污染处理、景观文化等服务功能，导致生态空间无法为人类提供高质量的生态服务。同时，当生态环境恶化超过生态空间承载能力，会威胁城镇发展的生态安全，也会降低为城镇人口提供不同类型生态系统服务的质量；国家为了遏制生态环境恶化问题，加大了生态空间保护措施，客观上也制约了城镇用地扩张规模和速度，约束了社会经济发展对城镇用地的需求，限制了城镇发展的潜在能力。生态空间保护与城镇用地扩张之间交互强度增加，矛盾也日益凸显，成为目前国内外学术界普遍关注的一大难点问题。

1991 年世界卫生组织指出城镇化带来了自然环境恶化与城市居住人口生活质量下降等问题，影响全球生态环境的安全。2001—2005 年实施的千年生态系统评估计划对城市生态系统进行评价，结果表明随着气候变化城市生态系统脆弱性呈递增趋势；2012 年由国际科学理事会、国际社会科学联盟发起，联合国教科文组织、联合国环境署等组织牵头的大型科学计划“未来地球计划”（2014—2023 年），首次将“人类发展”作为影响地球环境主要因素放在其研究框架中，其宗旨在于解决全球环境变化给人类社会发展带来的挑战，融合自然和社会科学研究，为全球可持续发展提供基础性的理论研究框架，其中生态过程与城镇发展的交互作用机理、阈值、风险等研究是本计划的重点领域[9-10]。我国学者和相关部门对城镇扩张与生态环境的相互作用也进行了深入研究。2013 年中国工程院重大咨询项目《中国特色新型城镇化发展战略研究》中课题五“城镇化进程中的生态环境保护与生态文明建设研究”对我国快速城镇化进程中出现的资源短缺、环境污染、生态危机等问题进行全面梳理和分析，提出了以生态文明理念贯穿新型城镇化道路的全过程，构建与国土生态安全相适应的城镇发展空间，控制建筑总量和营造速度，推进绿色、低碳、循环、生态的产业体系和绿色健康的消费方式，弘扬生态文化，创新政策体系等综合建议。2014 年中国科协在“未来地球计划”框架下针对中国可持续发展与生态文明关键问题，确定了 12 项研究主题，实现中国可持续发展、生态文明建设和生态文明体制改革、科技创新为先导等目标[11]。2019 年教育部人文社科项目《基于博弈的城镇用地扩张和生态网络保护空间耦合与优化管控研究》对城镇用地扩张与生态网络保护的耦合关系进行研究。

2. 协同发展是国土空间规划的重要指引

2017 年党的十九大报告提出人与自然和谐共生的基本方略[12]。这一基本方略强调人民日益增长的优美生态环境和美好生活需要并存，折射出生态空间高效服务与城镇用地有序扩张要协同发展，也是当前国土空间规划的目标；2019 年《关于建立国土空间规划体系并监督实施的若干意见》指出新时代国土空间规划应以生态文明为导向，实现高质量发展、高品质生活、高水平治理，满足城市高质量发展需求[13]；《市级国土空间总体规划编制指南》中要求贯彻新时代新要求，“增强城市韧性和可持续发展的竞争力”；2020 年 7 月，中央政治局会议指出“我国已进入高质量发展阶段”，我国经济发展模式从重规模和速度向重质量和效益转型[14-15]；中国“十四五”规划也指出，优化空间布局是推进区域协同发展的重要手段[16]；2022 年中共二十大报告指出“要站在人与自然和谐共生的高度谋划发展”“深入实施新型城镇化战略，构建优势互补、高质量发展的区域经济布局和国土空间体系”。因此生态空间服务与城镇用地开发协同发展是本轮国土空间规划新方向，要基于协同理论指导生态空间保护及与城镇开发建设相协调的空间规划，致力于提高生态空间服务供给质量和水平，满足城镇人口对生态空间服务质量日益增长的需求，引导城镇用地有序扩张，满足社会经济发展对建设用地的需求。

国土空间规划的前期工作是对生态空间服务供给水平和效率进行测度、评价和管理，既是在市域尺度上落实生态空间规划的基础，也是认识生态空间保护与城镇空间开发协同发展的重要环节与管理手段[17]；“十三五”规划首次提出“建立由空间规划、用途管制、差异化绩效考核等构成的空间治理体系”，《“十三五”生态环境保护规划》《中共中央 国务院关于建立国土空间规划体系并监督实施的若干意见》先后提出“提升生态环境管理信息化，加强环境监督以及提升生态空间管控水平”、“以高质量、高效率为国土空间开发保护主要指导思想，全面实施国土空间监测预警和绩效考核机制”[18]；目前已有研究也通过绩效评判模式针对生态系统质量及对外服务效应进行评价，为生态空间规划、管控、管理的实践操作提供决策依据[19]。因此，完成生态空间服务绩效的实时监督、定量评价和可视化表达等工作，需探讨生态空间服务绩效的理论内涵，明确绩效评估的价值导向，构建可量化的绩效评价指标体系，对提升生态空间保护利用价值具有重要意义，也是贯彻落实新时代国家对国土空间整体战略布局的体现[20]。

3. 晋中市是生态脆弱与快速城镇化的重叠区域

晋中市位于黄河流域中游区域，是山西省重点开发地区，在经济基础、科研创新、城镇体系及辐射能力等方面表现较强。根据第五次全国经济普查数据 2000 年晋中市城镇化率为 32.3%，低于山西省平均水平约 3%，低于全国平均水平约 4.6%；2020 年晋中市城镇人口为 202.81 万人，占总人口的 60%，低于山西省约 2.53%，低于全国约 3.89%；虽然过去 20 年间晋中市城镇化率增加 27.7%，但仍低于全国和全省的平均城镇化水平（图 1.1），因此“十四五”规划期内晋中市城镇化仍是发展的重要任务。总之，随着城镇化进程加快，土地利用强度提升潜力有限的条件下，必然形成对新增城镇建设用地的刚性需求。

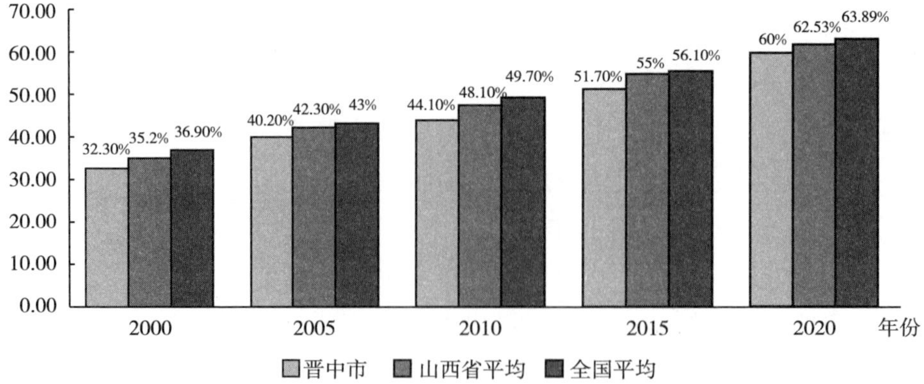

图 1.1　2000—2020 年晋中市城镇化率与全国、全省平均水平比较分析

根据山西省主体功能区划分，晋中市属于太行山南部水源涵养与生物多样性保护生态功能区，承担土壤保持、产品供给、水源涵养等重要生态功能；属于海河支流卫河的主要水源涵养区，该地区降雨多且集中；植被主要分布在东部山地丘陵区，2020 年共有 2 大类 28 处自然保护地，总面积 2 196.27hm^2，占全市总面积的 13.39%。晋中市处于华北平原黄土高原区和北方农牧交错生态脆弱区区，山地面积 10 490km^2，占全市总面积的 63.9%，高于全省山地所占比重；市域内和顺县、左权县、榆社县位于清漳河水源涵养区，区内降雨多且集中，水土流失严重；灵石县为吕梁山水源涵养及水土保持生态功能区，县内水土流失严重且煤炭开采点多，植被系统破坏严重；总体上晋中市是生态资源配置不均衡、坡地撂荒多、水土流失面积大的生态脆弱区，具有研究的典型性。

综上所述，城镇用地扩张过程中引起严重的生态环境问题，进而导致生态空间服务绩效下降，不能满足人类发展对高质量生态服务需求，使得国内外学术界和决策部门对生态空间服务绩效与城镇用地扩张的交互关系研究逐渐升温。鉴于此，本研究以协同发展为目标，构建生态空间服务绩效与城镇用地扩张交互关系的分析框架，主要回答“生态空间结构如何识别，生态空间服务绩效如何评价，城镇用地扩张形式如何，生态空间服务绩效与城镇用地扩张交互关系如何演变、如何协同发展”等问题，并以晋中市为例，系统评估 2000—2020 年晋中市不同服务类型下生态空间服务绩效水平，定量识别城镇用地扩张的时空演变特征，深入探究生态空间服务绩效与城镇用地扩张交互关系的非线性态势以及不均衡时空演变特征，最后提出协同治理路径，以期为国土空间规划和治理提供理论依据及实施措施。

1.1.2 研究意义

1. 理论意义

基于生态服务过程的生态空间服务绩效评价，为生态系统服务评价提供新的研究思路。

生态空间服务绩效评价是生态学、地理学、管理学等学科研究的基础内容，通过对生态系统服务绩效评价可为区域生态规划管理提供科学依据，但目前生态系统服务绩效评价偏向于状态评价和静态评价，评价结果难以准确反映其本质内涵。因此本研究以景观生态学理论为指导，从供给与需求的视角明确生态系统服务分类，构建“生态空间结构—生态空间属性”关联组合评价指标体系，采用物元模型和二次等权加和模型，动态评价生态空间服务绩效，反映“生态空间结构—生态空间属性”关联组合是否有效支撑生态服务过程，探究生态服务过程中生态供给效率和生态传递效率，为生态系统服务评价提供新的视角，为完善生态空间服务绩效与城镇用地扩张的交互关系研究提供理论依据。

2. 实践意义

为生态空间服务绩效与城镇用地扩张协同提升为目标的空间规划编制提供实践支撑。

晋中市位于黄河中游、山西省中部地区，地处北方农牧交错生态脆弱区，也是我国第二阶梯向第三阶梯过渡地带，境内生态环境条件空间异质性特征明显；然而，随着城镇用地扩张，占用了生态用地并破坏原有生态空间结构，从而降低了生态空间支撑生态过程的能力。本研究通过对多生态服务过程耦合分析，解析晋中市生态空间结构，在提高生态空间服务绩效、保障城镇用地有序扩张的协同发展目标下，从市域层面分析生态脆弱区域城镇用地扩张过程中生态要素响应问题，明确生态空间服务绩效与城镇用地扩张交互关系的时空演变特征，以此调整国土空间结构和布局，优化国土空间格局；实现生态空间服务绩效和城镇用地扩张协同发展，为高效服务型市级国土空间总体规划编制提供参考；对实现在一定生态资源条件下，推进城镇用地扩张和生态空间服务绩效协同发展，促进城镇发展与生态保护具有一定现实意义。

1.2 研究目标与研究内容

1.2.1 研究目标

在新时代背景下，揭示生态空间服务绩效与城镇用地扩张的交互关系，寻求两者协同发展路径，达到资源优化配置，提升生态保护水平和城镇化发展质量，实现国土空间均衡发展的目标。

（1）构建基于生态服务过程的服务绩效评价体系。基于生态空间结构、生态服务过程和生态系统服务的关联关系，首先确定生态系统服务分类，其次明确不同生态服务类型下生态空间结构及生态空间属性的解析原则和方法，再者建立“生态空间结构—生态空间属性”关联组合构成的多维度评价指标体系，采用数学模型测度晋中市不同类型单项服务绩效水平及综合服务绩效水平，探究其时空演变特征，为研究生态空间服务绩效与城镇用地扩张的交互关系提供基础。

（2）建立生态空间服务绩效与城镇用地扩张之间交互关系的理论与实证研究框架。基于生态空间服务绩效与城镇用地扩张的交互机制，采用梯度分析、脱钩分析和空间自相关方法，判别晋中市两者交互状态及其空间分布，明确两者交互关系的数量、速度、时空演变特征，为探寻协同路径提供决策参考。

（3）设计生态空间服务绩效与城镇用地扩张的协同目标和优化路径。基于“要素整合—结构优化—功能提升”的协同目标，从“工程措施—空间规划—制度保障”3 个方面确定调控模式和协同路径，为提升国土空间治理能力提供理论支撑和决策依据。

1.2.2 研究内容

研究生态空间服务绩效与城镇用地扩张之间交互关系的目的是促进两者协同发展，既满足社会经济发展对城镇建设用地规模的需求，又提升生态空间服务绩效并为城镇用地扩张提供生态安全支持。本研究旨在探究晋中市“生态空间结构如何解析，生态空间服务绩效如何评价，城镇用地扩张形式如何，生态空间服务绩效与城镇用地扩张交互关系如何演变、如何协同发展”，具体研究内容包括分析框架构建、生态空间服务绩效评价、城镇用地扩张分析、交互关系判断、协同路径优化等五部分内容：

1. 构建“绩效评价—交互机制—协同路径”为逻辑线的分析框架

通过梳理国内外相关文献，以景观生态学、耗散结构论、协同论、国土空间治理结构为理论指导，明确核心概念内涵；从供给和需求的角度，确定本研究中生态系统服务的分类；基于生态服务过程建立不同单项生态服务的生态空间结构解析理论依据和方法模型；基于生态空间结构、生态服务过程与生态系统服务的相关关系，依据“生态空间结构—生态空间属性”关联组合构建评价指标体系，借助 GIS 平台和计算软件建立评价模型；探讨生态空间服务绩效与城镇用地扩张的交互关系的形成过程、判断依据、演变路径，明确优化两者交互关系的理论依据；以“要素整合-结构优化-功能提升”为协同目标，从“工程措施—空间规划—制度保障”3个方面确定协同路径。

2. 评价生态空间服务绩效水平

明确生态空间服务绩效评价的思路，确定生态系统服务分类，厘清“生态空间结构—生态服务过程—生态系统服务”的级联效应，采用 InVEST 模型、水文模型、MCR 模型解析不同生态服务类型下生态服务供给区（ECA）和生态服务关联区（EAA）；构建“ECA - EAA”与“空间异质性—空间连通性”关联组合评价指标体系，采用物元模型和二次等权加和模型，评价不同类型下单项服务绩效及综合服务绩效水平；结合晋中市国土空间格局特征，解析生态空间结构，探究生态空间服务绩效时空演变特征，为探寻生态空间服务绩效与城镇用地扩张的交互关系与协同路径提供基础。

3. 解析城镇用地扩张模式及特征

从规模扩张、空间扩张、有序扩张等方面分析城镇用地扩张一般模式，采用扩张速度、扩张比率、扩张贡献率、扩张形态等指标分析 2000—2020 年晋中市城镇用地扩张特征。

4. 揭示生态空间服务绩效与城镇用地扩张交互机制

剖析交互机制，采用圈层分析、脱钩分析和空间自相关模型，定量分析晋中市生态空间服务绩效与城镇建设用地扩张交互关系状态，明确两者交互关系的时空演变特征。具体内容包括：以生态空间服务绩效与城镇用地扩张相互作用关系为出发点，探讨生态空间绩效变率与城镇用地扩张率组合形成的交互关系判定原则，从梯度效应和时空演变两个层面探讨交互关系演变路径，以晋中市为例进行实证分析。

5. 探寻生态空间服务绩效与城镇用地扩张的协同路径

首先根据障碍度模型分析不同生态空间优化分区的主要障碍因素，据此从工程措施层面提出对应调控模式。其次运用 FLUS 模型对晋中市 2035 年国土空间在自然增长情景、城镇扩张情景和综合发展情景下进行空间结构模拟，通过采用生态空间服务绩效作为刚性约束叠加多情景模拟结果，解析出冲突区；根据生态空间优化分区设定冲突区调整优化原则，得到优化后多情景模拟国土空间格局，利用综合效益指数对多情景国土空间格局优化结果进行检验，筛选出最佳方案，优化空间格局促进生态空间服务绩效与城镇用地扩张协同发展。最后根据共生理论提出提升城镇用地与生态空间构成的复合系统功能的制度政策。综上，通过对晋中市城镇用地扩张过程与生态空间服务绩效响应机理分析，从“要素整合-结构优化-功能提升”3 个维度，提出“工程措施—空间规划—制度保障”协同路径。

1.3 研究方法与技术路线

1.3.1 研究方法

1. 归纳与演绎相结合的文献分析法

以生态空间服务绩效与城镇用地扩张的交互关系研究为导向，通过 CNKI、Web of Science 等数据库，检索国内外有关城镇用地扩张、生态空间服务绩效及两者交互关系的研究文献，对其进行系统梳理、评述和归纳总结，从整体上认识城镇用地扩张及其生态空间服务绩效响应的研究理论与成果，总结生态空间服务绩效与城镇用地扩张交互作用呈现出的基本特征，剖析两者交互作用机制，寻求本研究的切入点和主要科学问题，归纳建立本研究的理论基础；结合研究区城镇用地及生态条件的区域特征，探寻城镇用地扩张与生态服务过程分析的关联性实践成果，演绎基于相关理论框架的生态空间服务绩效与城镇用地扩张的交互关系及两者协同发展路径。

2. GIS平台支撑下的空间分析方法

空间分析方法主要是定量分析城镇用地扩张过程中生态空间服务绩效响应的空间信息。本研究将在GIS空间数据分析软件支持下，建立研究区生态环境要素、土地利用和社会经济等数据库。首先借用GIS平台对遥感数据、大气污染、地表径流等数据进行预处理，提取DEM数据、土地利用类型、景观斑块类型、NDVI、社会经济等空间数据；其次借助GIS平台中的基础模型，分析城镇用地扩张过程和生态服务过程的时空分异规律，对城镇用地扩张过程中的生态空间服务绩效响应进行空间可视化表达，为探寻生态空间服务绩效与城镇用地扩张协同发展路径奠定基础。

3. 计算机软件支撑下的模型分析方法

在定性分析的基础上，运用定量模型对定性分析结果进行支撑验证。首先，采用InVEST模型软件模拟分析生态空间的土地保持能力和生境质量及Fragstats软件对景观斑块指数的变化，及依托GIS平台的MCR、集水区等模型对生态空间结构的解析及生态空间服务质量评价；其次，采用Origin进行非线性模拟，探寻城镇距离与不同类型生态空间服务绩效的非线性关系；再次，采用扩张指数模型、物元分析模型及二次等权加和模型、脱钩模型、空间自相关分别探讨城镇用地空间扩张过程、扩张模式和生态空间服务绩效水平以及两者交互关系；最后，采用FLUS模型对国土空间结构进行模拟预测，揭示生态空间服务绩效与城镇用地扩张的权衡关系，为生态空间服务绩效与城镇用地扩张协同调控路径提供方法支撑。

1.3.2 技术路线

本研究按照“绩效评价-交互机制-协同路径”的逻辑主线，依据研究目标、分析框架、研究基础、绩效评价、用地扩张、交互关系、协同路径等内容构建技术路线（图1.2）。

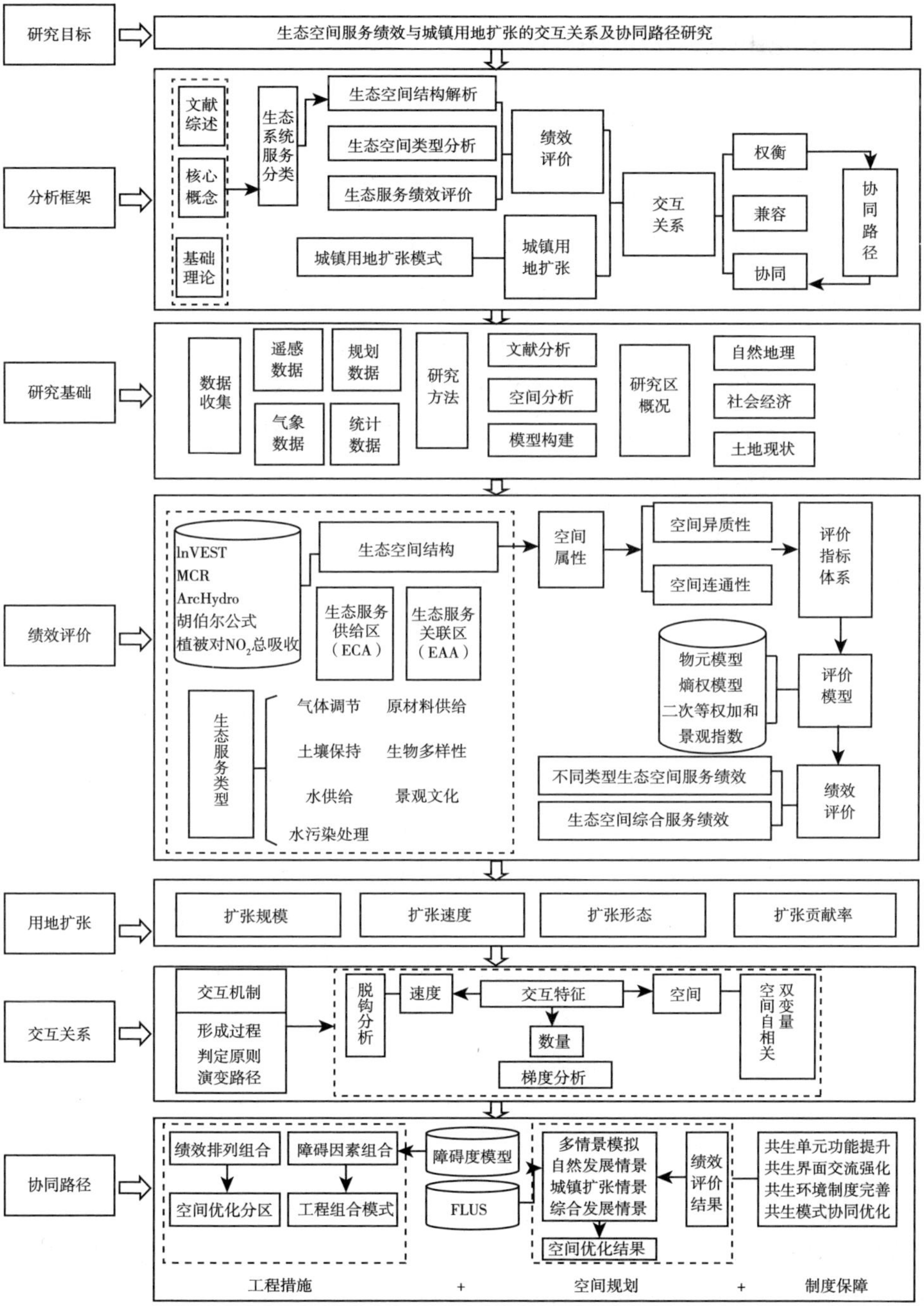
研究目标
生态空间服务绩效与城镇用地扩张的交互关系及协同路径研究
分析框架
文献综述
核心概念
基础理论
生态系统服务分类
生态空间结构解析
生态空间类型分析
生态服务绩效评价
绩效评价
城镇用地扩张模式
城镇用地扩张
交互关系
权衡
兼容
协同
协同路径
研究基础
数据收集
遥感数据
规划数据
气象数据
统计数据
研究方法
文献分析
空间分析
模型构建
研究区概况
自然地理
社会经济
土地现状
绩效评价
lnVEST
MCR
ArcHydro
胡伯尔公式
植被对NO_2总吸收
生态空间结构
生态服务供给区（ECA）
生态服务关联区（EAA）
空间属性
空间异质性
空间连通性
评价指标体系
物元模型
熵权模型
二次等权加和
景观指数
评价模型
生态服务类型
气体调节
原材料供给
土壤保持
生物多样性
水供给
景观文化
水污染处理
不同类型生态空间服务绩效
生态空间综合服务绩效
绩效评价
用地扩张
扩张规模
扩张速度
扩张形态
扩张贡献率
交互关系
交互机制
形成过程
判定原则
演变路径
脱钩分析
速度
交互特征
空间
数量
梯度分析
双变量空间自相关
协同路径
绩效排列组合
障碍因素组合
空间优化分区
工程组合模式
障碍度模型
FLUS
多情景模拟
自然发展情景
城镇扩张情景
综合发展情景
空间优化结果
绩效评价结果
共生单元功能提升
共生界面交流强化
共生环境制度完善
共生模式协同优化
工程措施
+
空间规划
+
制度保障

图 1.2　技术路线

1.4 可能的创新点和不足之处

1.4.1 可能的创新点

（1）基于生态服务过程构建了生态空间服务绩效评价框架。以不同服务类型的生态服务过程为依据，首先解析生态空间结构为 ECA 和 EAA，其次结合生态空间属性的空间异质性和空间连通性特征，构建“生态空间结构—生态空间属性”关联组合评价逻辑，采用熵权法、物元模型、二次等权加和法组合模型，明晰生态空间服务绩效评价思路。以晋中市域为研究区，揭示了晋中市不同类型的单项生态空间服务绩效与生态空间综合服务绩效的时空分异与演变特征。

（2）基于时间变化和空间分异的角度，采用圈层分析、脱钩分析和空间自相关分析，定量测度生态空间服务绩效与城镇用地扩张的交互关系，多层次、多角度揭示了晋中市生态空间服务绩效与城镇用地扩张交互关系的时空演变特征。

（3）基于“要素整合-空间优化-功能提升”的逻辑顺序提出了“工程措施—空间规划—政策制度”的治理路径，涵盖从微观到宏观的多尺度综合协同治理实施路径。首先基于生态优化分区叠加影响因子障碍度，针对性提出分区工程措施组合；其次采用 FLUE 模型对空间格局多情景模拟预测，在此基础上根据生态空间优化分区判断矩阵，对新增建设用地和生态用地的冲突区进行优化调整，得到空间格局优化结果；最后基于共生理论，提出“共生单元功能提升、共生界面交流强化、共生环境制度完善、共生模式协同优化”的政策制度保障体系。

1.4.2 不足之处

由于基础数据获取条件限制，模型软件的模拟预测精度有限，以及本人对生态服务过程的解析程度有限，本研究在对不同生态空间服务绩效评价过程中，存在不同服务类型生态空间结构解析不全面、评价指标构建不完善等问题；在评价基准设定时，本研究只是从宏观层面分析了生态服务过程中空间异质性和空间连通性各项指标的生态意义，与现实区域各项指标所表现的生态意义会存在一定出入；此外，本研究是从市域层面分析了城镇用地扩张程度，并未对其扩张方向、扩张重心转移、扩张形态及扩张差异化进行深入探讨，这些扩张指标的变化与不同类型的生态空间服务绩效将会形成不同的交互关系；另外，本研究只是刻画了市域层面生态空间服务绩效与城镇用地扩张交互关系的时空演变特征，并未对两者交互关系的突变阈值进行测算，也未对影响因素进行深入探讨；因此，以上关键性问题将在后续研究中继续深化，为国土空间规划提供合理依据。

第 2 章　文献综述

2.1　生态空间服务绩效研究综述

2.1.1　生态系统服务分类

生态系统服务最早在 1997 年 Daily[21] 提出，并列举出涵盖主要生态系统服务类型的清单。表明生态系统所提供的服务是多样化的，从不同方面为人类提供福祉（表 2.1）。同年，Costanza[22-23] 从价值视角将 16 个生物圈划分为 17 类生态系统服务，并评估了全球生态系统的自然资本为 33 万亿美元。2008 年提出生态系统具有空间属性和市场属性，一方面不同尺度、不同位置产生的生态系统功能和服务也具有空间异质性特征，可将这种空间特征分为全球非邻近、局部邻近、流动方向性、原位性和用户流动 5 类生态系统服务；另一方面生态系统服务和产品可在市场中进行交换，具有商品的竞争性和排他性，因此生态系统服务分类可分为竞争性、排他性、非竞争性、非排他性的矩阵组合类型。

表 2.1　部分学者提出的生态系统服务分类

学者或机构	分类
Daily[21]	净化空气和水，减轻干旱和洪水，解毒和降解废物，生成、保育土壤和更新肥力，作物和自然植被传粉，大部分潜在农业害虫控制，传播种子和营养转移，维持生物多样性使人类从中获得农业、医疗、工业的关键元素，保护免受太阳有害紫外辐射的损害，局部气候稳定，气温极端温度和风浪力量，支持多元人类文化，提供美学、智力激励与人文精神
Costanza[22]	气体调节、气候调节、干扰调节、水调节、水供给、控制侵蚀和保持沉积物、土壤形成、养分循环、废物处理、传粉、生物控制、提供避难所、食物生产、原材料、基因资源、休闲和文化

（续）

学者或机构	分类
De Groot[24]	调节功能、提供生境功能、供给服务、信息功能
MEA[25]	供给服务、调节服务、文化服务、支持服务
Fisher[29]	非生物输入、中间服务、最终服务、收益
Costanza[23]	全球非邻近、局部邻近、有向性流动、原位、用户流动
Costanza[23]	市场性产品和服务（竞争性—排他性）、开放性资源（竞争性—非排他性）、收费或俱乐部物品（非竞争性—排他性）、公共物品和服务（非竞争性—非排他性）
Boyd & Banzhaf[27]	收获、令人愉快和满足、防止灾害、垃圾同化、饮用水供应、娱乐
Wallace[28]	从高往低分为人类需求价值类别、从个人水平感知的生态系统服务、产生生态系统服务过程
张彪[31]	物质需求、安全需求、精神需求
CICES[30]	供给服务、调节和维持服务、文化服务

虽然学者从不同角度对生态服务功能进行分类，但没有从机理层面去考虑服务之间的内在联系。学者们在深入研究过程中逐渐认识到生态系统的服务或产品与生态系统结构、功能、过程之间存在复杂的联系，服务的分类依据过程、结构、功能等多维体系进行综合划分。De Groot[24]根据不同生态系统服务间内在联系和共同机制，分为调节功能、生境功能、供给功能和信息功能 4 大类别，每个类别下包括若干子项。

在前人工作的基础上，2005 年千年生态系统评估（简称 MA）[25]提出供给服务、调解服务、文化服务和支持服务 4 大类，主要用于评价和核算生态系统服务的价值，该服务分类具有里程碑式意义，标志着对服务分类的研究进入新的阶段，是目前被学界广泛接受和使用的方案之一。尽管 MA 服务分类方案认可度高，应用广泛，但也存在一些问题，如未能区分生态系统的中间服务过程和最终服务两者的本质特征。对此，陆续又有学者讨论服务的定义及内涵，并从不同角度提出新的服务分类方案。李双成[26]认为生态系统自身的生态过程及生态功能，无法为人类提供利益是无法形成生态服务的，需要与人类福祉有效关联才能形成。

Boyd 和 Banzhaf[27]为了解决 MA 分类方案中对生态系统服务概念界定不清及难以在实践中核算等问题，引入最终生态系统服务的概念，其认为直接能给人类生产生活提供福祉的自然组分是非人类劳动的终端自然组分并提出了与特定收益相关联的生态系统分类；它主要反映人类福祉和生态系统的内在联系，将人类获得的收益与生态系统的自然组分联系，突出每种服务收益的特殊性。Wallace[28]认为生态系统服务的目的是满足特定人类需求价值，从不同的服务中获得的收益满足了人类不同的需求价值层次。因此 Wallace 将服务按照人类需求价值类别划分为充足的资源、保护不受捕食者/疾病/寄生虫损害、友好的自然和化学环境以及社会文化成就等类别。这种分类也是一种连接人类福祉与生态系统服务的分类。Fisher 等[29]提出生态系统服务可分为 3 类，中间服务是指生态系统结构与过程，最终服务是人类直接享受的生态功能，并强调生态系统结构为生态服务过程提供平台，但是没有人类需求，并不能形成生态服务。该类方案强调了生态系统功能与服务的区别，针对服务的不同特性如人类收益、人类福祉、服务的地理和市场属性等拓展了分类。在实践中生态系统分类也得到应用推广，一些专业报告中也开始涉及这一问题并开发出新的服务分类方案，如 CICES，属于通用国际分类方案，主要针对从环境和经济方面核算的生态系统产品和服务，综合考虑了 MA、TEEB、SEEA 等服务分类的转换，具有全面和兼容并包特征[30]。

近年来国内学者诸如张彪等[31]从满足人类需求或收益视角出发，参照马斯洛的需求层次理论，从人类对生态系统服务需求的角度出发，按照物质需求、安全需求和精神需求对服务进行分类；李琰等[32]也分别从人类需求和人类福祉角度建立了服务分类体系，为生态管理部门提供更明确的决策背景指向和目标导向；吴舒尧[33]从服务传递媒介角度建立以水、岩石、土壤、大气、生物系统及生态系统为媒介的分类体系，探索不同生态系统的服务特征以及同种类型生态系统同类的服务特征。因此，生态系统分类是一个复杂的系统工程，只有将生态过程、人类福祉、政府决策等有机结合，才能促进生态系统分类更加完善。

综上所述，虽然学界对于生态系统服务的定义仍有争论，但一致认为生态系统服务是由生态系统和人类需求共同构成，生态系统的生态要素、空间结构、生态过程形成生态功能；生态功能满足人类发展需求并提供福祉，才能形成生态服务；由于人类需求在不断演变，其复杂性、差异性、多样性造成系统分类的不确定性，因此生态系统服务分类没有普适的服务分类体系，国内外学者根据各种研究目的形成的多种服务分类方案为后续生态服务研究提供分类依据。

2.1.2　生态空间结构

由于自然地理的空间分异规律造成生态系统的要素、结构及功能均具有空间差异性，叠加人类利用方式和强度的区域差异，生态系统服务表现出显著的空间异质性和不均衡性，因此国内外学者基于不同理论基础对生态系统服务空间结构的类型、组成要素、形成原因等进行深入研究。

尺度是生态空间结构研究的一个重要视角，不同的尺度涉及不同的生态服务关系，形成不同层次结构体系。吴舒尧[34]从生态系统服务供给角度，根据生物多样性水平将其分为种群层次、群落层次和景观层次，种群层次提供服务类型主要为粮食、原材料生产，群落层次提供的服务类型主要为生物多样性维持，景观层次提供的服务主要为环境调节服务。董孝斌[35]认为从地域结构上可分为小尺度生态区、中尺度生态区和大尺度生态区，小尺度生态区提供的服务类型单一，是大、中尺度生态区结构组成的基础；大、中尺度生态区提供的服务多样，生态过程复杂，是小尺度生态区不同组合形成的综合表征。从生态服务需求分析，李双成[36]认为可分为城市内部尺度、城市尺度、城市集群尺度以及全国尺度，不同尺度对生态服务的需求侧重也不同，比如微观个体尺度对生态服务的需求着重是食物、原材料、药材和饮用水等，全国尺度对生态服务的需求偏向于碳储存等全局性服务。整体上，生态服务的层次结构表现为不同层次嵌套形成生态服务等级体系，层次结构可为生态系统服务的水平结构解析提供理论基础。

生态系统服务在地表水平方向上也表现出各类空间组合形式并形成水

平空间结构。各类生态系统服务在影响因素驱动下，在空间上产生流动，完成从供给到消费整个流程的传递。陈利顶[37]将“源—汇”景观理论应用到景观生态学中，认为通过对“源”“汇”的空间结构组成解析，可探寻调控生态过程的途径和方法。Kenneth[38]采用服务路径属性网络（The service path attribution network，SPAN）模型辨析“源”“汇”“使用区”的空间位置，“源”产生并提供生态服务流，“汇”是对生态服务流产生阻碍或阻力的区域，“使用区”是生态服务用户集聚区。对用户需求来说，从“源”到“汇”的流动过程中，服务流提供的正效益有满足或未满足两种情形（图2.1）。

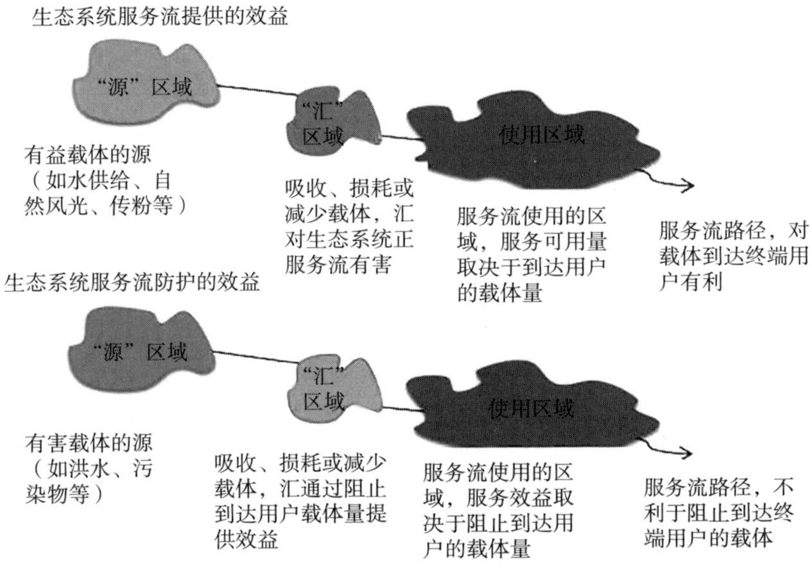

图2.1 生态系统服务流提供正效应和负效应而产生的效益[38]

为了深入研究生态服务供需关系，Fisher[29]将生态系统服务在景观中的分布和传递分为3种类型区，即供给区、受益区和连接区。其中供给区主要是提供生态系统服务的空间单元，包括净服务输出区、多层次服务供给体系、特定的服务供给区；受益区主要是使用生态系统服务满足人类需求的空间单元，包括净服务输入区、多层次服务消费体系、特定的服务消费区。关联区主要是连接空间不重合的供给区和受益区。同时对这3种类型的空间位置关系进行了讨论（图 2.2）。柳清[1]在相关景观生态服务空间结构理论的基础上，以济南市为研究区，结合景观生态过程，选择 6 大类生态服务类型解析生态空间结构，并采用多种模型进行定量分析和提取生态空间结构关键组成部分，分析生态空间结构关联性特征，定量分析景观服务供需空间范围及结构特征，为相关研究提供借鉴价值。也有学者采用地理学中的热点区和冷点区，将生态系统服务划分为代表生态系统服务类型多样性高、生态服务价值高和提供服务能力强的热点地区和与之相反的冷点地区。范逸凡[39]采用 GIS 平台中的热点分析工具对研究区生态系统服务评价结果进行叠加分析，获得不同年份热点区空间分布图，揭示了生态系统各类服务之间的关系。

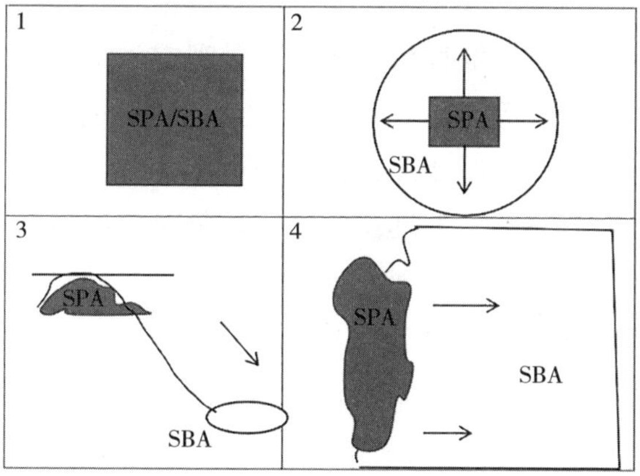

图 2.2　生态系统服务供给区和受益区之间的空间位置关系[29]

注：SPA 为生态系统服务供给区，SBA 为生态系统服务受益区。①SPA 和 SBA 在同一个位置，无连接区；②生态系统服务的供给是无特定方向的，其周围区域均可受益；③下游区域获得来自上游区域的方向性生态服务；④提供服务的生态系统可以是抵御风暴潮和洪水侵袭海岸带的湿地。

2.1.3　生态空间服务绩效评价

“绩效”源自管理学科，指在一定的资源、条件和环境下，组织、团队或个人根据既定目标和实际完成任务情况进行实现程度或达成效率的测算和比较；包括绩和效两部分，“绩”侧重体现组织管理目标的完成程度，

“效”侧重反映组织和个人的生产效率、效果及效益。“绩效评价”是指构建评价目标、评价模型、评价指标，对组织、团队和个人的执行结果与既定绩效目标进行对比分析和综合评价。1943 年，绩效评价开始应用在规划设计领域，主要涉及规划、景观和建筑等方面[40]。1998 年提出“生态绩效”概念，因和规划中生态与效益并行的目标相吻合，得到国内外城市规划相关领域学者的密切关注[18]。

1. 评价内容

生态空间服务绩效评价主要是衡量当前生态空间提供的生态服务水平和效率，是实施国土空间规划的重要依据。相关绩效评价模式围绕生态系统健康和生态系统对外服务效应展开，评价内容、评价指标和模型方法研究一直是本领域的热点。

评价内容主要集中在景观绩效评价、景观空间绩效评价、城市空间绩效评价、生态绩效评价等方面。2010 年美国风景园林基金会提出景观绩效系列研究计划，旨在为设计师、设计公司和客户及相关工作者提供可持续风景园林设计交流平台、工具及信息，评价对象以风景园林设计项目为主，评价目的是测算项目在社会、经济和生态 3 个方面的综合效益[41]。徐亚如[42]等以武汉园博园为研究对象，利用 RS/GIS，采用美国景观绩效平台的 National Tree Benefit Calculator（国家树木效益计算器），计算出 2018 年武汉园博园绿地的碳汇、截留雨水、能源节约、空气净化、地价提升等生态效益及相应的经济价值，探讨武汉园博园的生态功能和价值。王柯力等[43]以冬奥廊道植物景观为评价对象，从观赏特性、生态特性、心理特性、文化特性、经济特性 5 个层面选取 24 个指标，采用加权指数和法对该廊道景观绩效进行评价，为廊道景观设计提供指导。还有学者对城市内河[44]、大寨梯田[45]、历史街区[46]等设计项目的景观效益也进行评价。借鉴风景园林景观绩效评价进行区域尺度土地利用景观绩效评价，对自然要素在景观空间中组织是否高效、配置是否合理、景观格局与生态效应的联动关系进行研究，从而优化景观空间。王云才等[40]认为景观空间是人类劳动与自然环境相互作用与协同演化形成的有机整体，具有尺度特征和生态服务过程，因此以生态服务理论为依据，利用景观空间多尺度特征、多功能特性和可度量性作为景观空间与绩效评价间的桥梁，根据生态服务类型将景观空间绩效分为环境生态绩效、经济生产绩效和人文文化绩效 3 类，建立 3 大类型 12 项评价标准和 33 项绩效指标的景观空间综合绩效评价指标体系，该体系适用于多尺度景观空间，可对不同类型和功能的景观空间加以量化和评价。王晶等[47]认为土地利用格局和景观绩效具有高相关性，并选择生态服务作为区域土地利用格局和景观空间绩效的桥梁评价土地利用的景观空间绩效，因此构建“生态系统活力—生态系统组织—生态系统弹性—生态系统服务”评价指标体系，采用多指标对栖霞市 1987—2015 年景观生态绩效进行评价，认为栖霞市景观空间绩效水平下降主要原因是建设用地占用生态用地，生态系统服务能力降低。童亮[48]认为空间绩效可以衡量地域景观发展质量水平，并以皖北地区为例，从理论上归纳演绎了地域景观在经济生产、社会生产和生态环境复合系统的时间变化特征。随着中国快速城市化带来城市规模的急速扩大和景观格局的改变，由于集聚不经济和生态用地减少，绿地被蚕食、河流水库遭破坏、热岛效应等城市病接踵而至[49]，近年来学者们对城市空间生态绩效的关注热度逐步提高。韩帅帅[50]研究空间结构对生态绩效的影响，认为单中心城市结构和多中心城市结构对降低 $PM_{2.5}$ 排放量的影响不同，主要因为单中心城市结构采用土地集约利用的方式降低 $PM_{2.5}$ 的排放量，多中心城市结构则采用增加生态治理成本的方式降低 $PM_{2.5}$ 的排放量；多中心城市结构更有利于增加城市绿色空间及绿色空间可达性，也有利于降低热岛效应；因此，在城市规划中，单中心城市结构和多城市结构对生态绩效的影响不尽相同，应根据具体生态问题、空间尺度和空间适宜性选择城市规划方案，达到提升城市生态绩效的目的。李兰等[18]以“哲学-科学-技术”评价方法体系为指导，从城市生态系统内部健康价值和外部服务价值两个层面，构建以内、外绩效为主体的城市生态空间绩效评价体系，并进一步探讨生态绩效的协调度和发展强度；以榆林市为例，采用 GIS 对空间绩效的空间格局和时空变化进行定量分析，为判断城市生态空间质量和扩张趋势提供依据。

自然生态系统是景观绩效、景观空间绩效、城市空间形成和发展的基础，也是人类赖以生存和发展的资源与环境基础，而生态系统未来的发展也取决于生态绩效的表现。1983 年 Bruce K Ferguson[51] 在土地开发研究中首次提出生态绩效的概念，主要应用于土地开发与设计标准。瑞典国家生态管理部门基于“源—汇”理论构建了反映生态服务过程和人类对生态环境扰动的相关生态绩效指标来评估自然资产的生态绩效[11]，目前国内对生态绩效的研究集中于土地利用工程[52]、自然生态空间[53-54]、城乡空间、城市群等方面，侧重评价自然生态系保护程度及利用效率是否对人类生产生活系统产生积极影响。邢贞成等[55]采用 NRDDF 模型，选择生态投入、劳动力投入和资本投入为投入指标，地区生产总值为产出指标测算长江经济带生态绩效，结果显示长江上、中、下游全要素生态绩效差异显著，呈现出上游-中游-下游梯次上升态势。安超[56]认为城乡空间对生态绩效的影响主要通过改变景观格局从而影响到生态绩效，景观格局的改变具体指以下 3 方面：第一是城乡空间拓展过程中，现代技术使用如地表硬化、水体污染、绿地减少、生境破碎等改变了已有的生物生境，降低空间生态绩效；第二是城乡空间利用过程中改变了自然空间景观格局和生物生境，从而影响了生态系统物质循环，降低了生态绩效；第三是随着城镇化发展，建设用地迅速扩张占用了生态空间，减少生态承载能力和生态服务功能，生态绩效随之降低。最后建议从土地资源的“总量配比”、景观格局的“过程引导”及规划用地的“管理控制”等方面优化城乡空间生态绩效。孟雪等[57]基于循环经济视角，采用 SBM 超效率模型测度 2003—2015 年京津冀城市群的生态绩效水平及其时空差异特征，并运用面板 Tobit 模型和随机效应模型（RE）进行生态绩效影响因素回归分析，结果发现贴近沿海地区的生态绩效水平较高，低碳潜能、空气质量和地区经济发展对生态绩效产生正向作用。

2. 评价方法

生态空间服务绩效评价是一个系统工程，需采用科学合理的评价方法进行评价，而综合评价法是比较系统、规范且可对多个指标、多个单位同时进行评价的方法[58]。综合评价法中应用范围比较广的有层次分析法[59]、熵值法[60]、粗集多属性决策理论[61]、模糊综合评价法[62]、物元分析法[63-64]、灰色聚类分析法[65]、TOPSIS 模型法[66]、余弦决策法[67]和突变级数法[68]。学者在解决综合评价问题时通常选择两类以上方法组合得到精确的评价结果[69]。

空间绩效是一个复杂的聚合系统，各要素协同作用于生态空间，即使同一生态空间的要素协同形成的不同类型生态服务绩效也不相同，因此空间绩效评价需要综合评价法和多元指标体系组合即多元指标综合评价法。多元指标综合评价按照设定评价目的、构建综合评价指标体系，计算指标权重、采用合理模型等步骤得到评价结果，直接或间接反映评价对象的效率、效益和效果。关于空间绩效研究，国内学者有王嗣均[70]提出了 6 类指标测度城市效率，为全国不同地区城镇化调控提供依据；之后邢海峰等[71]以青岛市为例，构建包括 3 大综合效应目标、7 个专项系统目标和 19 个基础指标组成的指标评价体系，对城市基础设施综合效益进行评价，评价结果具有客观性和合理性；王海滔等[72]以苏州市为例，从 5 个层面建立大都市外围地区空间绩效评价指标体系，采用加权指数法，研究该区空间绩效及演化机理。鲍春晓等[73]以福建省为研究区，分别从 3 个维度构建评价指标体系，采用 AHP 法和主成分分析法及协调度函数解析评价指标权重和土地利用绩效水平。柳清[1]对济南生态空间绩效进行评价，基于生态空间结构各组成部分与服务绩效之间的关联性，将生态空间结构解析为生态服务供给区和生态服务关联区，梳理绩效评价逻辑和评价基准，进行生态空间结构绩效评价。由此可见多元指标体系评价是综合评价常用的指标体系构建方法，可以根据评价对象和目的，构建合理的绩效评价体系，能够避免将不同特征和尺度的地区采用同一套指标进行绩效评价的弊端。

2.2 城镇用地扩张研究综述

2.2.1 城镇用地扩张概念与内涵

城镇用地扩张是城镇化进程和水平的重要衡量指标之一，目前对城镇用地扩张的认知各有不同，学术界并没有统一概念。Gottman[74]是最早认为大城市较为繁华，对于空间需求较大，部分乡村用地逐渐转换为城镇用地的现象即为城镇空间扩张；20 世纪 60 年代随着城镇扩张规模增大，造成人口膨胀、交通用地激增、生态环境恶化等负面影响，西方学者开始从不同角度定义城镇用地扩张。Burchell[75]将城镇用地扩张总结了 8 个方面；Sierra Club[76]认为城镇用地扩张中郊区扩张呈现出“一种不负责任的、规划失败的发展，其毁坏了绿地，使交通堵塞，空气污染加剧，学校拥挤和增加车船使用税等”的态势。

国内对城镇用地扩张内涵的理论研究起步较晚，刘克华[77]认为城镇空间扩张包括内涵扩张和外延扩张；其中内涵扩张表现为城镇空间集约度的提高，土地使用功能的优化；外延扩张，即城镇在数量上的增加，在空间上的蔓延。徐改花等[78]认为城镇用地扩张主要是指在经济发展、人口增长和城市化进程加快等因素的影响下，城镇用地总量和用地方向向外推进的变化过程。邓紫微[79]综合考虑城乡人口分布、人口流动和空间集中连片，认为城镇人口与城镇用地规模扩大是反映城镇扩张的两项指标，而城镇建设占用的土地面积以及单位土地价值的增量反映城镇扩张强度。

综合上述概念，学者们普遍认为城镇用地扩张是城镇空间扩张重要的形态特征，即无论是城镇空间等有形城市形态要素，还是城镇功能、公共服务等无形城镇形态要素，其在时空的演化过程及动态分析，都必须依托城镇用地扩张进行重点研究[80]。

2.2.2 城镇用地扩张格局与过程

城镇用地扩张格局主要表现形式是城镇建成区向外扩张和城镇内部空间重组，建设用地规模不断扩大，扩张模式为填充、外延、线性扩张、蔓延和“卫星城”式[81-83]。城镇空间格局特征和用地扩张过程具有联动性，杨清可等[84]采用 Auto－Logistic 和 CLUE－S 构建城市空间扩张的动态分布模型，显示城市扩张集中在城镇周边，而且由于扩张剧烈，在建设用地集中区呈现出更大面积的城市景观斑块。魏石梅等[85]采用圈层分析、景观指数等方法分析了 1985—2015 年凉州区城镇景观格局变化特征为城镇建设用地面积与生态用地斑块破碎度同步增大，且距离城镇经济中心越近斑块集中度越高。城镇空间扩张过程与格局的因果作用大于路径依赖作用，城市扩张管控应侧重优化城市用地结构、促进城市紧凑发展。方创琳等[86]认为城市建设用地总量及其用地结构动态变化的合理性直接反映区域城镇化发展的健康程度和质量效果；并分析1981—2014年间，城镇化过度依赖建设用地，新城、新区建设过多过大，城镇建设用地过度扩张，大中小城镇建设用地比例基本保持在50%：20%：30%；高金龙等[87]总结城市空间结构变化包括：城市扩张引起的城市空间结构变化特征是城市边缘区快速发展，如城市边缘区乡镇工业发展；城市建成区内部空间置换，如城市居住区从城市核心转移到城市内圈，原来位于城市中心的工业转移到城市外圈；城市空间结构随着城镇演化而不断变化。

度量城镇用地扩张的空间指标可分为静态指数和动态指数。静态指数既包括土地增量、建设用地增长率、用地占比等数量特征[88]，也包括反映景观特征类指数，如Galster等[89]从城市斑块的聚集程度和连接程度等方面刻画扩张格局，Dietzel等[90]利用景观格局指数研究城市聚集扩散发展理论。动态指数通过定量化分析新增斑块与原有斑块之间的空间位置关系揭示城市景观格局动态变化，包括新旧斑块间边界共享比率定义指数（S）[91]、景观扩张指数（LEI）[92]、多阶景观扩张指数（MLEI）[93]、多阶邻接度指数（MAI）[94]，Sutton[95]利用夜间灯光数据对城镇空间扩张进行研究，M’Ikiugu[96]通过正射影像照片解析城市空间扩张范围，衡量扩张空间统一性和紧凑性，Dutta[97]利用时空遥感数据对城镇空间扩张的动态变化进行了研究。动态指数能够反映城市新旧斑块间的空间关系，反映斑块动态变化特征，更能刻画出城镇用地扩张格局与过程，李晓燕等[98]采用年均扩展指数、景观扩展指数、多距离空间聚类函数、空间分维度等对城镇用地扩张进程进行分析。

城镇用地扩张模拟方面，国内外学者从不同视角建立了各类数学模型对城镇用地扩张进行模拟预测，如马尔科夫链模型、元胞自动机及组合模型[99]、CLUE-S[100]、FLUS、SD[101]。各种模型侧重不同，如SD侧重系统分析，缺少空间信息表达；马尔科夫链模型侧重数量预测，无法表达空间信息；CLUE-S模型侧重时空动态预测的能力，可探究未来多种情境下土地利用空间格局变化过程和规律，具有高效且可操作性[102]。元胞自动机（CA）可以通过与其他模型结合，定义局部转换规则来模拟和预测非线性时空系统的变化，在地理系统模拟中得到广泛应用[103]。FLUS模型结合神经网络和CA，精度较高，也能体现不同土地类型之间的关联性[104]。

2.2.3 城镇用地扩张模式

目前学者主要从扩张格局、扩张类型和扩张方向三方面分析城镇用地扩张模式。扩张格局分为紧凑和分散两种形式，紧凑型以城市中心区为核心，对周边地区进行开发而带动空间扩张，例如同心圆模式；分散型扩张格局，通常是在现有建设用地范围外新增建设用地来扩张城市空间，例如卫星城等模式。刘沁萍等[105]对1992—2010年中国城市空间扩张进行研究，结果发现城市空间扩张具有较强的时空差异性，在同一年，城市规模越大城市形态紧凑度越小；在同一年，中西部城市平均紧凑度大于东、东北部。城镇用地扩张类型分为填充式、边缘式和飞地式3类。其中填充式主要是指现有建成区内部存量建设用地节约、集约利用；边缘式主要是现有城区周边的非建设用地转换为建设用地，城区边缘继续向外拓展城市空间；飞地式是选择与城镇分离的独立用地进行城镇建设。总体而言，边缘式扩张是城市扩张的主要类型，飞地式和填充式伴随着城市后期发展而成为主要模式[106]。岳文泽等[107]以杭州市中心城区为例，分析1991—2010年城市扩张的时空特征，结果表明杭州市城市扩张的空间模式有边缘式、填充式、自发式和线性轴状，主要遵循从填充为主、边缘为辅的扩张转变为边缘为主、填充为辅的扩张，而线性轴状扩张贯穿整个城市空间的演化过程。

2.2.4 城镇用地扩张路径

工业革命推动城市规模无序扩张、布局混乱、生态环境逐步恶化，导致城市整体环境质量和运转效率急剧下降。日益严重的城市问题变成了一个广泛的社会问题，国外学者也从不同角度对其开展长期探索。

E. 霍华德在《明日，一条引向真正改革的和平道路》中提出的“田园城市”概念引导城市规划学科的建设新方向，伊利尔·沙里宁在 1943 年出版的《城市：它的发展、衰败与未来》中提出的“有机疏散”与“田园城市”相比具有明显的可实践性，勒·柯布西埃极力主张城市的集聚扩张，采用工业生产技术提高城镇运转效率[108]。1972 年 6 月《人类环境宣言》指出“保护和改善人类环境已成为人类一个迫切任务”。因此，协调城镇扩张和生态环境之间的关系就至关重要。

进入 21 世纪，布伦特兰委员会提出了“可持续发展”的思想，认为人的需要和环境限度是可持续发展的核心要素。1991 年《保护地球—可持续生存战略》对人类的持续生存提出了九项原则，它认为生存的前提是生态系统良性循环。因此，在城市发展路径中把生态环境的持续发展作为城市扩张的首要目标是一种必然的选择。

21 世纪“新城市主义”成为城市布局的主流思想，大部分研究者寄希望于通过回归“紧凑城市形态”，倡导绿色出行、完善公共交通及基础设施、提高资源利用效率等方式促进社会经济发展与环境保护的可持续发展。在此基础上延伸出“邻里导向发展（TND）”“公交导向发展（TOD）”“生态城”“可持续社区”“精明增长”等诸多城市扩张形态发展理念[109]。

国内学者针对中国不同时期的主要问题，提出了城市扩张调控路径。朱学新等[110]认为中国在“九五”和“十五”期间，冒进的城镇化态势引起诸多问题，包括引发严重的资源环境问题。中国城市空间扩张转型必须和资源环境吻合，对于生态脆弱区的城市扩张在规模、速度及空间格局等方面不能与自然环境优越的地区相比，各区域的资源环境已经决定了不同的城市发展扩张模式。

2.3　生态空间服务绩效与城镇用地扩张的交互关系研究综述

2.3.1　生态空间服务绩效与城镇用地扩张交互关系

生态空间服务绩效与城镇用地扩张之间的交互关系主要表现在两个方

面：城镇用地扩张对生态空间绩效的胁迫效应和生态空间绩效对城镇用地扩张的约束效应[111-112]。

1. 城镇用地扩张对生态空间服务绩效的胁迫效应

侯兰功等[113]利用遥感数据分析了20世纪末以来近17年来，北京市城镇用地扩张直接导致耕地和林地面积下降，生态系统服务价值减少；大面积的耕地和林地、草地及水域被城镇用地所代替，城市的绿色屏障功能日趋弱化，生态效应急剧下降等情况。周侃等[114]对城市扩张与水污染物排放之间的伴生效应与空间交互机理进行研究，认为长三角地区城市扩张与水污染排放的伴生效应显著稳定，呈高扩张-高排放型、低扩张-低排放型等空间耦合关系。梁建设等[115]采用Landsat遥感影像、兴趣点和百度热力指数等多源数据，选取西安都市圈核心区对城市扩张中热环境演变及响应进行研究，研究认为工商业和人口密集区域的热环境显著，热环境蔓延与城市扩张保持方向一致，且热环境面积随着建设用地面积增大而增大。也有学者从生态服务方面研究城市扩张与生态环境的响应机制，李嘉译等[116]认为城市建设用地扩张存在无序蔓延的现象，这种现象导致了生态系统服务功能的衰退，以重庆市为例，结果表明生态服务水平随着城市扩张而衰退，而食物供给是衰退最显著的生态系统服务功能。朱晓南[117]认为武汉市城市用地扩张破坏了食物供给和水文调节功能，是区域生态安全下降的主要原因；约日古丽卡斯木等[118]分析2000—2016年博乐市城市用地扩张的区域和方位与生态环境差、恶化的区域基本吻合，说明城市扩张对生态环境呈现一种“胁迫”的趋势；赵丹阳等[119]研究松花江流域的城市扩张系统中，其空间扩张现状对生态环境系统产生一定胁迫作用，胁迫作用随时间变化呈减小趋势；而且城市扩张仍是城市发展主要趋势，对生态环境的胁迫作用短期内不会消失；禹思丝[120]从全国尺度进行研究，认为城镇用地扩张对大范围自然环境变化的影响不显著，但是对小范围自然环境的影响较显著，城镇用地扩张速度越快的区域，自然环境要素受到的影响越大。并且城镇用地扩张与环境质量之间都存在着“U”形曲线关系，即随着城市的不断扩张，环境质量呈现先降低后提高的趋势；刘荣增等[121]利用2003—2017年中国284个地级市的面板数据，采用EKC曲线模型验证城市扩张与环境质量之间的关系，结果显示环境质量随城市扩张先下降后提高，高经济发展水平城市的扩张对环境质量具有正效应，而中、低经济发展水平城市扩张呈负效应。

2. 生态空间服务绩效对城镇用地扩张的约束作用

城乡建成区扩张的用地选择，实质上是对建成区和生态空间的边界进行调整，基于优先生态保护原则，建成区边界调出生态风险区域，防止扰动重要生态功能区[122]。李广娣等[123]认为城市扩张应该与区域自然基础和生态环境格局相匹配，因此对铜陵市土地利用生态敏感性进行评价得到生态敏感性分级图，并将生态敏感性分值在［0，33］范围的区域边界划定为城市扩张刚性边界，以此约束城市无序扩张；周锐等[124]通过划定不同生态安全格局水平下的适宜城市空间增长的用地范围依次得出各用地规模；吴健生等[125]采用生境质量评价得出平均生态系统服务价值密度，推演建设用地指标再分配和城市增长边界；易丹等[126]将南昌市生态敏感评价结果和城市扩张模拟相结合，提出城镇开发边界以促进生态保护和城市发展。

3. 生态空间服务绩效与城镇用地的交互作用过程

张健等[127]认为总体上昆山市城市生态安全水平发展稳中有升，在城市用地扩张过程中各年份的生态安全综合指数发展趋势呈U形分布，城市用地扩张系统与生态环境系统各要素间存在较强的相互作用关系；袁凯华等[128]对武汉市1996—2015年碳排放增长与建设用地扩张的关系特征进行了LMDI分解，结果表明建设用地总量和工业用地碳排放呈倒U形关系，居住用地碳排放呈U形增长，公共商服及交通用地则表现为N形增长。

2.3.2　生态空间服务绩效与城镇用地扩张协同路径

城镇扩张与生态保护的协同发展在学术界及决策部门已形成统一认知，李平星等[129]以广西西江经济带为研究对象，借用MCR，揭示城市扩张多情景模拟差异，研究认为基于生态重要性的城市扩张情景有利于建设用地分配相对均匀，占用生态空间小，城市形态复杂、松散，是一种更加可持续的扩张方式；为了缓和生态环境保护和建设用地需求之间的矛盾，从佃敏等[130]耦合城市综合生态安全格局与城市扩张模拟结果，协调生态保护与城市用地需求；宋永永等[10]以黄土高原区为例，认为在城镇化过程中可通过提高生态系统服务的供给数量和质量，优化空间格局、资源集约利用等路径推进生态和城镇协调发展；郭珊珊等[131]科学评估黄河流域生态系统健康与城镇化的交互影响，并从生态保护与修复、特色城镇化建设以及高质量协同提升 3 方面提出优化城镇化发展速度和质量，修复和提升生态系统健康状况，促进两者协调发展。

2.4 文献述评

综上所述，国内外学者基于多尺度、多视角对城镇用地扩张的形态、路径与过程，生态空间服务绩效的概念、评价及响应，以及两者之间交互作用关系进行了大量的理论探讨和实证研究，丰富了城镇发展与生态环境关系理论和实践，优化了模型方法和技术手段。现有研究主要呈现以下特征：

(1) 国内学者对生态空间结构分析主要基于生态学理论基础，对生态空间结构进行解析和提取，国外学者在 21 世纪初就开始从生态服务过程与人类需求层面全面探究服务供给区和服务需求区之间的关联关系，但主要集中在全球尺度、国家尺度或区域尺度，有助于从宏观层面把握生态空间格局变化总体态势，而中小尺度有利于对生态空间结构精确化解析与差异化管理，更有利于生态环境保护措施的落地和管理。因此以市域为研究尺度可以兼顾宏观战略和微观管理，既能判断城镇用地扩张和生态环境过程之间的复杂交互趋势，又能进一步解析生态空间结构中服务供给区与服务需求区之间的关联关系并提出具体的协同治理措施。

(2) 在生态空间服务绩效评价方面，国内外学者多是对生态要素、生态风险、生态质量和生态安全等状态量进行评价，缺少从生态服务有效供给出发，从空间结构和空间属性构建评价指标体系，影响判断生态空间服务供给能力有效性的准确度，进而影响生态保护规划的科学性和技术性。

（3）由于我国目前处于高速城镇化阶段，国内学者多从宏观角度和战略高度出发，对城镇化与生态环境响应进行研究，主要服务国家重大战略需求和地方城镇建设需求，如以中国科学院方创琳为代表的学者对城镇化与生态环境之间的发展阶段理论、耦合圈理论、相互作用关系理论等的研究为后期相关研究奠定了理论基础，但缺乏从中、微观层面对生态空间服务绩效与城镇用地扩张水平相互作用的研究，以及对生态空间服务绩效与城镇用地扩张之间的数量关系和时空关系的研究，因此对生态空间服务绩效与城镇用地扩张之间交互关系的规律和理论研究仍是亟待加强的环节。

第3章　基础理论及分析框架

3.1　基本概念

1. 生态空间与生态空间结构

生态空间：生态空间具有承载各类生态功能及服务，保障城镇有序扩张及绿色发展的功能。2010年《全国主体功能区规划》提出生态空间，包括绿色生态空间和其他生态空间。明确生态空间是指承载生态系统的组分要素、生态过程以及结构功能的多维空间[132]。本研究中生态空间是指生态用地所在的空间范围，具体指市域内林地、草地、湿地、水域和其他用地等所关联空间范围，各类生态用地都参与到生态系统服务的供给和传递过程。

生态空间结构：空间结构是空间单元按照区位、规模、比例或竞争等关联关系，在空间上形成的各种排列组合形式，反映一定区域空间布局特征[133]。生态空间结构是生态空间的重要自然要素遵循一定的组织秩序或组织机理在空间上形成不同配置和形态变化[134]。Fisher[29]将生态系统服务在景观中的分布和传递分为三种类型区，即生态服务供给区、生态服务关联区和生态服务受益区，其中生态服务供给区是指空间单元负责生态系统服务的净输出，是大多数生态系统服务的源，通过风力、水流、地形或人等媒介将生态服务输送到区外，产生区外效应；生态服务关联区是负责连接供给区和受益区的空间单元，保证生态服务空间传递的顺畅；生态服务受益区是区外大量生态服务被输入区内，以满足不同个体和群体的需求，虽然这类区域也能产生一些生态系统服务，但由于社会经济活动强度很高，对各类服务的需求量大质高，因而必须依赖于外区生态系统服务的输入，与生态系统无关，与受益者关联紧密，包括城市区域、农村居民点等。本研究将生态空间结构分为两部分，一部分是生态核心区（Ecological Core Area，以下简称 ECA），另一部分是生态关联区（Ecological Association Area，以下简称 EAA），两个部分按照一定的空间组织规律，形成重要生态系统服务的空间组织形态。ECA 具有较高生态能量，对外产生辐射效应，承担生态供给功能，EAA 具有一定生态能量，主要承担支撑生态要素流动和传递的功能。生态空间之外的生态需求区（Ecological Demand Area，以下简称 EDA），主要是生态服务的受益区和需求区，集中在城镇、乡村、农田等空间范围。

2. 生态系统服务与生态空间服务绩效

生态系统服务：在科学研究上，真正具有生态系统服务研究里程碑意义的当属 Daily（1997）和 Costanza 等（1997）的工作。1997 年，Daily[22]将生态系统服务定义为生态系统及其生态过程所形成和维持的人类赖以生存和发展的环境条件与效用，Costanza[136]将生态系统服务定义为人类直接或间接从生态系统得到的所有收益。随后有学者陆续提出不同的生态系统服务的定义，虽有争议但内涵保持一致：生态系统是服务提供的基础，服务产生于生态系统的组分、过程和功能及他们之间的相互作用；生态系统服务是人类生存和发展的基础。因此，2001—2005 年实施的 MEA 计划，将生态系统服务定义为“生态系统在保障人类社会可持续发展过程中所提供的各种益处”。

生态空间服务绩效：生态空间是生态要素和生态过程的重要载体，为人类生存发展提供有效生态服务，本研究认为生态空间服务绩效包括以下内涵：①生态空间内部形成稳定的物质流、能量流和信息流；②具有稳定的生态空间结构支撑生态服务过程并提供可持续、高效的生态系统服务；③生态空间结构的空间关系满足服务需求区生态服务可获取性。总之，生态空间服务绩效包括健康的生态系统及高效的对外服务功能。

3. 城镇用地与城镇用地扩张

城镇用地：城镇用地是指城镇规划区范围内用于城镇建设及满足城镇功能运作所需要的土地，是土地利用规划中的城市用地、建制镇用地，以及与之配套的各类用地[135]。本研究采用《国土空间调查、规划、用途管制用地用海分类指南（试行）》规定城镇用地为城市、建制镇范围内居住用地、公共管理与公共服务用地、商业服务业用地、工业用地、仓储用地、城镇道路用地、交通场站用地、其他交通设施用地、公用设施用地、绿地与开敞空间用地、留白用地、空闲地及其他用地。

城镇用地扩张：城镇用地扩张在空间属性上主要表现为城镇扩张占用非建设用地面积而形成新增城镇用地，或者通过调整空间结构或利用强度而形成新增城镇用地。扩张方式表现为两个方面[136]：①外延式扩张，即随着城镇社会经济发展水平的提高需以土地资源消耗为代价，用于满足新增建设用地需求，直接体现在城镇用地扩张规模的变化上；②内涵式扩张，即通过对旧城区存量建设用地进行再开发利用，通过提高建筑容积率、建筑密度或立体开发提高土地集约利用程度，着重体现在城镇用地扩张质量的变化上。本研究的城镇用地扩张主要表现为外延式扩张。

3.2 理论基础

3.2.1 耗散结构理论

1. 核心内容概述

20 世纪 70 年代比利时 I. Prigogine 教授为首的布鲁塞尔学派创立和发展了耗散结构理论，其思想、方法和某些结果在力学、物理学、化学及社会、经济等多领域都有应用，随着研究深入也延伸至地理学领域[137]。耗散结构理论以热力学第一、第二定律为基础，以开放系统为研究对象，研究认为复杂系统在高度开放的环境中，与环境持续地进行物质流、能量流、信息流的交换，当外界环境变化突破某一临界值时，系统就会通过涨落导致系统结构的改变而发生非平衡相变，随着交换过程的继续进行，物质流、能量流和信息流在开放系统内不断累积的同时，在临界值上形成的非平衡相变又逐渐转向新的有序稳定态。耗散结构理论认为系统与系统、系统与要素间存在非线性相互作用，形成了远离平衡态的开放系统，通过与外部环境进行物质能量交换实现熵变，解释了系统由无序—有序—无序的自然进化过程，可为生态空间服务绩效与城镇用地扩张的交互作用提供理论基础[138-142]。

（1）交互系统是开放系统。耗散结构是物质系统普遍存在的过程与规律，根据热力学第二定律，一个孤立系统的熵一定随时间而增大。系统在封闭状态下最终会保持平衡态，同时系统的宏观运动也会停止；系统只有在高度开放的条件下，与外部环境不断交流，从外部获得负熵流减少系统内部熵增，通过动态涨落才可能出现有序结构，实现从低级无序向高级有序演化。

（2）交互系统远离平衡态。根据热力学第二定律，开放系统在开放条件下从外界引入负熵就会抵消其在非平衡条件下运动过程中产生的“熵产”，一旦无法找到“负熵”流，系统的“熵产”就会越来越高，与“平衡态”之间的“距离”越来越远，当远离平衡后系统就会出现不平衡、不稳定现象，直至这种现象逐渐加剧导致系统呈现“混沌态”，最后通过“巨涨落”瓦解原有结构形成新的有序结构。这就是普里高津“非平衡是有序之源”论断的含义。交互系统是远离平衡态的，主要因为交互系统内部要素交互作用程度有所不同，形成各种“交互梯度”产生“交互梯度力”，导致“交互梯度流”的出现。“交互梯度流”与“交互梯度力”有正相关关系，具体表述如下：

$$F_k = \sum_{i=1} w_{ki} X_i \tag{2.1}$$

式中，F_k 为第 k 个交互梯度流；w_{ki} 为 F_k 和 X_i 决定的比例系数；X_i 为第 i 个交互梯度力。

根据式 2.1 看，交互梯度力、交互梯度流、负熵流之间存在正向关联，系统越远离平衡态越有序。

（3）交互系统是非线性作用性机制。耗散结构理论认为线性的正反馈无法重新构建新的稳定态；而非线性的正反馈可以在热力学分支失稳基础上，重新促使系统构建新的稳定态。

（4）交互系统具有涨落有序特征。根据耗散结构理论，任何一个系统都是由多个因素组成，各因素实际物理量与平均值之间或多或少有些偏离，这些偏差就叫涨落，涨落的大小具有强烈的不确定性。如果系统稳定，系统功能自动会遏制涨落从而保持系统稳定；如果系统不稳定，系统功能无法遏制涨落，同时吸收外界物质能量流，涨落被放大，大量的涨落叠加在一起形成“巨涨落”，促使系统发生宏观变化，最终达到新的宏观态。

2. 理论启示

生态空间服务绩效与城镇用地扩张之间存在着客观交互作用关系，城镇用地扩张过程必然对周边生态环境产生扰动，在城镇用地扩张快速期表现为大量新增建设用地破坏了生态环境以致生态空间服务绩效下降；在城镇用地扩张缓慢期则表现为城镇建设在生态环境承载范围之内，生态空间为城镇用地扩张提供生态支持，且生态空间服务绩效不断提升。因此生态空间服务绩效与城镇用地扩张之间存在客观复杂的交互关系。生态空间服务绩效与城镇用地扩张之间的交互关系是一个开放的、非平衡的、具有非线性相互作用和自组织能力的动态涨落系统。下面对生态空间服务绩效与城镇用地扩张交互系统的耗散结构进行分析：

（1）生态空间服务绩效与城镇用地扩张的交互系统需要与外部进行物质和能量的交换，系统演变才能向着更高级的形态发展。一方面，从交互系统内部子系统之间交互作用看，城镇用地扩张过程中，在“麦克斯韦妖”的作用下，不断从生态空间吸收负熵流（净化的空气、洁净的水、生物资源、宜人的气候等）增加自身的有序性（良好的城市生态环境、合理的功能分区、和谐的社会生活以及先进的科学教育）促使城镇不断向更合理生态区位扩张。而生态空间服务绩效系统也不断从城镇用地扩张中吸取正熵流（扰动的斑块、污染的水和空气、噪声），迫使生态空间服务绩效向低级方向演替；另一方面，交互系统是人地系统的分支，人类需求是生态空间服务绩效与城镇用地扩张交互作用的主要动力源，在产业革命以前，人类属于自然生态系统的一部分存在于“生态链”的某个环节，人类以农牧活动为主，工业生产为辅，人类活动对生态环境扰动也远远低于生态环境的自净力，生态环境处于天然、和谐、有序的初始状态，城镇用地扩张速度也极其缓慢，此阶段生态空间服务绩效系统与城市扩张系统处于弱交互状态。产业革命以后，人类活动脱离生态环境约束，工业生产技术体系代替了农业生产技术体系，人类对自然无限制地改造和掠夺，导致人与自然严重对立；人类需求远远大于生态环境承载力，对城市扩张需求也急速膨胀，导致生态环境恶化及城市急剧膨胀。这不仅使生态空间中生态因子的个量水平极度锐减，更使生态空间的生态总量、流量发生加速变化。总之，生态空间提供的生态产品无法满足人类需求，城镇急速扩张又对生态空间产生破坏性扰动，此阶段生态空间服务绩效系统与城镇用地扩张系统处于不持续强交互状态。生态文明建设阶段，人类对生态环境和城镇用地扩张的需求提高到新的阶段，并利用先进的科学技术，提升生态环境承载能力和城市扩张有序性，此阶段生态空间服务绩效与城镇用地扩张处于可持续强交互阶段。

（2）交互系统内存在交互梯度力就意味着“非平衡”，也是促使交互系统有序发展的推动力。交互系统内部需要不断在“平衡”与“非平衡”之间转换才能维持系统的交互梯度力。交互梯度力可分为两大类型，一类是城镇用地扩张对生态空间服务绩效的扰动力，另一类是生态空间服务绩效对城镇用地扩张的限制力。这两种力不存在对称性进而形成交互梯度流，引进系统外的国土空间规划、工程整治技术、生态文明引导下政策制度创新等“负熵流”，有助于调控生态空间服务绩效和城镇用地扩张的交互关系，形成新的有序结构。

（3）按照耗散结构理论，生态空间服务绩效与城镇用地扩张交互系统是存在非线性交互作用的系统，是一个具有整体性的复杂系统，如城镇用地系统接受生态空间服务系统提供的生态产品支持，生态空间服务系统接受城镇用地系统输出的污染物，这些交互作用组合形成了宏观层面的“序”，构建出错综复杂的层次结构体系。当宏观层面的“序”参数超过一定的阈值时，系统的波动会受到新的干扰，从而产生出新的错综复杂的层次结构体系，形成新的有序的交互系统。总之，系统间、要素间在线性作用下难以叠加形成宏观“序”，无法形成结构有序的耗散结构，因此交互系统是非线性作用机制，既可保证交互系统内部的多元性，又可促进生态空间服务绩效与城镇用地扩张协同发展，满足耗散结构条件。

（4）生态空间服务绩效与城镇用地扩张的交互过程是一个动态涨落过

程，交互过程处于不停地随机变动之中，具体表现在3个方面：①生态空间服务绩效的涨落决定交互系统发展方向。在实际的系统交互作用过程中蕴含着众多涨落，但能成为“巨涨落”的只有一个或很少的几个，其余只能被消耗掉。生态空间服务绩效系统放大与其步调一致的“巨涨落”，破旧立新形成新的有序结构即新的高级稳定态，从而决定交互系统发展方向。②涨落形成过程的随机性决定了交互系统发展方向的偶然性。因为交互系统内外要素的运动过程具有随机性，其组合形成的“涨落”无法准确预测，这就决定了交互系统演化的方向没有必然性只有偶然性，交互过程演变为一个随机过程。③多个“涨落”耦合性决定交互系统演化过程的复杂性。在交互系统中存在多个“内涨落”或“外涨落”，多个“涨落”之间耦合结果的影响力具有差异性，只有竞争力强，有远大发展前途的“涨落”耦合结果会主导交互作用发展方向，因此“涨落”耦合结果的不确定性加大了交互系统演化的复杂性。

3.2.2 景观生态学理论

1. 核心内容概述

景观生态学（Landscape Ecology）是在1939年由德国地质物学家C. Troll首先提出来的，该学科从宏观尺度将景观格局与生态过程结合，运用系统分析和动态分析，分别研究生态系统各要素之间以及与人类社会的交互关系，还研究生态系统内进行的各种生态过程对景观结构的影响，景观结构变化过程中能量流、物质流和信息流的状况，因此研究的核心问题是格局—过程—尺度[143]。景观格局决定景观功能以及空间异质性。生态过程关注生态系统内部生态物质、能量、信息的流通和迁移，以及生态系统自身演变态势。研究内容包括景观格局演变过程的分析与模拟，生态系统对景观格局演变的响应，采用景观指数作为生态过程定量分析指标[144-145]。景观尺度中时间尺度一般选择跨度较大的时间尺度才能够反映景观的变化趋势，空间尺度包括景观粒度[146]和景观幅度[147]，景观粒度主要是景观中具有同质性、最小可辨的景观单元，景观幅度主要指研究对象在空间上的总体量度即研究范围大小。景观格局与生态过程具有尺度依赖性，不同尺度下景观格局和生态过程的研究结果不尽相同[148]。与本研究相关的主要原理包括：①景观结构。景观构成要素主要分为斑块、廊道、基质等，要素基于形态、规模、类型、区位等形式以不同比例组合构成了景观的空间结构。②景观功能。景观构成要素中斑块、廊道、基质及其组合形成不同生态功能，具体表现为4个方面：一是物质生产功能，二是景观生态服务功能，三是景观美学功能，四是景观生态循环功能。③景观过程。景观的结构和功能是一个动态变化的过程，过程类型复杂多样，包括景观破碎化过程、景观连通过程、土地转换过程。城镇用地扩张占用生态用地，景观破碎化过程成为重要的过程，降低了生物多样性，加速了荒漠化等。连通过程是景观破碎化的反过程，连通过程为物质、能量流动提供完整通道，有利于维持生物多样性，并引起景观机制改变。而土地转换是另外一种重要的现代景观过程，比如城镇用地扩张占用其他土地，土地转换改变景观结构，景观生态过程随之改变，总体上不利于生物多样性的保护。

2. 理论启示

“空间格局—生态过程—生态服务”具有级联效应，城镇用地快速扩张过程中，占用了大量的生态空间，导致城镇空间和生态空间之间资源利用产生冲突，而空间冲突的强烈程度直接影响空间格局的变化程度，改变生态空间的结构与功能，进而改变其所支撑的生态服务过程，改变地球的化学循环、水文流动和能量转换路径，反馈到生态系统，直接关联生态空间服务绩效的形成和空间分布。在生态空间服务绩效对城镇用地扩张的响应研究中，从景观生态学理论的核心内容“格局-过程-尺度”出发，选取景观指数刻画城镇用地扩张过程中生态空间结构变化特征，深入解析城镇用地扩张过程中生态空间服务绩效响应特征。

3.2.3　协同理论

1. 核心内容概述

协同理论是由德国物理学家 Haken 在 20 世纪 70 年代创立的一门融合了多学科研究成果的新兴学科，主要研究开放系统通过与外部物质或能量交换后，如何自发地出现时间、空间和功能上的有序结构。协同系统的状态是以一组状态参量为自变量的函数，这些状态参量随时间变化的快慢程度是不同的，当接近系统质变的阈值时，大多数变化快的状态参量会由少数变化慢的状态参量所支配，并由其确定系统的最终结构和有序程度，起决定作用的慢变量称序参量，系统演化受序参量控制。

2. 理论启示

在城镇用地扩张和生态空间服务绩效交互系统管理中，尽管影响交互系统的因素很多，但需要从中区分关键因素和次要因素，偶然因素和必然因素，找出起主导作用的序参量，通过控制外部参量和加强内部协同，创造条件强化和凸显主要序参量，就能掌握整个交互系统的发展方向。因此在协同治理过程中，重要的是寻找起决定作用的序参量，并提出针对性措施，从而引导交互系统稳定运行。

3.2.4 国土空间治理理论

国土空间治理是通过多方利益主体参与，采取多样化手段优化配置国土空间要素，最终实现国土空间结构和格局优化，提升国土空间功能，紧扣国土空间资源特征，协调国土空间冲突，统筹国土空间的整体平衡发展[149-150]。综合整治、生态修复及空间规划是治理的手段和措施。国土空间治理结构必须有利于人与自然和谐共生的新型关系，有利于人、动物、植物、环境等生命共同体中各方要素的有机结合，也要有利于城镇空间、农业空间和生态空间等在一个复杂组合状态之下的耦合协调。之所以要进行国土空间治理，最根本的目的是更好地解决人类的长远利益与发展的眼前利益之间的矛盾，要实现这一目标，治理结构创新的路径要一软一硬两手抓。

（1）缓解国土空间冲突的硬手段。主要从有利于生命共同体建设的角度，通过国土空间规划、国土空间综合整治和国土空间生态修复等措施，着力优化国土空间结构，合理控制城镇扩张规模，提高城镇存量建设用地利用效率，强化关键性生态基础设施建设，构成生态系统网络化[151]。

(2) 改善国土空间治理的软环境。以高质量发展为引导，拟定新时代背景下国土空间开发利用保护的思想主旨和指导原则，构建国土空间开发利用的政策制度体系和文化伦理道德。在软环境中通过完善的行政制度引导，创新传统文化，充分保护和促进国土空间系统的整体功能。

3.3　分析框架

生态空间服务绩效与城镇用地扩张是生态空间保护和城镇空间扩张的直接映射，以两者协同发展为目标，围绕“绩效评价—交互机制—协同治理”这一主线，形成本书逻辑分析框架：明晰生态空间服务绩效评价思路，建立生态空间服务绩效评价框架，探讨生态空间服务绩效与城镇用地扩张的交互机制和交互关系判别方法，提出生态空间服务绩效与城镇用地扩张协同发展路径。

本分析框架主要探究：①生态空间结构如何解析；②生态空间服务绩效如何评价；③城镇用地扩张形式如何；④生态空间服务绩效与城镇用地扩张交互关系如何演变；⑤如何推进生态空间服务绩效与城镇用地扩张协同发展。

首先，生态空间服务绩效评价。对交互关系的研究，前提是明确生态空间绩效水平，回答问题①和②，为后续研究提供理论和数据支持。以景观生态学为基础，分析生态系统服务、生态空间结构、生态服务过程之间的关联关系；考虑生态供给与人类需求的对应关系，确定本研究生态系统服务分类，并推演生态空间类型；基于生态服务过程将生态空间结构解析为 ECA 和 EAA，结合空间异质性和空间连通性等空间属性，构建评价指标体系；考虑到评价指标的差异性，采用物元模型和二次等权加和模型测算生态空间服务绩效；结合晋中市生态空间特征，对晋中市生态空间服务绩效的时空演变特征进行分析，明确晋中市生态空间服务水平的变化趋势。

其次，生态空间服务绩效与城镇用地扩张交互关系探讨，回答问题③

和④。首先认识城镇用地扩张一般模式，采用扩张速度、扩张比率、扩张贡献率、扩张形态等指标分析 2000—2020 年晋中市城镇用地扩张过程及规律；其次由于两者相互作用形成的交互系统是开放系统，交互关系呈非线性、非均衡性的复杂变化，就需明晰两者交互机制，从数量、速度和时空三个层面把握交互关系历史演变特征以及未来发展方向；第三通过晋中市实证分析，采用梯度分析、脱钩分析和空间自相关模型明确两者交互关系的时空演变特征，为协同治理研究提供研究基础。

最后，生态空间服务绩效与城镇用地扩张的协同路径实施，回答问题⑤。新时代高质量发展要求提升生态空间服务绩效与城镇用地有序扩张协同发展。生态空间系统和城镇用地系统不断相互作用形成交互系统，并具有要素、结构、功能等多重属性，根据协同理论和空间治理理论，寻找交互系统的“序参量”，从硬手段和软环境两个方面，提出工程措施、空间规划和政策制度三条实施路径，并以晋中市为例，提出具体路径的实施方法，为提升生态保护水平和城镇化发展质量、实现国土空间均衡发展提供对策建议（图 3.1）。

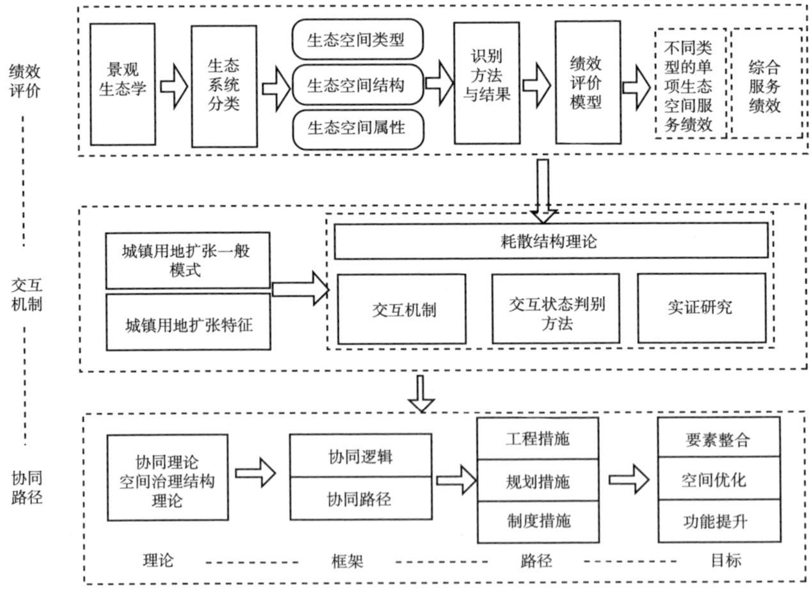

图 3.1　分析框架

3.4 本章小结

本章主要从基本概念、理论基础、分析框架 3 个方面对交互关系的研究思路进行探讨。

首先，明晰生态空间、生态空间结构、生态系统服务、生态空间服务绩效、城镇用地、城镇用地扩张等核心概念。

其次，采用耗散结构理论、景观生态学理论、协同理论及国土空间治理理论为生态空间服务绩效与城镇用地扩张交互关系的研究提供理论指导。

最后，以生态空间服务绩效与城镇用地扩张协同发展为目标，围绕“绩效评价—交互机制—协同治理”的逻辑主线构建本研究的分析框架，为后续研究梳理思路。

第 4 章　研究区概况与数据准备

4.1　数据来源与处理方法

1. 基础数据

本研究基础数据主要集中在生态服务功能核算部分，包括木材生物量、InVEST 模型中的土壤保持、生境质量、水资源供给、水污染处理、生物多样性及景观文化等功能评估模块，各模块数据来源如表 4.1 所示。本书选取 500m 作为最佳粒度，构建 500m×500m 的格网对空间进行定量化测度，共创建格网 65 491 个。

表 4.1　主要基础数据的类型和来源

模块	数据类型	单位	格式	数据来源
气体调节	NO_2	$\mu g/m^3$	dbf	晋中市环境质量公报（2000—2020）
	NDVI	—	tif（500m×500m）	地理空间数据云（http：//www.gscloud.cn/）
水资源供给	土地利用覆被类型图	—	shp	晋中市第三次国土资源调查数据
	水源地		shp	晋中市水利发展“十三五”规划
	集水区/子集水区分布图		shp	DEM 数据生成
	水质		shp	晋中市水质评价结果图（2017）
	沟渠		shp	晋中市耕地质量评价数据库（2017）
土壤保持	降雨侵蚀力 R	MJ.mm/（hm^2·h·a）	tif（500m×500m）	基于降雨数据计算
	土壤可蚀性因子 K	t·hm^2·h/（MJ·hm^2·mm）	tif（500m×500m）	晋中市土壤类型数据库

（续）

模块	数据类型	单位	格式	数据来源
土壤保持	坡长因子 L		tif（500m×500m）	基于 DEM 图层提取
	坡度因子 S		tif（500m×500m）	基于 DEM 图层提取
	植被覆盖管理因子 C		tif（500m×500m）	基于 NDVI 数据计算
	工程措施因子 P		tif（500m×500m）	基于坡度数据计算
水污染处理	降水量	mm	tif（500m×500m）	国家地球系统科学数据中心（www. geodata. cn）
	耕地	—	shp	晋中市第三次国土资源调查数据
	城镇建设用地	—	shp	晋中市第三次国土资源调查数据
	地表径流		shp	晋中市河流分布图
木材生产	木材生物量	t/m^3	dbf	《晋中林业生态市总体规划（2011—2020）》样点数据库
生物多样性	生态源地		shp	晋中市自然保护地整合优化方案
	DEM 高程数据	m	tif（500m×500m）	地理空间数据云（http：//www. gscloud. cn/）
景观文化	景观文化		dbf	晋中市旅游资源分布图（2017）
	交通线路		shp	晋中市第三次国土资源调查数据、百度地图
生境质量	主要威胁因子	—	dbf	参考文献
	威胁源因子权重	—	dbf	
	各地类对胁迫因子的敏感性	—	dbf	
其他因子	地表覆盖因子	—	tif（500m×500m）	基于 NDVI 数据计算
	地表粗糙度因子	—	tif（500m×501m）	基于坡度数据计算
	社会经济因子			山西省统计年鉴、晋中市统计年鉴、晋中市“十三五”发展规划、晋中市“十四五”发展规划

2. 基础数据预处理

主要包括遥感信息数据提取和其他图件文字资料数据提取。

对于遥感信息数据提取包括：①DEM相关数据提取，首先依据研究区矢量范围裁剪遥感影像图；其次依据ArcGIS软件工具箱中的填充工具进行假“汇”填充，避免出现不符合逻辑常理的洼地；最后运用ArcGIS中“表面分析”工具集，运算并提取坡向、坡度等数据。②土地利用数据提取，首先对遥感影像进行镶嵌和裁剪，然后使用地理配准功能，将遥感影像置于2 000国家大地坐标系中；其次以2020年晋中市第三次国土调查为解译参照基准，采用计算机解译（监督分类）和目视解译方法对2000—2020年土地覆被遥感数据库进行土地类型斑块解译，结合实际情况将研究区土地类型分为耕地、林地、草地、城镇建设用地、农村建设用地、湿地、水域及其他土地等8类。最后依据晋中市第二次土地调查数据、晋中市第三次国土资源调查数据、晋中市城市总体规划（2006—2030）叠加2000—2020年土地覆被遥感影像，提取2000—2020年晋中市城镇建设用地范围。③NDVI数据提取，主要基于ENVI 5.3软件提取数据。

对于其他图件文字资料数据提取：①图件数据提取，首先完成图件数据配准，在ArcGIS 10.10软件平台中将栅格数据转为矢量数据后再应用数据配准工具，将所有图件数据通过坐标转换叠加在一起；其次提取单要素图层，运用ArcGIS 10.10软件中矢量化编辑及提取工具，提取研究所需单要素图层；最后构建矢量图层属性库，为后续数据处理提供基础支持。②文字资料提取，主要来源于《晋中市“十四五”规划报告》《晋中市“十三五”规划报告》《晋中市旅游规划报告》《晋中市第三次水资源利用评价报告（2017）》《晋中市自然保护区整合报告（2020）》《晋中市城市总体规划（2016—2030）》《晋中市统计年鉴（2000—2020）》《晋中市土地利用总体规划（2006—2020）》等。

4.2 研究区概况

4.2.1 自然地理概况

晋中市地处山西省中部，东经111°25′～114°05′，北纬36°40′～38°06′，

总面积为 1.64 万 km^2。

1. 地势东高西低，地貌以山地为主

晋中市位于太行山脉中段与太原盆地之间，地势东高西低，呈阶梯状分布；以山地、丘陵、平川为主，其中山地占 64.0%，丘陵占 20.4%，平川占 15.6%。从东到西有太行山脉、沁潞高原、太岳山脉、太原盆地排列，呈现东高西低的趋势（图 4.1）。

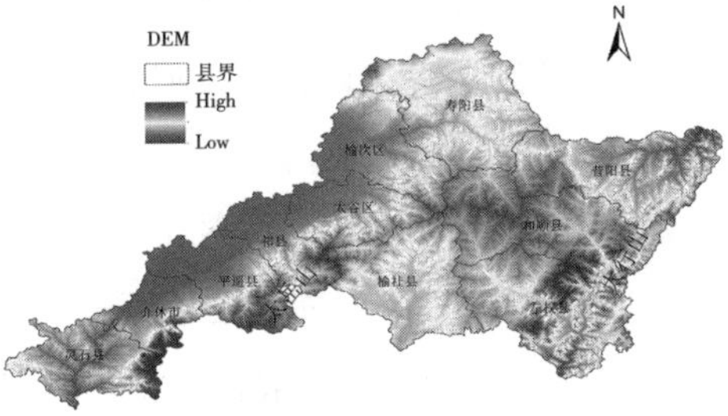

图 4.1　晋中市行政区划及地形图

2. 降水量东多西少，山区大于平川

晋中市属暖温带大陆性季风气候区，四季分明，雨热同季，光热资源丰富。全年太阳日照时数平均为 2 531h，降水量主要集中在 6—8 月，年平均降水量 480mm，其中平川区 437mm，东山区 530mm。年平均蒸发量为 1 718mm，平川区大于山区。

3. 黄河流域—海河流域两大流域

晋中市河流分属黄河流域和海河流域，黄河流域面积占全市面积的 56.2%，海河流域面积占全市面积的 43.8%。西部河流多属黄河流域汾河水系，主要有汾河、潇河、象峪河等，东部源流主要有清漳东源、清漳西源、浊漳北源、清漳河。

汾河为境内第一大河，境内全长 128km。全市多年平均水资源总量为 10.9 亿 m^3，人均水资源量 $367m^3$。

4. 水质污染严重

根据《晋中市第三次水资源调查评价报告（2020）》，符合Ⅰ、Ⅱ、Ⅲ类水质级别的河长为 367km，占评价河长的 57.0%，其中Ⅰ类水质河长有 49km，占评价河长的 7.7%，Ⅱ类水质河长 211km，占评价河长 32.7%，Ⅲ类水质河长 107km，占评价河长 16.6%，超Ⅲ类水的污染河长 277km，占 43.0%，Ⅳ类水质河长 8km，占 1.2%，超Ⅴ类水的严重污染河长为 269km，占总评价河长的 41.8%。晋中市将近半数的河流河段受到污染或严重污染。

5. 民生水利加强

2020 年晋中市实施小型农田水利重点县建设（榆次区、太谷区、祁县、平遥县、介休市、左权县、昔阳县、寿阳县）、末级渠系配套工程、规模化节水示范增效项目（太谷区、祁县、昔阳县、寿阳）、新增粮食产能项目、潇河灌区续建配套改造、膜下滴灌工程（榆次区、太谷区、祁县、平遥县、左权县）、世行贷款节水灌溉二期项目（介休市橡胶坝引水工程、介休市兴地灌区工程、榆社县云竹水库灌区工程），2020 年晋中市有效灌溉面积累计达到 239.07 万亩*，节水灌溉面积 163.41 万亩；灌溉水利用系数 0.55。农村自来水普及率 99%，农村集中供水率提高到了 98.9%，水质达标率达到了 71.6%（图 4.2）。

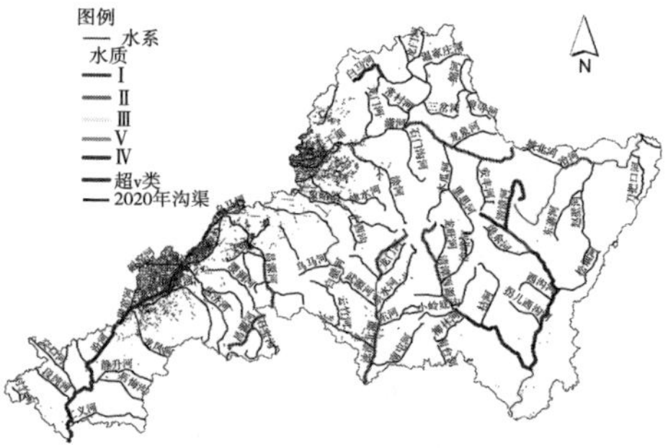

图 4.2　水系、水质及灌溉沟渠分布图

6. 植被呈垂直梯度变化

山西省 2018 年度森林资源清查结果表明：晋中市 2018 年底森林面积为 441.84 万亩，森林覆盖率为 17.95%（图 4.3）。地貌总体分为东

* 亩为非法定计量单位，1 亩＝1/15hm²。——编者注

部山地、中部丘陵、西南部山地和西部汾河谷地 4 个单元，复杂的自然条件造就了森林生态系统、草丛生态系统和湿地生态系统等。全市林区多为暖温带大陆性针阔叶混交林，主要是油松、侧柏、白皮松等为主的针叶林和以山杨、白桦、辽东栎为主的阔叶林，灌木群落主要有沙棘群落、虎榛子群落等；区域内湿地生态系统有自然湿地和人工湿地，主要湿地植物有芦苇群落、黑三棱群落、苔草群落，主要分布在东部山区以及丘陵和山地高海拔地区，西部低海拔汾河谷地以农作物植被为主。

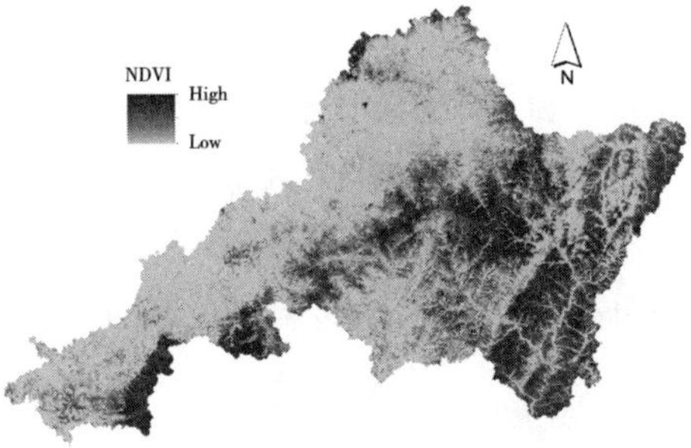

图 4.3　2020 年晋中市 NDVI 值空间分布

7. 自然保护地以太岳山和太行山为依托

2020 年晋中市内已建成自然保护区、风景名胜区、森林公园、湿地公园、地质公园等多种类型的自然保护地 34 处（图 4.4、表 4.2）。

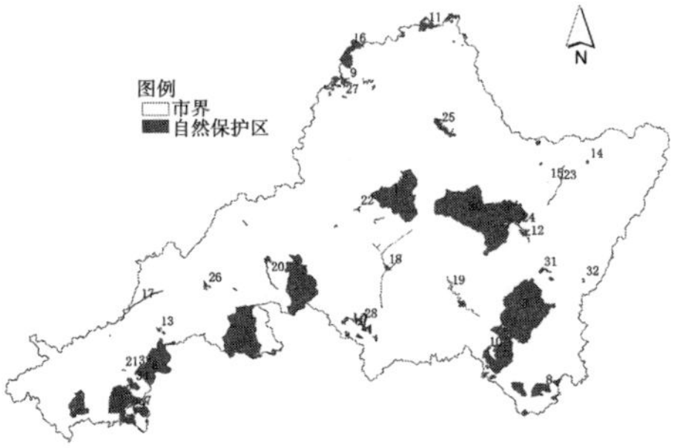

图 4.4　晋中市自然保护区分布图

注：编码与表 4.2 对应。

表 4.2　晋中市自然保护地清单

序号	自然保护地名称	类型	县（市、区）	落图面积（hm^2）
1	山西八缚岭省级自然保护区	自然保护区	榆次区	15 576.63
2	山西韩信岭省级自然保护区	自然保护区	灵石县	12 808.64
3	山西孟信垴省级自然保护区	自然保护区	左权县	35 065.78
4	山西超山省级自然保护区	自然保护区	平遥县	19 123.58
5	山西四县垴省级自然保护区	自然保护区	祁县	15 763.51
6	绵山风景名胜区	风景名胜区	介休市	5 431.82
7	石膏山风景名胜区	风景名胜区	灵石县	6 076.25
8	太行龙泉风景名胜区	风景名胜区	左权县	23 764.4
9	乌金山国家级森林公园	森林公园	榆次区	3 167.69
10	龙泉国家森林公园	森林公园	左权县	24 377.97
11	方山国家森林公园	森林公园	寿阳县	3 594.04
12	云龙山省级森林公园	森林公园	和顺县	338.6
13	介休市省级森林公园	森林公园	介休市	666.02
14	大寨省级森林公园	森林公园	昔阳县	603.06
15	石马寺省级森林公园	森林公园	昔阳县	488.33
16	山西省鹿泉山森林公园	森林公园	寿阳县	5 533.36
17	山西介休汾河国家湿地公园	湿地公园	介休市	683.9
18	山西榆社漳河源国家湿地公园	湿地公园	榆社县	643.11
19	山西左权清漳河国家湿地果园	湿地公园	左权县	737.57
20	山西昌源国家湿地公园	湿地公园	祁县	892.3
21	灵石县静升河省级湿地公园	湿地公园	灵石县	68.11
22	太谷县棋盘山省级湿地公园	湿地公园	太谷区	225.33
23	昔阳县松溪河省级湿地公园	湿地公园	昔阳县	367.59
24	和顺县张翼河省级湿地公园	湿地公园	和顺县	246.06
25	寿阳县萧河省级湿地公园	湿地公园	寿阳县	499.43
26	平遥县惠济省级湿地公园	湿地公园	平遥县	425.32
27	榆次区田家湾省级湿地公园	湿地公园	榆次区	108.8
28	榆社古生物化石国家地质公园	地质公园	榆社县	7 135.33

（续）

序号	自然保护地名称	类型	县（市、区）	落图面积（hm^2）
29	灵石石膏山省级地质公园	地质公园	灵石县	7 425.23
30	山西铁乔山省级自然保护区	自然保护区	和顺县	—
31	太行山省级森林公园	森林公园	和顺县	—
32	太行林局海眼寺省级湿地公园	湿地公园	和顺县	41 766.31
33	山西绵山省级自然保护区	自然保护区	介休市	—
34	太岳山国家森林公园	森林公园	灵石县	—

8. 旅游景观以西部历史人文、东部生态景观为主

晋中市将现有景观资源分为两大类型，即历史名镇名村资源和生态景观资源。晋中市拥有中国历史文化名镇 1 个和名村 6 个，山西省历史文化名镇 6 个和名村 23 个（图 4.5）。

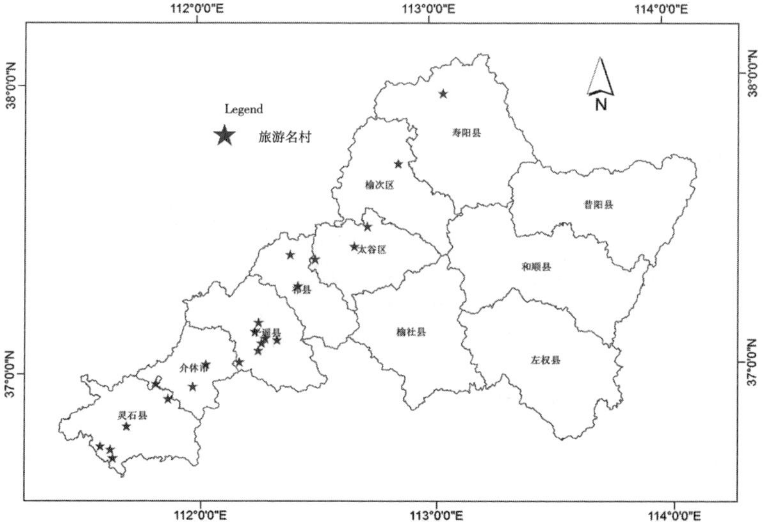

图 4.5　历史文化名村分布

晋中市东部、南部生态旅游资源各具特色。东部以太行山脉为依托，推动森林山岳观光和生态度假之旅；南部推动太岳山自然风光与人文观光相融合凸显晋中南部生态旅游特色。

4.2.2 社会经济概况

1. 社会经济状况

晋中市下辖榆次区、太谷区、介休市、祁县、平遥县、灵石县、寿阳县、昔阳县、和顺县、左权县、榆社县等2区1市8县。2020年晋中市共3 380 397人，比2000年增加119 252人；2000—2020年间晋中市人口增加的地区有榆次区、太谷区、介休市，人口减少的地区有榆社县、左权县、昔阳县、寿阳县、祁县、平遥县和灵石县。从人口占比看，2020年榆次区人口为905 920人，占总人口26.8%，比重最大；而榆社县为111 565人，占总人口3.3%，比重最小（图4.6）。从人口城镇化率看，2000—2020年，各地区人口城镇化率呈增长趋势，其中榆次区人口城镇化率最高，从71.39%提高到79.16%；昔阳县人口城镇化率最低，从27.71%提高到41.33%（图4.7）。

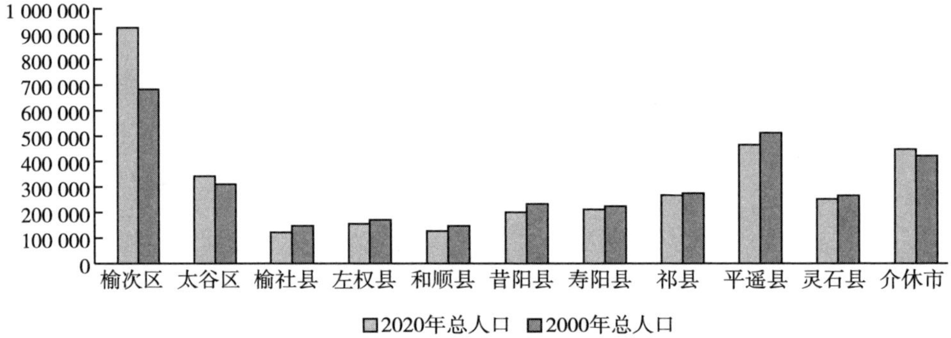

图4.6 2000—2020年晋中市各县人口变化

2020年晋中市地区生产总值共14 781 856万元，其中榆次区地区生产总值为3 007 120万元，占全市生产总值的20.34%，比重最大；其次为灵石县2 433 869万元、介休市2 418 907万元分别占全市地区生产总值的16.47%和16.36%，而榆社县375 901万元仅占全市地区生产总值的2.54%，比重最低（图4.8）。

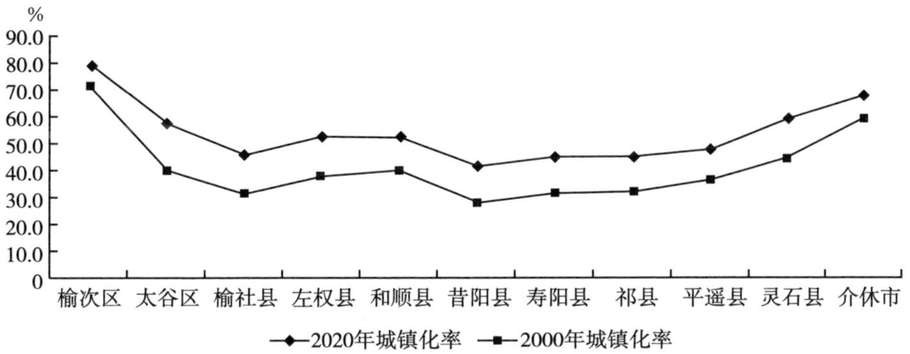

图 4.7　2000—2020 年晋中市各县城镇化率变化

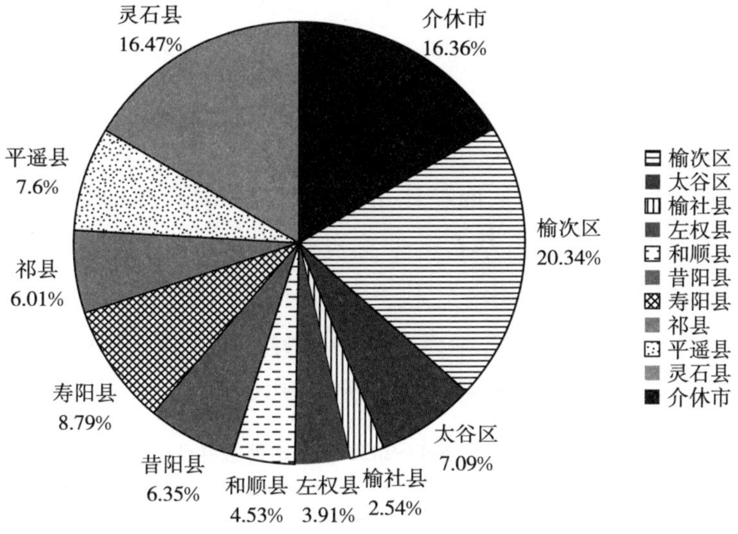

图 4.8　2020 年晋中市各区地区生产总值占比

2. 内外交通便利

铁路：有石太铁路、同蒲铁路、太焦铁路、阳涉铁路纵横交错过境，向南可达临汾、运城，进入陕西；向东通达河北石家庄市，向东南通长治、晋城和河南焦作市，向北连京包线。目前正在启动和邢铁路、太原—晋中城际铁路、阳大铁路、太焦客专建设。

公路：拥有京昆高速、大运高速、和汾高速、阳左高速、青银高速、大长高速等通车高速，正在启动晋中—昔阳—衡水、祁县—离石、太原东二环、左黎等多条高速建设，有108、207、208、307国道和102、216、220、221等13条省道。

4.2.3 土地利用特征

1. 东林中草西农田

基于地形地貌特征及植被空间分布特征的分析，晋中市土地利用/覆被以东林中草西农田为主要空间分布特征（图4.9）。森林景观主要分布在东部山区，依托太行山脉形成森林景观；草地景观主要分布在中部丘陵地区，以灌木和草丛生态系统为主；西部汾河谷地，地势平坦，地表水丰富，形成农用地景观，以玉米、大豆、谷物以及多种瓜果为主。根据表4.3，从面积变化上看，2000—2020年，晋中市除草地面积有所降低外，其余地类都呈不同程度增加，其中耕地面积增加幅度最大，从4 492.32km^{2}增加至4 742.25km^2，共增加249.93km^2；而水体、湿地和其他用地基本保持不变；从面积比重和空间分布看，草地和林地的面积比重占晋中市总面积的70%左右，生态资源丰富，主要分布在晋中东部和西部，位于昔阳县、和顺县、左权县和榆社县；耕地面积占晋中市总面积的27%以上，主要分布在晋中西部的汾河谷地，地势平坦，位于寿阳县、榆次区、太谷区、祁县、平遥县及介休市等县。

表4.3 2000—2020年土地覆被变化

地类	2020年		2000年		增减变化	
	面积（km^2）	占比（%）	面积（km^2）	占比（%）	面积（km^2）	占比（%）
耕地	4 742.25	28.87	4 492.32	27.34	249.93	1.52
林地	3 675.31	22.37	3 571.23	21.74	104.07	0.63
草地	7 412.87	45.12	7 988.16	48.62	−575.3	−3.5
城镇建设用地	259.63	1.58	150.68	0.92	108.95	0.66
农村建设用地	266.58	1.62	178.88	1.09	87.7	0.53
其他	39.63	0.24	29	0.18	10.62	0.06
湿地	15.47	0.09	7.87	0.05	7.6	0.05
水体	17.81	0.11	11.45	0.07	6.36	0.04
合计	16 429.55	100	16 429.55	100	0	0.00

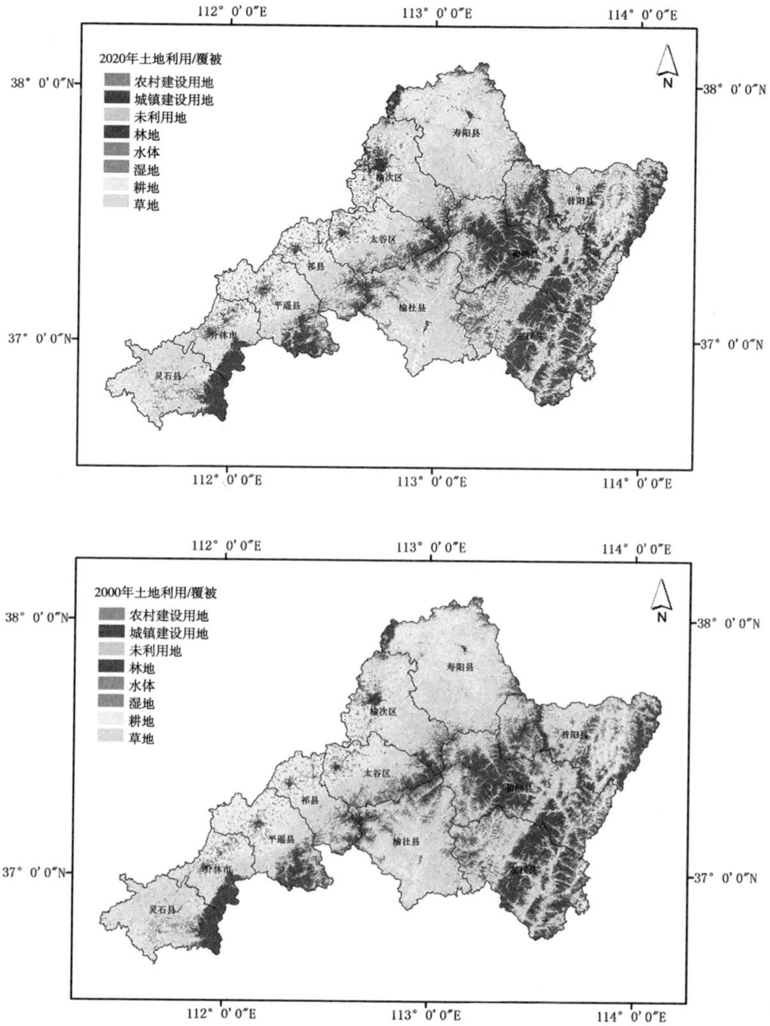

图 4.9　2000—2020 年晋中市土地利用现状

2. 土地利用/覆盖数量转移轨迹

将 2000 年和 2020 年两期土地利用数据进行相交分析，得出表 4.4。整体而言，近 20 年晋中市土地利用转换以耕地、草地、建设用地、其他土地为主，转换轨迹多样化。其中耕地转出面积为 271.06km^2，占总转出面积的一半以上，而同期转入耕地 65.62km^2，净流失 205.44km^2；

草地转出 112.29km²，转入 9.34km²，净损失 102.95km²，主要流入城镇建设用地和农村建设用地，还有 16.11km² 转入其他用地，说明草地资源存在退化现象，直接影响生态空间服务功能；其他土地主要转出为耕地和草地，分别为 12.06km² 和 5.77km²，反映土地整治和生态修复取得成效，对生产生态具有促进作用；城镇建设用地主要是对耕地和草地资源的占用，占用面积分别为 89.16km² 和 51.37km²，没有转出行为，反映随着晋中市城镇化进程的推进，城镇建设用地扩张与耕地、生态保护的矛盾将进一步凸显；水域和湿地的面积变化较小。

表 4.4　2000—2020 年晋中市土地利用转移矩阵

2000 年		2020 年 耕地	林地	草地	城镇建设用地	农村建设用地	湿地	水体	其他用地	总计
耕地	面积（km²）	—	47.53	—	89.16	108.35	6.46	2.59	16.96	271.06
	占总转移面积（%）	—	10.15	—	19.04	23.13	1.38	0.55	3.62	57.87
林地	面积（km²）	49.2	—	—	0.62	0.69	0.26	0.32	1.06	52.15
	占总转移面积（%）	10.51	—	—	0.13	0.15	0.06	0.07	0.23	11.13
草地	面积（km²）	—	—	—	51.37	33.41	6.3	5.1	16.11	112.29
	占总转移面积（%）	—	—	—	10.97	7.13	1.34	1.09	3.44	23.97
城镇建设用地	面积（km²）	—	—	—	—	—	—	—	—	—
	占总转移面积（%）	—	—	—	—	—	—	—	—	—
农村建设用地	面积（km²）	—	—	—	—	—	—	—	—	—
	占总转移面积（%）	—	—	—	—	—	—	—	—	—
湿地	面积（km²）	3.24	0.04	1.86	1.07	0.54	0	0.29	0.13	7.16
	占总转移面积（%）	0.69	0.01	0.4	0.23	0.11	0	0.06	0.03	1.53
水体	面积（km²）	1.11	0.08	1.7	0.03	0.02	0.48	—	0.02	3.45
	占总转移面积（%）	0.24	0.02	0.36	0.01	0.01	0.1	—	0	0.74
其他土地	面积（km²）	12.06	0.52	5.77	1.93	1.87	0.1	—	—	22.26

根据图 4.10 看，从 2000—2010 年和 2010—2020 年两个阶段分析，

耕地在这两个阶段以转出为主，主要转为建设用地；草地转出和转入行为比较频繁，但总体是转出面积大于转入面积，主要转为建设用地。具体来讲，2000—2010 年晋中市城镇化高速推进，同时退耕还草政策引导，减少的耕地面积主要流向建设用地和草地；期间建设用地转入面积快速增长，草地转出面积小于耕地转出面积。2010—2020 年，由于耕地用途管制及退耕还林还草等工作持续推进，耕地和草地转出为建设用地的面积显著减少；同时随着晋中市三北防护林建设和重点防护林管控力度加强，林地转出面积也逐渐减少；未利用地转出轨道多样，主要转为耕地和草地；建设用地仍然是主要流入地类，说明该阶段建设用地仍然是社会经济发展的主要投入资源。

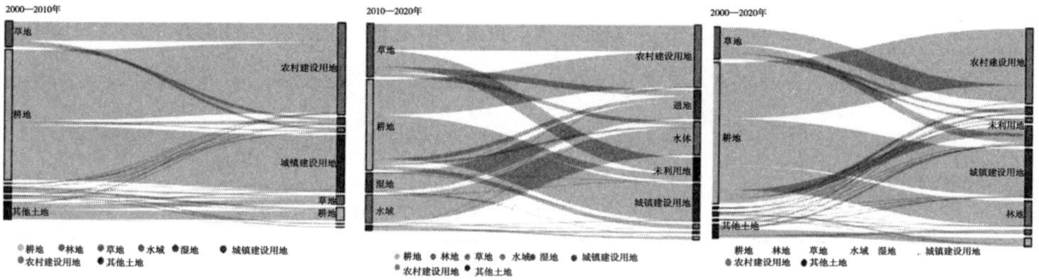

图 4.10　2000—2020 年晋中市土地利用/覆被数量变化轨迹

3. 城镇建设主要分布在西部平原

2000—2020 年晋中市城镇建设用地面积普遍呈上涨趋势，其中榆次区、祁县、太谷区、介休市的城镇建设用地增长规模较大（表 4.5）；城镇建设用地 85％以上面积分布在晋中市西部平原地区，涉及榆次区、太谷区、介休市及平遥县等县区（图 4.11）。从 2000—2020 年晋中市城镇建设用地面积的占比看，西部榆次区、太谷区、祁县、平遥县和介休市的城镇建设用地比重偏大，但占比却呈下降趋势；而东部的榆社县、和顺县、昔阳县、寿阳县、左权县和西南部的灵石县城镇建设用地比重不同程度增加，因此这 6 个县的城镇建设用地比重整体偏小，但是近 20 年随着城镇化推进使城镇用地规模也逐渐提高，比重提升幅度较大。

表 4.5　2000—2020 年晋中市城镇建设用地面积比较

县市	2020 年城镇建设用地		2000 年城镇建设用地		2000—2020 年变化量	
	面积（km^2）	占比（%）	面积（km^2）	占比（%）	面积（km^2）	占比（%）
榆次区	81.48	31.38	48.25	32.14	33.23	−0.12
太谷区	29.24	11.26	20.66	13.76	8.58	−1.00
榆社县	6.43	2.48	1.93	1.29	4.5	3.27
左权县	5.21	2.01	0.9	0.60	4.31	6.05
和顺县	5.52	2.13	1.53	1.02	3.99	3.67
昔阳县	6.01	2.31	2.03	1.36	3.98	2.67
寿阳县	10.92	4.21	4.16	2.77	6.76	2.09
祁县	45.11	17.37	28.84	19.21	16.27	−0.50
平遥县	26.01	10.02	16.64	11.08	9.37	−0.50
灵石县	10.05	3.87	4.79	3.19	5.26	0.97
介休市	33.65	12.96	20.39	13.58	13.26	−0.23
总计	259.63	100.00	150.12	100.00	109.51	—

注：变率 $= (\frac{1}{T_2 - T_1}) \times \ln(\frac{A_2}{A_1})$，$T_1$、$T_2$ 分别表示规划时期的初始时间和期末时间；A_1、A_2 分别表示 T_1、T_2 时期第 j 类土地类型的面积百分比。

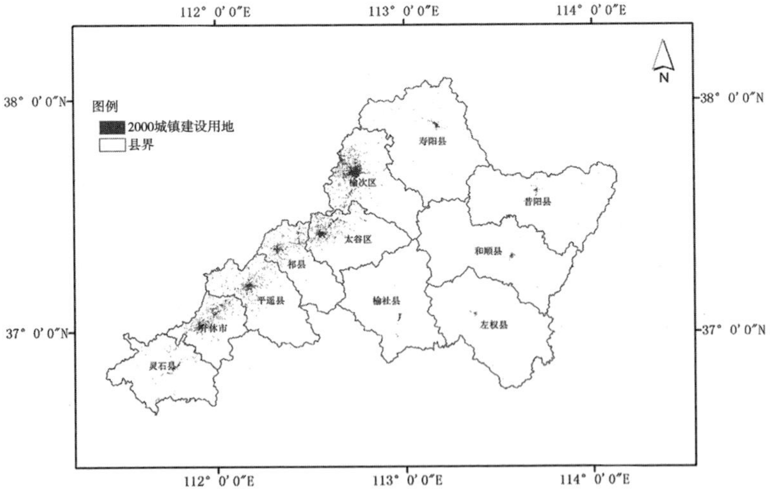

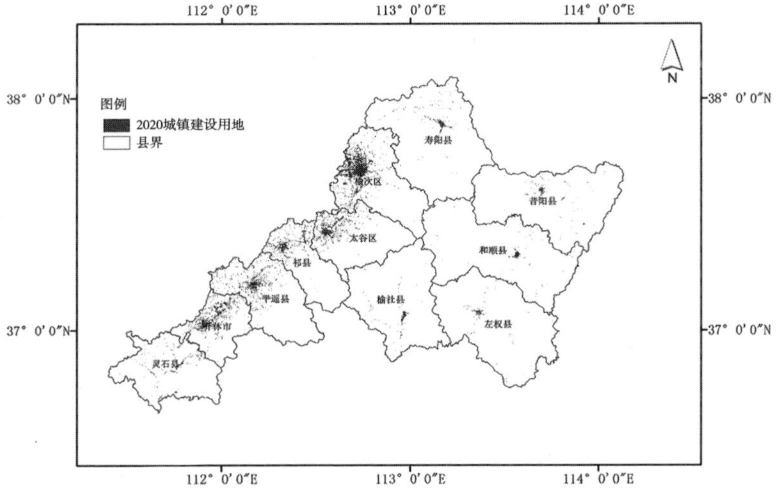

图 4.11　2000、2020 年晋中市城镇建设用地空间分布

4.3　生态要素响应及问题分析

1. 空气环境污染

根据《晋中市“十四五”生态环境保护规划（2017)》，“十四五”期间继续完成“晋中制造 2025”改造计划，高载能行业仍将是晋中市发展的重点，污染物排放总规模仍将增长。同时，玻璃、碳素、玛钢等传统产业和“土小”企业污染问题不容忽视；“十三五”中后期，NO_2 基本保持稳定，但较前期略有上升，未能持续稳定达标；PM2.5、PM10 呈下降趋势，但仍不满足《环境空气质量标准》(GB 3095－2012) 二级标准要求，因此亟须提升气体调节服务供给能力，净化空气污染物。

2. 水土流失

晋中市生态系统脆弱，水土流失严重。草地资源存在大量载畜量严重超载区域与部分未被利用区域共存的情况。晋中市草地总体载畜量超载率达到 443%，但部分地区由于管理不到位仍未被利用，由于草地资源未能及时轮牧、恢复及建设，从而加剧了晋中市草地的退化与破坏。晋中市丘陵山区面积较大，加之植被覆盖率较低，常在降雨集中的夏季形成严重的水土流失，进而导致部分河流中下游河床不断抬高，存在山洪及城镇防洪等安全隐患。总体看晋中市东部高山丘陵地区水土流失问题仍然严峻，须采取水土保持措施防控水土流失，提高东部高山丘陵区的土壤保持服务供给能力，提高城镇安全水平。

3. 水资源短缺及污染

2021 年晋中市人均水资源占有量仅为 367 m^3，不仅略低于山西省平均水平 381 m^3，更是只有全国人均水资源占有量的 16.5%；而作为城镇最为密集的平川地区，人均水资源的占有量仅为全市域平均水平的 85%，水资源更为缺乏。与此同时，伴随水资源缺乏的还有严重的水污染，2022 年晋中市地表水 15 个监测断面中，Ⅱ类水质的断面有 3 个，占监测断面总数的 20%；Ⅲ类水质的断面有 4 个，占监测断面总数的 26.67%；Ⅳ类水质的断面有 5 个，占监测断面总数的 33.33%；劣Ⅴ类水质的断面有 3 个，占监测断面总数的 20%（图 4.12）。晋中市汾河干流段已遭到严重污染，化学耗氧量、酚、氰化物、氨氮、石油类、铬等多种污染物超标；汾河上中游三坝断面，高锰酸盐指数、化学需氧量与氨氮浓度较高。因此，晋中市生态空间需要提供的服务包括：增加地下水补给量、蓄存地表雨水以增加地下水补给，减少城镇用地扩张带来的污染点源，提高水体自净能力。

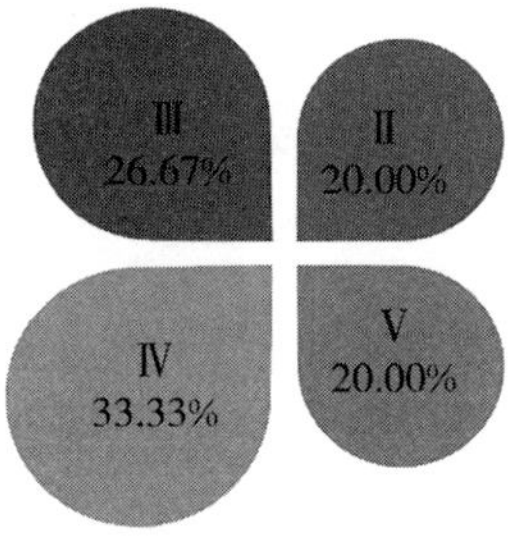

图 4.12　2022 年晋中市地表水断面水质类别比例图

4. 原材料需求提升

城镇用地扩张过程中，晋中市生产建设强度增大使木材、生物燃料的需求量逐步提升，生态系统可为城镇建设提供原材料生产服务。

5. 生物多样性下降

根据《晋中市城市绿地系统规划（2016—2030)》，晋中市植物种类齐全，共有野生植物 1 000 余种，动物种类有陆栖脊椎动物 4 纲 27 目 66 科 231 种。但随着城镇用地扩张，对生态空间的占用和生态环境的破坏，造成重点区域生物多样性下降。因此加强就地保护，促进乡土生物的回归利用，增加城镇空间的生物多样性，优化城镇绿地结构，促进鸟类等野生动物在城镇绿地中的栖息和繁衍是生态空间为城镇可持续发展提供的服务。

6. 景观文化需求强烈

随着城镇用地扩张，城镇空间的拓展阻隔了自然生态与人类之间的亲密接触；同时由于交通网络的完善，生态保护理念的宣传，激发了人们热爱自然、亲近自然的需求；因此城镇快速发展过程中面临人们对于生态空间所提供的景观文化服务的需求，生态系统可为城镇提供景观文化服务。

第 5 章　生态空间服务绩效评价

根据 2.1 的文献梳理可知，生态空间结构决定了生态要素组合及生态系统过程，因此 ECA、EAA 及 EDA 之间的空间属性和空间关联特征，决定了生态空间可支撑的生态过程和可承载的服务功能，最终反映出生态空间服务绩效的空间差异性。本章通过对 3.3 分析框架进行梳理，依次回答“通过生态服务过程如何解析不同生态系统服务类型下 ECA、EAA、EDA 及其空间结构特征”“根据 ECA、EAA、EDA 的空间属性对服务绩效的影响，如何构建评价指标体系和评价模型，对生态空间服务绩效进行评价和分析”。

鉴于此，本章首先明确生态服务类型划分，基于不同服务类型的生态系统服务过程选用模型方法解析生态空间结构；其次从“空间结构—空间属性”两个方面构建评价指标，采用数学模型评价不同类型的单项服务绩效及综合服务绩效。

5.1　生态空间服务绩效评价思路

5.1.1　生态系统服务分类

1. 生态系统服务类型划分依据

虽然学界对于生态系统服务的定义仍有争论，但一致认为生态系统是服务提供的基础，服务是由生态要素、生态过程及生态功能相互作用形成；生态系统服务要为人类生存和发展作出贡献[30]。因此生态系统服务类型划分依据主要包括生态服务过程与人类需求。

生态服务过程是指在地球表层系统的各个自然要素及其组合体都时刻处在运动之中，表现为在各种标度量的梯度差作用下多种时空尺度生态物质和能量的输送和交换。例如，地势高低而导致的重力差异引起岩屑、土壤和水流的空间位移。生态系统也在不断演进过程中，物质循环和能量流动在不同界面上的表征形成了生态系统功能。生态服务类型与生态服务过程相关，不同的生态过程提供不同的生态功能从而形成不同的服务类型，生态服务过程是形成生态空间服务的驱动力。

人类需求是形成生态系统服务的拉动力，具有导向作用，如果没有人类需求，生态系统功能不能形成服务，更不能成为收益而成为人类福祉。生态系统服务正是以人类需求为中心、以人类感知为主体才使得自然生态系统功能转换为生态系统服务。

综上，本研究从供给与需求的角度考虑生态系统服务分类，不仅考虑生态服务的供给能力，还要考虑生态服务依赖生态空间结构经过生态流动过程到达需求区的传递能力，因此供给能力和传递能力共同决定生态空间服务绩效。

2. 生态系统服务分类体系

目前，MA（2005）生态系统服务 4 分类方案得到学术界和决策部门的广泛认可，被广泛用于评价和核算生态系统服务的价值；张彪等[31]参照马斯洛需求层次理论，从生态系统服务满足人类需求的角度制订了基于人类需求的生态系统服务分类方案，将服务划分为 3 大类。

基于上述生态系统分类依据，包括生态服务过程和人类需求，将 MEA 生态系统服务分类和基于人类需求的生态服务分类进行对接，对比共项分析，最终确定本研究生态系统服务类型包括气体调节、土壤保持、水资源供给、水污染处理、原材料生产、生物多样性维持、景观文化等 7 种类型，见表 5.1。

表 5.1　本研究中生态系统服务分类

<table>
<tr><th colspan="2">MEA生态系统服务分类方案</th><th colspan="2">基于人类需求的生态系统服务分类</th><th>共项分析</th><th>生态系统服务过程</th></tr>
<tr><td rowspan="2">供给服务</td><td>纤维
遗传
生物化学物质、天然药材和药物等
装饰资源</td><td>物质需求</td><td>生产资料
生活资料</td><td>原材料生产</td><td>生态系统初级生产的产品，如木材、药材及其他生产原料，满足人类生产生活需求</td></tr>
<tr><td>淡水</td><td rowspan="8">安全需求</td><td rowspan="2">水文调节</td><td rowspan="2">水资源供给</td><td rowspan="2">生态系统截留、吸收和储存降水，调节径流和河流流量，满足生产、生活用水需求</td></tr>
<tr><td rowspan="3">调节服务</td><td>水调节</td></tr>
<tr><td>气候调节
空气质量调节</td><td>气候调节</td><td>气体调节</td><td>生态系统维持大气化学组分的平衡，例如吸收有害气体，释放氧气等</td></tr>
<tr><td>疾病调节
害虫调节
传粉</td><td rowspan="2">物种保护</td><td rowspan="2">生物多样性维持</td><td rowspan="2">主要包括生态系统在传粉、生物控制、庇护和遗传资源等方面的价值</td></tr>
<tr><td rowspan="4">支持服务</td><td>光合作用
初级生态力
营养循环</td></tr>
<tr><td>侵蚀调节</td><td>土壤保持</td><td rowspan="2">土壤保持</td><td rowspan="2">植被枯枝落叶保护表土降低雨水冲击力，植物根系具有固定土壤的作用，另外植被通过养分循环保持土壤，增强土壤颗粒团聚力可减少表土损失</td></tr>
<tr><td>土壤形成</td><td>土壤培育</td></tr>
<tr><td>水循环</td><td>水质净化</td><td>水污染物处理</td><td>生态系统能够吸收和分解污染物，对水中污染起降解作用</td></tr>
<tr><td rowspan="3">文化服务</td><td>文化多样性
精神价值</td><td rowspan="3">精神需求</td><td>精神历史</td><td rowspan="3">景观文化</td><td rowspan="3">提供与生态系统有关的景观美学、精神文化和研究认知的场所</td></tr>
<tr><td>娱乐和生态旅游
审美价值</td><td>景观游憩</td></tr>
<tr><td>知识系统
教育价值</td><td>科研教育</td></tr>
</table>

5.1.2　生态空间结构解析

5.1.2.1　生态空间类型划分

生态空间结构是不同服务过程的重要载体，关联不同类型的服务供给，因此本研究依据生态系统服务分类划分以下7种生态空间类型，分别为气体调节服务空间、土壤保持服务空间、水资源供给服务空间、水污染处理服务空间、原材料生产服务空间、生物多样性维持服务空间及景观文化服务空间。

5.1.2.2　生态空间结构组成

根据2.1.2文献梳理及3.1核心概念可知，本研究中生态空间包括ECA和EAA两个部分。

（1）ECA，属于主要生态服务输出区，对区外产生生态辐射效应，一般分布在人类活动干扰小、经济活动不大的区域。在该区域，生态系统服务的生产者有物种、种群、群落和生态系统等多个层次，多种生态服务供给叠加形成生态累积效应。在陆地上，一般位于流域上游或上风向地区，地势较高且远离城市，自然生态系统发育良好。在本研究中生态供给区主要是具有生态承载功能的景观单元，根据生态服务类型可分为耕地单元、林草地单元、水域单元、土壤区域单元、生物群落单元和风景单元等。

（2）EAA，一般指“非邻近分布的景观服务供给区和景观服务需求区之间的间隔空间，是影响景观服务过程的空间结构变量”[152]。关联区的面积大小、形状及空间位置取决于供给区提供的生态服务类型，与生态受益区的空间距离，生态服务传输介质如坡度、高程、植被、地表粗糙度等要素。

参考Fisher[29]的研究成果，本研究基于市域空间尺度，将生态空间组合分为3类空间组合形式（图5.1）：①空间重合型。ECA和EDA完全重合，没有连接区。②空间包含型。ECA和EDA部分重合，有连接区，表现为一个供给区为多个受益区提供服务，或多个供给区为一个需求区提供服务。③空间分离型。ECA和EDA分离，有EAA，本研究中生态空间结构以空间分离型为主。

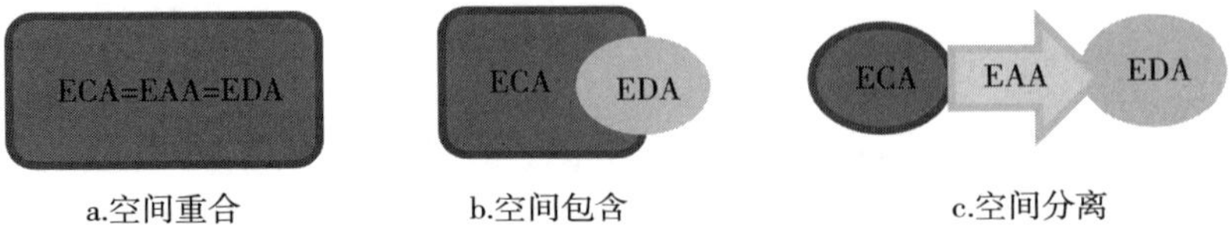

图 5.1　生态空间结构空间关联示意图

（3）生态空间结构与生态系统服务过程的关系。生态空间结构与生态服务过程具有关联性，结构是过程的主要载体，通过影响生态系统要素的流动方向、流动路径及流动效应，对过程进行宏观控制，而不同的生态服务过程互相耦合形成生态系统服务，满足人类需求[153-154]。因此，解析不同服务类型下的服务过程，以此解析不同生态系统服务类型支撑下相应的生态服务过程的生态空间结构类型（图 5.2）。

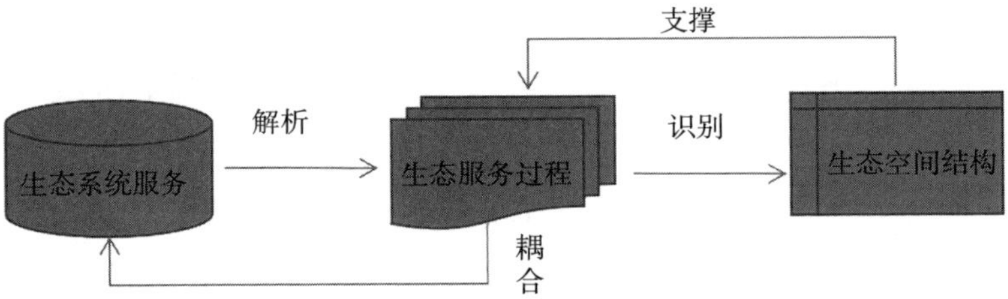

图 5.2　生态系统服务、生态服务过程及生态空间结构逻辑框架

在界定了某种生态系统服务的 ECA、EAA、EDA 内涵及特征后，皆可以通过描述地域单元的类型、结构和地理属性等来解析生态服务相应的空间单元。Syrbe[152]提出了不同生态系统的生态服务供给区、生态服务需求区、生态服务关联区的解析依据（表 5.2）。

表 5.2　不同生态空间类型的结构解析依据[152]

服务类型	服务子类	生态服务供给区	生态服务需求区	生态服务关联区
供给	地下水供给	地下水源区的耕地和湿地及其他土地类型	流域内的基础设施和灌溉地	集水区污染风险高的区域
	饲料和肥料	放牧和饲草	农地、牲畜棚	密植的小径

（续）

服务类型	服务子类	生态服务供给区	生态服务需求区	生态服务关联区
调节	减缓暴风雪灾	路缘林木、树篱、灌草丛等	道路交通区	路肩及附近区域
	减少土壤侵蚀	农田防护林、农田四周树篱等	农田	农田边缘地带
	抵御洪水	上游洪水产生区	泄洪区的人工建筑物	洪水淹没区上游区
	气体调节	城市周围山地开敞空间	山麓城市	城市周围低山缓坡
	噪声消减	路边树林、树篱、灌草丛	日常居住和休闲区	噪声源到居住地
	防止雪崩和山崩	房屋或休闲区域山上的植被	陡坡处的房屋和休闲区	崩塌源到居住地
	传粉	蜜源植物及昆虫分布地	农作物	觅食地区
	净化水质	地面水体	沿河居民	集水区
文化	旅游观光	自然和人文景观	旅游接待区	交通网络
	旅游休闲	地表水体、山体和森林	旅游接待区	交通网络

本研究参考 Syrbe 的研究成果，结合生态空间类型划分结果，设定基于生态服务过程的生态空间结构解析原则，见表 5.3。

表 5.3　生态系统服务过程及生态空间结构解析原则

生态系统服务类型	ECA	EAA	EDA
气体调节	生态过程：生态系统中生物群落吸收 SO_2、HF、C_2H_4、NH_3 等有害物质，阻滞粉尘、细菌和噪声的过程 生态特征：植被覆盖率高的林地、草地、农田、水域及空气质量高的区域	生态过程：气体无定向运动 生态特征：气体流动辐射的范围	城镇

（续）

生态系统服务类型	ECA	EAA	EDA
土壤保持	生态过程：植物群落拦截降雨、控制地表径流形成，减少地面侵蚀及地下根系网络固持土体的过程 生态特征：水土流失区关联的林地及集水区	生态过程：地表覆被阻碍面蚀、沟蚀形成的过程 生态特征：考虑高程、坡度、水土流失区关联的林地及集水区由高向低形成的地表径流流经空间	城镇范围，集水区
水资源供给	生态过程：地表河道、湖泊、池塘、水库等储蓄、调节水资源的过程 生态特征：水源地及集水区	生态过程：水资源调配过程 生态特征：主要考虑农业沟渠，河道的可达性，不考虑人工管道铺设	城镇范围，农业用地
水污染处理	生态过程：生态系统对集水区的水体进行过滤、分解化合物及有机废弃物，吸收和降解有害有毒化学物质的过程 生态特征：关联水污染源的水库、湖泊、湿地所在空间范围	生态过程：流动水体通过流经空间的植被根系层和土壤层吸收、吸附水中携带污染物质的过程 生态特征：关联水污染源的地表径流流经空间范围	城镇范围，集水区
原材料生产	生态过程：生物吸收太阳能转化为物质和能量的过程 生态特征：林地、草地	生态过程：支持生产运输过程 生态特征：考虑坡度条件、海陆交通通达度	城镇范围
生物多样性维持	生态过程：生态系统通过复杂的空间组织结构为生物生存、繁殖与进化提供场所的过程 生态特征：植被覆盖指数较高的林地、草地、自然保护区；	生态过程：物种扩散运动的过程 生态特征：生态阻力最小的区域	全域
景观文化	生态过程：生态系统内形成独特的自然景观、气候特色和生物资源为人类提供精神享受的过程 生态特征：具有文化功能的生态空间，主要考虑自然旅游景区或生态保护区	生态过程：人类旅游迁移过程 生态特征：交通网络辐射的生态空间	城镇范围

5.1.2.3　生态空间结构解析模型

1. 过程模型——水文模拟

地势低洼积水区所在空间解析方法是 Arc Hydro 数据模型，该模型基于 GIS 平台搭建描述流域地形地貌特征的水文要素的空间、属性和时间数据提供有效存储的框架，并基于水流流动依靠重力的运动规律，将水流方向连接起来创建水流路径以及集水区，以此模拟地表径流生成过程和集水区空间分布情况，为水污染处理和水资源供给等生态服务所涉及的生态空间结构解析提供依据[155]。主要步骤包括以下 5 个步骤：

（1）DEM 数据预处理。主要包括投影变换和洼地处理 2 个部分。一部分投影变化是将 DEM 数据对应的地理坐标系转化为投影坐标系，为地表径流长度及集水面积计算提供依据。另一部分洼地处理主要采用“GIS—空间分析—水文分析—填洼”方法，主要是为了消除 DEM 影像转为栅格格式形成的误差——“汇”，防止汇水网络中断 该过程需要不断进行，直至误差最低。

（2）水流方向提取。具体是在经过“填洼”后的数据上，采用单流向法，运用“GIS—空间分析—水文分析—流向”工具集确定地表径流流向。

（3）计算汇流累积量：通过“GIS—空间分析—水文分析—流量”计算汇流累积量，计算结果代表上游有多少个 DEM 网格的水流流入当前网格，寻找汇流累积量大的地方就是海拔较低的地表水汇集的河道。

（4）提取河流网络。基于流向提取河流网络要获取流向栅格数据及集水面积阈值，集水面积阈值所在地区也就是一条河流发育的源头，通过“GIS-空间分析-水文分析-河流连接-栅格河网矢量化”提取河流网络。

（5）确定集水面。在河流网络基础上，通过“GIS-空间分析-水文分析-河网分级-捕捉倾斜点-分水岭”工具实现集水区生成过程。一般选取地势低洼、汇水量大的高级别集水区作为相关生态服务的 ECA。

2. 模拟模型：InVEST 模型

InVEST 模型是为生态系统服务评估、模拟与权衡提供支持的多层级模型。包括陆地、淡水和海洋生态系统三大评估模块，本研究中主要采用陆地系统中的土壤保持模块与生境质量模块。

（1）土壤保持模块是通过计算不同地块每年的土壤侵蚀量，得出某一特定地点的潜在土壤侵蚀量（RKLS）和现实土壤侵蚀量（USLE），两者之间的差值就是该点土壤保持的能力[156-157]。

$$RKLS = R \times K \times LS \tag{5.1}$$

$$USLE = R \times K \times LS \times C \times P \tag{5.2}$$

$$A = RKLS - USLE \tag{5.3}$$

式中，R 为降雨侵蚀力，K 为土壤可蚀性因子，LS 为坡度、坡长因子，C 为植被覆盖因子，P 为水土管理措施因子，A 为土壤保持量。

①降雨侵蚀力因子（R）。降雨侵蚀力通过晋中市多个气象站点的年均降水量、年均气温等数据，使用克里金插值法获得降水量、气温空间分布图，利用 Wischmeier 经验公式分析降雨侵蚀力空间分布特征，公式如下：

$$R = \sum_{0}^{12}(1.735 \times \lg \frac{p_i^2}{p} - 0.8088) \tag{5.4}$$

式中，P_i 为月平均降水量；P 为年均降水量。

②土壤可侵蚀因子 K。根据晋中市耕地质量数据库，采用 Williams 提出的估算方法计算 K 值，计算公式如下：

$$K = \left\{0.2 + 0.3\exp\left[10.0256 s_a\left(1 - \frac{s_i}{100}\right)\right]\right\}\left(\frac{s_i}{c_l + s_i}\right)^{0.3} \left[1 - \frac{0.25C}{C + \exp(3.72 - 2.95C)}\right]\left[1 - \frac{0.7s_n}{s_n + \exp(-5.51 + 22.9s_n)}\right] \tag{5.5}$$

$$s_n = 1 - s_a / 100, \tag{5.6}$$

式中，s_a 代表砂粒，s_i 代表粉粒，c_l 代表黏粒，c 代表有机碳含量（%）。

③地形因子（LS）。根据研究区实际情况，选取适用于黄土高原的江忠善[158]等修正的计算公式

$$LS = 1.029\left(\frac{\lambda}{20}\right)^{0.28} \times \left(\frac{\alpha}{10^\circ}\right)^{1.45} \tag{5.7}$$

式中，λ 为坡长；α 为坡度，在黄土地区坡度对土壤侵蚀的影响比坡长大。

④植被覆盖因子（C）。植被覆盖因子 C 通过遥感影像解译，在 ENVI 5.3 中进行计算并进行归一化处理取值为 0～1，利用如下公式计算植被覆盖因子 C：

$$C = 0.6508 - 0.3436 \times lg(C) \tag{5.8}$$

式中，C 为植被覆盖度。

⑤水土保持因子（P）。依据已有研究成果[159]，结合晋中市土地利用状况及其地形地貌条件，基于土地类型对水土保持措施因子进行赋值，具体见表 5.4。

表 5.4　不同土地类型的水土保持因子

	林地	草地	耕地	湿地	水体	建设用地	其他土地
水土保持措施因子	1	0.2	0.4	1	0	0	0.7

（2）生境质量模块，本研究采用 InVEST 模型中的 Habitat Quality 模块评估生境质量指数，该模块是结合土地利用类型和生物多样性的生境威胁生成特定区域所有土地覆盖类型的退化程度和生境质量地图。在这个模型，生境质量被认为是一个连续变量，范围从低到高。一般来说，生境质量取决于生境与人类生产生活空间的接近程度，而生境退化度反映生境周边土地利用的强度[160-161]。

$$D_{xj} = \sum_{r=1}^{R}\sum_{y=1}^{y_r}\left(\frac{w_r}{\sum_{r=1}^{R} w_r}\right) r_y i_{rxy} \beta_x S_{jr} \tag{5.9}$$

式中，D_{xj} 表示生境类型 j 中 x 栅格的生境退化度（退化风险指数），R 为所有人类生产生活空间形成的退化源、W_r 为归一化胁迫因子 r 的权重，在 0～1 之间、r_y 为栅格 y 的胁迫因子 r 的值、i_{rxy} 为生境与威胁源之间的距离及威胁对空间的影响、β_x 是通过各种保护政策来减轻威胁对栖息地影响的因素（即法律保护程度，范围在 0～1，1 为完全可接近性）、y_r 为胁迫因子 r 的一组栅格；S_{jr} 为生境类型 j 对胁迫因子 r 的敏感度。其中

$$i_{rxy} = 1 - (\frac{d_{xy}}{d_{r\max}})（线性衰减） \tag{5.10}$$

$$i_{rxy} = \exp\left(\frac{-2.99d_{xy}}{d_{r\max}}\right)（指数衰减） \tag{5.11}$$

式中，$d_{r\max}$为生境威胁因子 r 的最大影响距离，d_{xy}为栅格 x 与 y 之间的线性距离。因此，土地利用类型 j 中网格单元 x 中的生境质量为：

$$Q_{xj} = H_j\left(1 - \left(\frac{D_{xj}^z}{D_{xj}^z + k^2}\right)\right) \tag{5.12}$$

式中，H_j 为栖息地类型 j 的生境适宜度，范围在 0～1，k 为半饱和常数，z 为归一化常量，通常设置为 2.5。

$$Q = \sum_{i=1}^{n} w_j Q_{xj} \tag{5.13}$$

式中，Q 为晋中市生境质量指数总值，w_j 表示各土地类型栅格面积比例，n 表示栅格数量。

3. 生态系统服务制图

生态系统服务制图主要是基于 GIS 平台，将生态系统服务的空间特征及其相互关系，通过坐标、符号、颜色等工具转化为可视化“语言”，满足生态系统服务空间格局研究和管理的需求。

一般制图的方法有两种：一种是基于原始数据，另一种是基于代理数据。可以细分为基于全区域典型抽样制图和基于原始数据抽样的模拟制图，后者包括基于土地利用/土地覆被数据的代理制图和基于先验知识和逻辑的代理制图（表 5.5）。

表 5.5 主要生态服务制图方法[162]

方法	优势	劣势	典型制图案例
需要研究区的原始资料			
覆盖整个研究区的典型抽样	对生态系统的预估最为准确 适宜于研究生态系统服务的异质性	获取数据周期长、成本高 误差程度取决于采样密度、采样方案、样点典型性等	休闲娱乐 生物多样性 渔业生产

（续）

方法	优势	劣势	典型制图案例
基于研究区抽样数据的模拟	比典型抽样需要的数据量要小得多 对数据的平滑处理可以克服采样的异质性	平滑处理可能会掩盖生态系统服务本身的异质性 误差取决于样本量大小和模拟所选择的变量	碳储存 生物多样性 生物多样性“热点” 碳吸收 农业生产 授粉 水分保持 休闲娱乐
不需要研究区的原始资料			
基于土地利用和土地覆被的代理指标	适用于缺乏原始数据的区域生态系统服务制图	代理数据的实际表现力很弱	生物多样性 休闲娱乐 碳储存 洪水调控 土壤保持
多因素叠加分析	依靠单项指标和生态服务的因果关系，通过单项指标叠加分析确定生态服务供给	如果假设的因果关系不成立，会存在较大的误差	休闲娱乐 洪水调控和水供给 土壤累积

因基于代理数据的生态系统服务制图成本低，数据可获性高，在本研究中得以应用。其中土地利用和土地覆被数据是主要的代理指标，通过其变化反映空间生态服务供给能力强度；另外，为了使生态空间结构判别更精准，会在代理指标中增加一些影响变量，如降水量、坡度、植被指数等因素提高生态服务制图的精度，以便准确解析 ECA 和 EAA。

4. 阻力模型

MCR 象征了源地通过不同阻力大小的栅格单元所耗费的地理成本的空间运行过程。基本的 MCR 的 3 个核心要素：源地、阻力面以及源地通过栅格单元的空间距离。公式如下：

$$MCR = f\min\sum_{j=n}^{r=m}(D_{ij} \times R_i) \tag{5.14}$$

式中，*MCR* 反映物种从源地到达空间某一位置点所需克服阻力的最小代价，D_{ij} 表示物种从源 j 到景观单元 i 的空间距离，R_i 是空间界面 i 对某物种运动的阻力。

将 MCR 应用于生态空间结构中 ECA 和 EAA 的解析过程领域，ECA 可视为源地，而 EAA 被视为生态供给区在生态服务供给过程中选择克服栅格单元的经济成本决策过程，空间功能为连接生态供给区和生态需求区，表现为生态服务流动过程中克服栅格单元的阻力实现。因此，连接区解析的 MCR 技术规则如下：

（1）生态服务供给区解析。在生态空间结构解析过程中，供给区特指具有重要生态服务功能的空间范围，对外辐射生态服务，可根据土地利用/土地覆被类型划分，也可以通过生态服务功能评价模型进行划分。

（2）生态服务空间可达阻力面构建。阻力面体现生态系统服务从供给区到需求区的可达性成本概率。在生态服务供给过程中，如高程、坡度、植被、水流、道路及村庄等要素对不同类型生态空间服务的影响不尽一致，这种影响表现在栅格单元所反映的空间可达性概率。因此，根据生态服务特征和空间解析逻辑，构建空间可达阻力面可以反映生态服务过程的可达性成本概率，体现支持生态服务过程的空间条件，为生态空间结构划分提供依据。

（3）生态供给区通过阻力面的空间距离分析。通过空间距离分析供给区与需求区之间生态流动成本最低栅格单元，解析生态关联区，另外不同生态服务类型导致供给区和连接区的空间分布差异，以此体现空间结构构成的复杂性和多样性。

5.1.3 生态空间服务绩效评价

5.1.3.1 评价逻辑

根据 5.1.2.2 可知，生态空间结构和生态空间属性具有关联性，共同决定生态空间服务绩效水平，其中生态空间属性的空间异质性和空间连通性是决定生态空间服务供给水平的关键因素，两者也从不同方面反映了生态空间结构特征，彼此具有不可替代性。空间异质性反映生态空间结构的稳定性，空间异质性越强景观类型越多样复杂，表示生态系统的活力越强，生态空间结构趋于稳定的状态。因此，一些具有重要生态功能的斑块如林地、草地、水域和湿地的类型、规模、比例、地貌和坡度等因素均能影响空间异质性程度。空间连通性主要指线状网络和景观格局的连通性，线状网络主要指交通、沟渠、河流的通达性，景观格局中景观斑块之间集聚程度、延展趋势、边界形态均能反映斑块的自然状态连通度，因此在类型水平上选择蔓延度、斑块凝聚度等景观指数从不同方面反映景观斑块的连通度，指数值越高表示景观的连通性越高，生态空间结构的自组织能力越强。综上，空间异质性和空间连通性与生态空间结构紧密相关，绩效评价目的是判别“生态空间结构—生态空间属性”关联组合是否有效支撑生态服务过程，并选择相应的评价指标和评价模型，进行生态空间服务绩效评价研究。

因此，本研究生态空间服务绩效评价的基本逻辑是将生态空间结构作为评价对象，解析为 ECA 和 EAA，结合空间属性的空间异质性和空间连通性，构建“生态空间结构—生态空间属性”多维度评价指标体系，综合评价“生态空间结构—生态空间属性”是否可以有效支撑生态系统服务过程为人类提供高效可持续生态服务，由此体现生态空间服务绩效水平（图 5.3）。

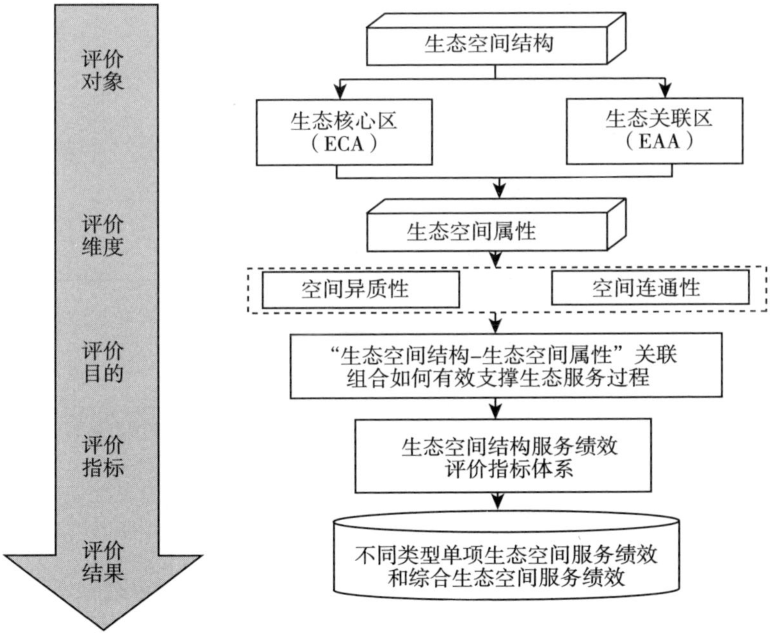

图 5.3　生态空间服务绩效评价逻辑

5.1.3.2 评价步骤

1. 评价目标

本研究认为生态系统服务从形成到人类受益需要经过供给、输送和使用等环节，由于不同生态系统服务的 ECA 和 EDA 之间存在空间差异性，ECA 提供的生态服务需要经过 EAA 传递才能达到 EDA，因此不同生态服务类型下 ECA、EAA、EDA 组成的生态空间结构作为生态服务过程的载体，其空间属性决定了生态服务过程有效和可持续；生态服务过程又包括生态过程和空间传递过程，决定了生态服务供给的类型、质量和效率；由此得出生态空间服务绩效评价目标是“生态空间结构—生态空间属性”关联组合是否有效支撑生态服务过程，直接反映生态空间内生态服务的供给效率和流通效率。

2. 评价指标

根据景观生态学理论可知“空间结构—生态过程—生态系统服务”是耦合系统，其中生态空间结构是服务过程的载体，空间结构属性是服务过程的物质基础，两者共同驱动生态服务过程，进而影响生态服务的供给和传递[163]；因此构建“生态空间结构—生态空间属性”关联组合，从“ECA - EAA”和“空间异质性和空间连通性”多维度表征生态空间反映生态服务过程，解析生态空间结构控制生态过程的关键性指标，以此作为绩效评价指标选择依据（表 5.6）。

表 5.6 生态空间服务绩效评价指标选择依据

生态系统服务类型	空间属性	空间结构	
		ECA	EAA
气体调节	空间异质性	林地、草地、湿地面积大，有利于空气自净	—
	空间连通性	林地、草地、湿地景观斑块大、边界形状复杂、集聚性高，有利于提高空气净化质量	坡面起伏度较小，有利于净化空气从低处向高处流动

（续）

生态系统服务类型	空间属性	空间结构	
		ECA	EAA
土壤保持	空间异质性	坡度小，地势平缓；林地及草地面积比重大、植被覆盖指数高，有利于土壤保持	地势平缓，地表径流曲度大、植被覆盖指数高，有利于土壤保持能力持续
	空间连通性	林地、草地景观和耕地景观斑块面积大，空间集聚，降低地表水侵蚀度，有利于土壤保持	林地、草地景观和耕地景观斑块连通性高
水资源供给	空间异质性	坡度较小、坡面地形起伏度较缓，集水区面积占比较高，植被覆盖指数高，透水面积大有利于水资源的储蓄	坡度较小、坡面地形起伏度较缓，水域面积占比较大
	空间连通性	集水区透水斑块面积大且斑块集中，有利于水资源储蓄	河道、沟渠连通性较高
水污染处理	空间异质性	坡度较小、坡面地形起伏度较缓、集水区内植被覆盖度较高，林地、草地、湿地面积占比大	坡度较小、坡面地形起伏度较缓、地表径流流经范围内植被覆盖度较高，林地、草地、湿地、耕地面积占比大
	空间连通性	集水区内林地、草地、湿地及耕地景观斑块面积大、空间集聚	地表径流流经范围内林地、草地、湿地及耕地景观斑块面积大、空间集聚
原材料生产	空间异质性	森林面积占比高，植被覆盖率高，原材料生物产量高	—
	空间连通性	森林、草地、园地景观斑块面积大，斑块边界形状复杂，集聚性较高，生态环境质量高	交通道路网络连通性好，有利于原材料运输
生物多样性维持	空间异质性	土地类型多样及植被指数较高，有利于生态多样性	地势平缓、植被指数较高，有利于生物要素流动和能量转换
	空间连通性	林地、草地、湿地、水域等景观斑块面积大，形状复杂，空间集聚，多样性高，生物庇护场所类型丰富	林地、草地、湿地、水域等景观斑块连通性高，有利于生物要素流动

（续）

生态系统服务类型	空间属性	空间结构	
		ECA	EAA
景观文化	空间异质性	地形平缓，土地类型多样，视野宽阔，景观文化服务功能强	地形平缓、地形起伏小，有利于交通建设
	空间连通性	景观多样性指数高、斑块形态多样，景观丰富	道路连通性高，有利于人员运输

5.1.3.3 评价模型

物元模型由蔡文教授于20世纪80年代初创立，主要采用多因子的综合评价，研究事物开拓规律和拓展可能性[164]。根据表5.6分析可知，生态空间中ECA和EAA的单项生态服务绩效评价涉及的指标较多且互不兼容，因此采用物元分析法构建供给区和连接区的单项生态服务绩效评价模型。同时，权重反映评价指标对绩效的影响程度，采用熵权法以保证指标赋权的客观性[165]。

另外，本研究中需要对不同类型的单项生态空间服务绩效进行评价，还需要对生态空间综合服务绩效进行评价。因此以“生态服务类型—生态空间结构—评价指标”顺序构建数据架构，将数学模型分为2部分：首先组合熵权法和物元可拓模型，构建生态空间服务绩效评价模型，分别对生态空间结构中ECA和EAA的服务绩效进行评价；其次运用等权指数加和法构建综合服务绩效评价模型，将不同类型的单项生态空间服务绩效等权加和，得到生态空间综合生态服务绩效的总体评价。

5.2 生态空间结构解析

5.2.1 生态空间结构解析方法

参考柳清[1]、Fisher[29]和Syrbe R[154]对于生态空间结构的研究成果，结合晋中市生态空间特征，提出本研究生态空间结构解析方法。

1. 气体调节服务空间结构解析方法

气体调节服务 ECA 一般为植被覆盖度高的气体调节核心区，本研究采用已有研究[166]，以植被对 NO_2 的总吸收量表征生态系统的大气调节服务，主要计算公式为：

$$F = V_d \times C \tag{5.15}$$

$$F_t = F \times A \times T \tag{5.16}$$

式中，F 为 NO_2 通量；V_d 为 NO_2 的沉积速率（表 5.7）；C 为空气中的 NO_2 的浓度（表 5.8）；F_t 为 NO_2 的总吸收量；A 为植被覆盖度；T 为时间。

表 5.7　NO_2 在典型下垫面上大气干沉积速率（V_d）的区域平均值[167]

单位：m/s

污染物	下垫面					
	耕地	草地	林地	水体	湿地	其他土地
NO_2	0.01	0.011	0.011	0.001	0.011	0.007

根据 2000—2020 年晋中市环境质量公报，获得晋中市县区 NO_2 年均浓度指数值，具体见表 5.8。

表 5.8　2000—2020 年晋中市各县区 NO_2 年均浓度指数值

单位：μg/m³

年份	2000	2010	2020
和顺县	24.46	25.81	29.35
介休市	21.68	23.72	30.61
灵石	26.3	29.39	43.31
平遥	18.14	19.14	24.18
祁县	39.34	41.09	52.46
寿阳	16.29	17.19	19.91
太谷县	18.19	18.98	24.72
昔阳	10.4	10.86	13.71
榆次	35.2	38.4	56
榆社	37.2	38.4	44
左权	15.27	15.76	19.91

根据 NO_2 的总吸收量的计算结果，采用自然断裂法将研究区分为高、中、低等 3 个水平，将高水平气体调节功能区设定为气体调节功能最佳区域，依据气体调节服务 ECA 的解析原则，提取高水平气体调节功能区作为气体调节服务 ECA。

以区域空气污染高发时间段为时限，选择该时限主导风向及地形条件作为支撑气体调节服务过程主要因素，结合中、低级别气体调节功能区范围，划定气体调节服务的主要 EAA，一般地形起伏较缓或高程较低的区域气体流通通畅。

2. 土壤保持服务空间结构解析方法

土壤保持为潜在土壤侵蚀量减去现实土壤侵蚀量的土壤淤积量，晋中市土壤侵蚀以水蚀为主，水力是主要外营力，土壤保持服务 ECA 主要为土壤保持能力最高区，依据解析原则，主要解析方法步骤为：首先，采用 InVEST 中土壤保持模型，以 500m×500m 栅格为单元，计算晋中市土壤保持量，并利用自然断点法对土壤保持量进行三级划分，解析土壤保持功能最高区；其次，采用专家经验法，结合《晋中市地质灾害防治规划（2019 年）》中地质灾害评价结果，对土壤保持功能最高区进行调整，最后提取所在区域作为土壤保持服务 ECA。

EAA 所在区域应是连接土壤保持程度最高区域与河道、水库、湖泊之间的地表径流流经空间。依据解析原则，首先，根据晋中市土壤保持量计算结果，提取土壤保持中级区域；其次，因为水力是土壤侵蚀的主要外营力，集水区能够反映水流运动方向，基于 ArcHydro 模型提取集水区；最后，叠加土壤保持中级空间分布结果及关联集水区空间分布结果形成土壤流动空间，以地表径流连接土壤保持区和河道、水库、湖泊为筛选原则，提取地表径流所关联的土壤流动空间作为 EAA 解析结果。

EDA 的解析原则。土壤保持量最低区域具有最高的水土流失风险，且距离城镇用地越近的土壤保持量最低区对城镇用地造成的风险越高。因此，基于土壤保持量最低区解析结果和城镇用地空间分布结果进行叠加分析，采用 ArcGIS 提取城镇用地关联的土壤保持低级区为土壤保持服务 EDA。

3. 水资源供给服务空间结构解析方法

水资源供给主要包括生产用水、生活用水及生态用水，因本研究主要对生态系统对外供给生态服务能力进行评价，所以对生态用水不展开讨论。

水资源供给服务 ECA 主要包括水源地及集水区两部分。依据 ECA 解析原则，水源地是由专家经验法及水资源规划资料相结合解析，晋中市水源地解析主要采用《晋中市水利发展“十三五”规划》中地表饮用水源地的划定结果以及晋中市水质评价结果图；集水区运用 ArcHydro 水文过程模型提取区域内集水区，将水源划定结果、水质Ⅲ类以上评价结果与集水区进行叠加分析，确定包括涵盖水源地的集水区作为晋中市水资源供给服务 ECA 解析结果。

水资源流动包括自然流动和人工引流两种方式。自然流动主要依靠重力，即从高海拔的水源地流向低海拔的需水区，主要通过水资源流动的方向与水源地和需水区之间涉及的集水区空间叠加分析，获取水资源服务供给 EAA 区；人工引流主要通过管道铺设或者沟渠引水等方式输送水资源，因此主要考虑管道铺设范围及沟渠建设范围与所处集水区范围整合解析水资源服务供给 EAA。

水资源服务 EDA 主要是指城镇用地范围内的生活用水及农用地范围内的生产用水，因此直接提取城镇用地作为生活用水需求区，提取耕地作为生产用水需求区。

4. 水污染处理服务空间结构解析方法

一般情况水动力越强，自净能力越高的地表径流的水污染处理能力越强。水污染处理的目的是满足人类生产、生活需水。依据《地下水质量标准》（GB/T 14848－93）、《地表水环境质量评价标准》（GB 3838－2002），水质在Ⅰ类～Ⅲ类以上可以适用于集中式生活饮用水水源及工、农业用水，Ⅳ以下根据适用目的选用。

根据解析原则，晋中市水污染处理服务 ECA 解析主要为水质为Ⅰ类～Ⅲ类的河流关联的集水区。解析的方法主要包括两方面：一方面是通过历年《晋中市水质报告》《晋中市第二次水资源评价及水资源综合规划》《晋中市第三次水资源评价及水资源综合规划》提取水质Ⅲ类以上的河流、湖泊、湿地等景观斑块；基于 ArcHydro 模型提取集水区，并与上述景观斑块空间叠加分析，提取河流等景观斑块所在集水区作为水污染处理 ECA。另一方面污染源关联的集水区直接承担减少污染物地表水或地下水资源污染调节功能。

EAA 主要为地表径流流经空间内部通过土壤渗透、植被分解或稀释等过程，对异类营养物质和化合物进行分解或截留。根据专家经验法，基于 ArcHydro 水文过程模型结果，与水质 Ⅳ类及以下的地表径流进行叠加分析，最终解析和提取关联水质 Ⅳ类及以下的地表径流关联的集水区作为 EAA。

水污染主要是指非点源污染对水质的影响。农业土地大量使用农药、化肥、污水灌溉等是非点源污染的重要来源，地表径流将点源污染从污染源开始流经集水区直至河流汇入点。此外，城市以硬地面为主，地表径流量大，且携带大量的氮、磷、有毒有害物质进入河流或湖泊，造成水体水质恶化。可采用专家经验法解析城镇建设用地、耕地所在集水区为水污染处理服务 EDA。

5. 原材料生产服务空间结构解析方法

原材料生产服务空间 ECA 主要为生物量产量较高的林地、草地等景观的区域单元。本研究中原材料生产主要指将太阳能转化为生物能，总初级生产中可作为原材料的部分，包括木材、饲料的生产。根据胡伯尔公式[168]，通过《晋中林业生态市总体规划（2011—2020）》采样数据，获取木材材积量相关参数计算材积量，具体计算见式（5.17）。根据采样点木材材积量进行插值计算，采用自然断裂法将研究区分为高、中、低三个水平，将高水平木材材积量区设定为木材材积量最佳区域，依据原材料生产服务 ECA 的解析原则，提取高水平木材材积量区作为原材料生产服务的 ECA。因油松生长周期为 60 年，因此设定 2000—2020 年原材料服务空间 ECA 保持不变。

$$V = g_{1/2}L = \frac{\pi}{4}d_{1/2}^2 L \tag{5.17}$$

式中，V 为材积，$d_{1/2}$ 、$g_{1/2}$ 分别为树干中央或 1/2 处的直径及相应截面积；L 为树干长度。

原材料生产服务 EAA 主要为道路网络关联的区域空间单元。依据解析原则，为了满足人类以较低运输成本获取原材料原则，以人类聚集的城镇用地为“源”，以道路密度为阻力值，采用最小累积阻力面模型（MCR）计算木材材积量生产一级区中木材向城镇运输的最小成本路径，其所关联的空间范围被解析为原材料生产服务 EAA。

6. 生物多样性维持服务空间结构解析方法

生物多样性维持服务主要为各类动植物群落及复杂生态过程提供生存活动的空间。依据生物多样性服务 ECA 解析原则，遵循《山西省主体功能区规划》《自然生态空间用途管制办法（实行）》《晋中市自然保护地整合优化方案》（2020 年）等规划文件中明确的具有生态功能的生态空间，选择位于森林公园、湿地保护区、自然保护区、地质公园、风景名胜区、自然水体等生态保护区以及林地、草地、耕地等高生态功能土地覆被类型为生态源地，并采用 ArcGIS 中 region group 工具将空间邻近的生态斑块合并成面积大于 10km^2 的大型斑块，提取形成生物多样性维持服务 ECA[169]。

生物多样性维持服务 EAA 为连接生态源地与城镇用地之间的生态空间。依据生态多样性维持服务 EAA 解析依据，为反映物种基于生态源地扩散的水平运动需要克服不同景观斑块阻力，本研究选择 MCR 模型模拟生物物种在扩散运动过程中受到的阻力，并通过寻找不同源地之间的阻力低谷区，反映 ECA 之间空间连接态势，以此解析 EAA。MCR 模型主要考虑生态源地、生态阻力面及距离 3 个方面的特征因素，具体模型构建过程如下：

首先，解析生态源地，本研究中“源”是生物多样性维持服务 ECA。其次，创建生态阻力面，参考常用阻力面构建方法[170-171]，选取土地覆被类型为主要阻力因子，依据土地覆被类型的生态服务价值设定阻力值（表 5.9），生态服务价值越高，生态阻力值越小。确定本研究中不同土地覆被类型的阻力值，形成以栅格方式存储的生态多样性维持服务阻力分级图。最后，计算并输出最小累积通行成本。基于 ArcGIS 中 Cost Distance 工具，计算从每个栅格到生态多样性服务 ECA 的累积通行成本，输出累积通行成本栅格图，叠加城镇用地空间分布图，查看连通生态源地与城镇用地的最低累计通行成本格网空间，表明空间可达性，解析为生物多样性维持服务 EAA。

表 5.9　不同土地覆被类型生态阻力值

土地覆被类型	林地	湿地	草地/园地	耕地	水域	其他用地	建设用地
阻力因子	0	10	20	30	40	70	100

7. 景观文化服务空间结构解析方法

景观文化服务 ECA 主要为景观资源丰富并具有文化载体功能的地质、森林、湿地公园、村落关联的空间单元。依据解析原则，根据《晋中市旅游资源分布图（2017 年）》提取景观文化旅游资源分布点，采用 ArcGIS 中核密度分析工具对单位栅格内自然旅游景点密度进行分析，采用自然断点法，提取单位栅格内景点密度较高区域作为 ECA 解析结果。

景观文化服务 EAA 主要为道路网络关联的区域空间单元。依据解析原则，为了满足人类以较低移动成本欣赏自然资源旅游风景的原则，以人类聚集的城镇用地为“源”，以道路密度为阻力值，采用自然断点将道路密度分为 5 级，按照道路密度由低到高分别赋予通行阻力值 100、80、60、40、10；采用 MCR 模型计算人类由居住的城镇空间向生态空间自然景观移动的最小成本路径，其所关联的空间范围被解析为景观文化服务 EAA。

5.2.2　晋中市生态空间结构特征分析

5.2.2.1　气体调节服务空间结构特征

（1）ECA 依托太岳山及太行山脉中段连续分布。依据气体调节服务 ECA 解析方法，ECA 主要以林地、草地为主要覆被类型，位于太岳山和太行山中段山脉，分布于榆次区、和顺县、榆社县、祁县及介休市东部，包括国家级公益林、绵山自然保护区、介休省级森林公园、八缚岭自然保护区、乌金山森林公园、四县垴自然保护区、榆社地质公园、榆社漳河源湿地公园等自然保护地，空间分布如图 5.4d－f 所示。2000—2020 年 ECA 以面积增长、空间外扩为主要特征，面积从 5 941.47km^2 增加到 6 729.82km^2，分布范围从榆次、和顺、榆社、祁县和介休市西部扩张为榆次、和顺、榆社、祁县、左权、灵石及介休市、太谷区、平遥等西部。

（2）EAA 位于海拔较低的汾河谷地或地势平坦的堆积平原。依据 EAA 解析方法，EAA 主要与风向和高程的因素有关，如图 5.4g－h 所示。由于晋中市高程较低汾河谷地或地势平坦的堆积平原是气体扩散速度较快地区，晋中市东部由于海拔较高且地势起伏不平，气体扩散速度较慢。采用 ArcGIS 中焦点统计计算出 DEM 栅格单元内最大值和最小值并计算差值获取地形起伏度，采用自然断点法将地形起伏分为高、中、低等 3 级，叠加分析提取相应的低海拔或地形起伏较小的气体扩散快的区域为主要气体调节服务 EAA。

（3）EDA 主要为 NO_2 年均浓度指数高于均值 20μg/m^3 范围的城镇空间。根据 2000—2020 年晋中市环境质量公报，选取 NO_2 年均浓度指数高于 20μg/m^3 区域作为晋中市气体调节服务 EDA 解析结果，如图 5.4a－b。气体调节服务 EDA 主要分布在城镇化快速发展的平原地区，其中榆社县由于四周环山，气体扩散较慢，所以 NO_2 年均浓度指数偏高。2000—2020 年气体调节服务 EDA 从 105.73km^2 增加到 236.71km^2，空间分布范围从榆次区、祁县、介休、灵石、和顺、榆社等城镇空间扩大至榆次、太谷、祁县、平遥、介休、灵石、和顺及榆社等城镇空间。

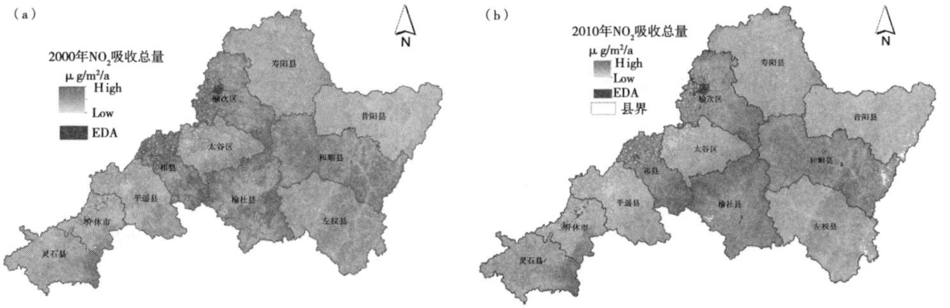

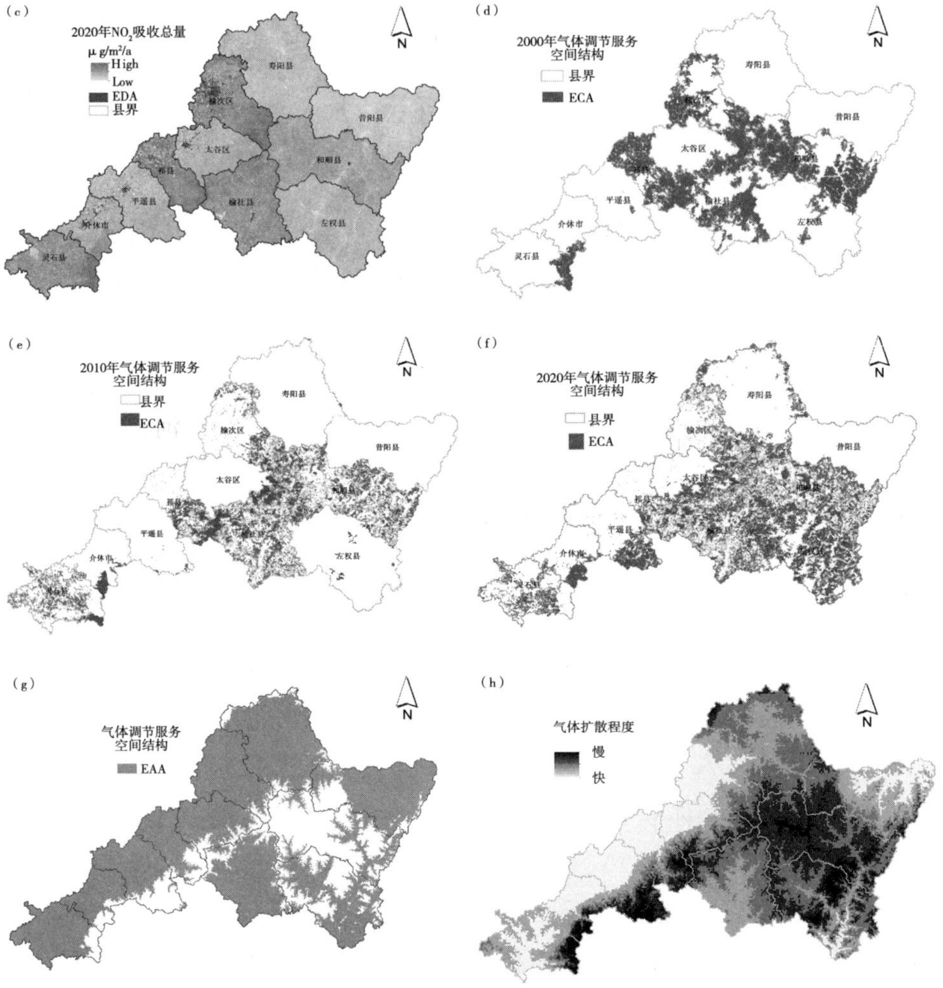

图 5.4　气体调节服务空间结构示意图

5.2.2.2　土壤保持服务空间结构特征

（1）ECA 主要位于晋中中部丘陵地带。依据 ECA 解析方法，基于 GIS 平台，对降雨侵蚀力因子 R、土壤可蚀性因子 K、坡长坡度因子 LS、植被覆盖因子 C、水土保持措施因子 P 等 5 个因子信息提取与分析，采用 InVEST 土壤保持模型计算得到土壤保持量分级最终结果如图 5.5 所示。晋中市高度土壤保持区集中在中部丘陵和东部山区，中度土壤保持区主要依据地形坡度环绕在高度土壤保持区周边，低度土壤保持区主要集中在西部沟谷平原区。提取高度土壤保持区，并与晋中市集水区叠加分析，提取包含高度土壤保持区的集水区作为ECA，如图5.6a-c所示。

（2）EAA散布于中部和东部丘陵山区地表径流周边。依据土壤保持服务EAA解析方法，EAA主要是连接ECA与EDA之间的河流水面集水区，基于ECA、地表径流及土壤保持量计算结果，解析EAA空间分布如图5.6d-f所示，主要围绕在区域中部和东部丘陵山区河流水面关联集水区范围，该区地形条件复杂，河道纵横交错。ECA与EAA具有包含关系，属于过渡区域，既具有供给功能，又承担连接功能。

（3）EDA主要包括低水平土壤保持区及其区内的地表河流水面。空间分布如图5.6g-i所示，主要分布在晋中西部城镇建设区和农业生产区。

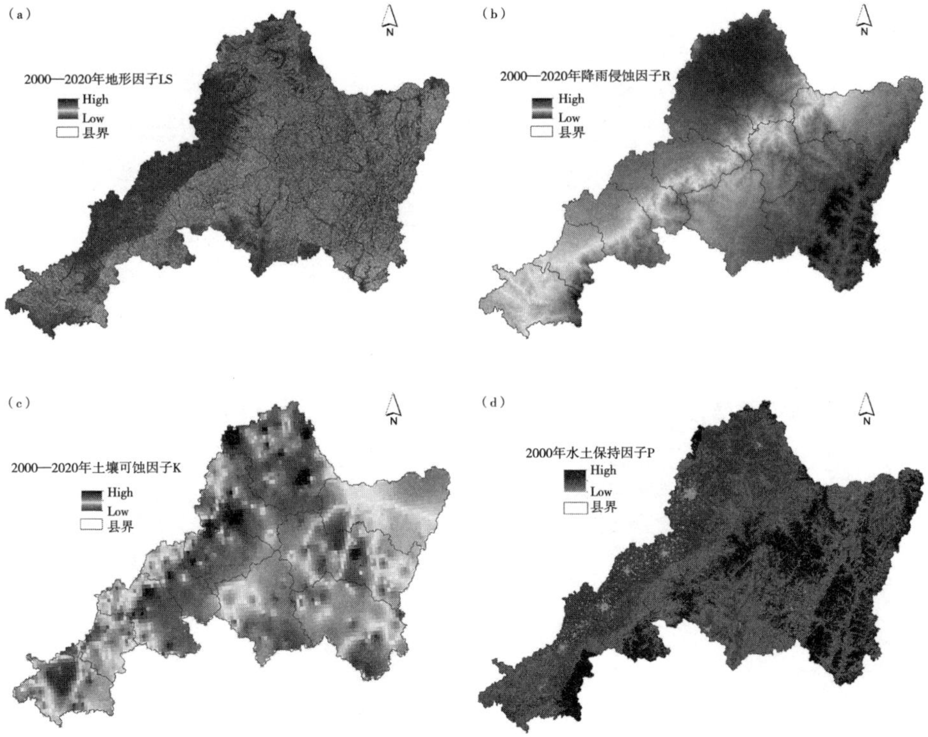

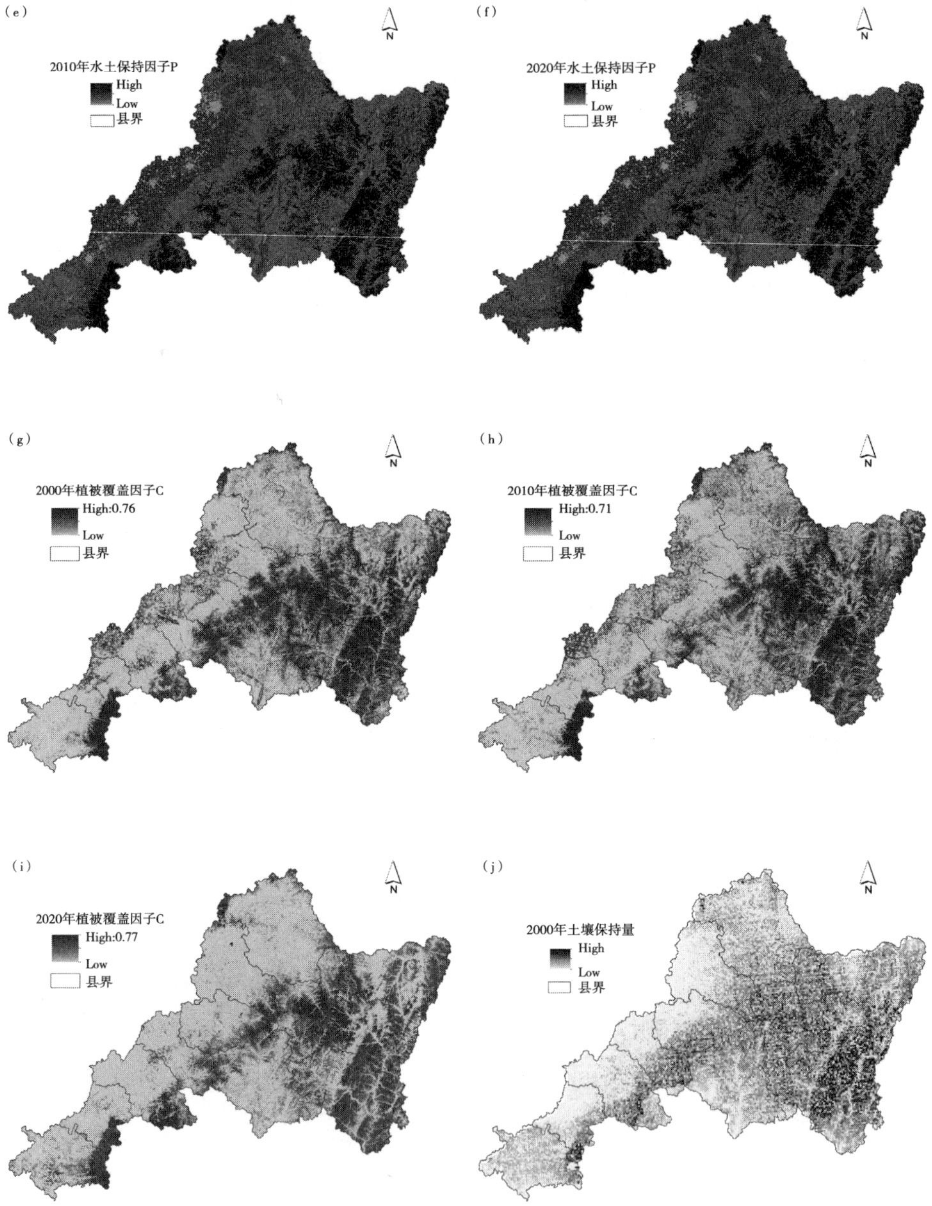
(e)
N
2010年水土保持因子P
High
Low
县界
(f)
N
2020年水土保持因子P
High
Low
县界
(g)
N
2000年植被覆盖因子C
High:0.76
Low
县界
(h)
N
2010年植被覆盖因子C
High:0.71
Low
县界
(i)
N
2020年植被覆盖因子C
High:0.77
Low
县界
(j)
N
2000年土壤保持量
High
Low
县界

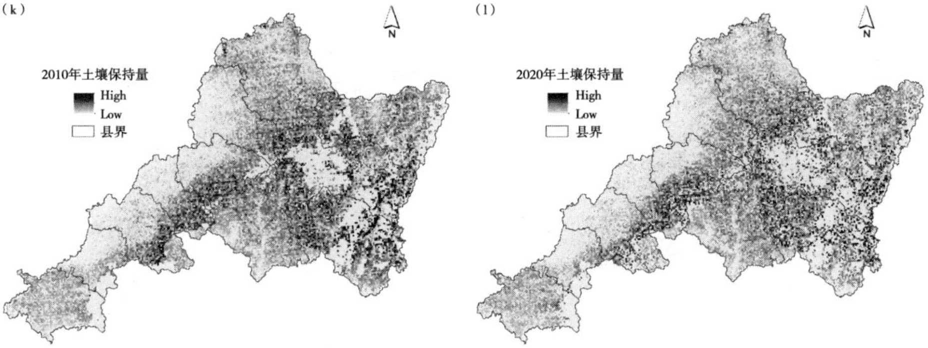

图 5.5　土壤保持服务因子及土壤保持量

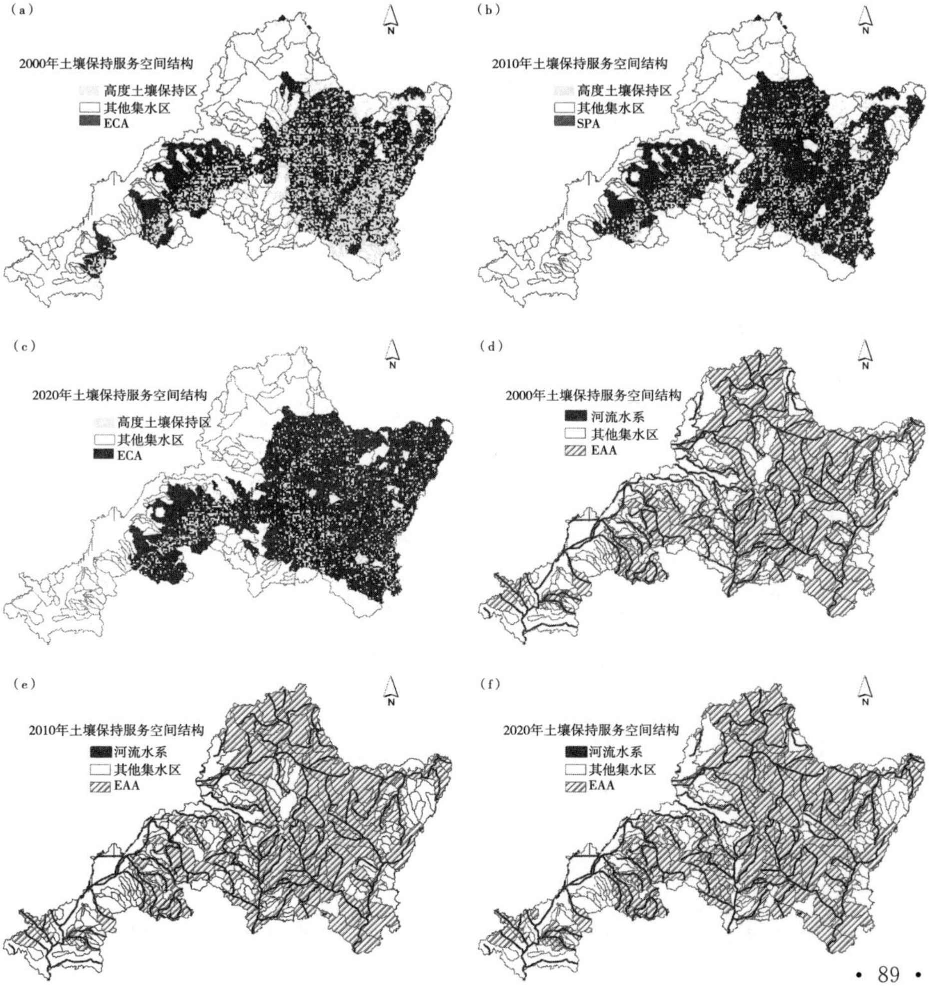

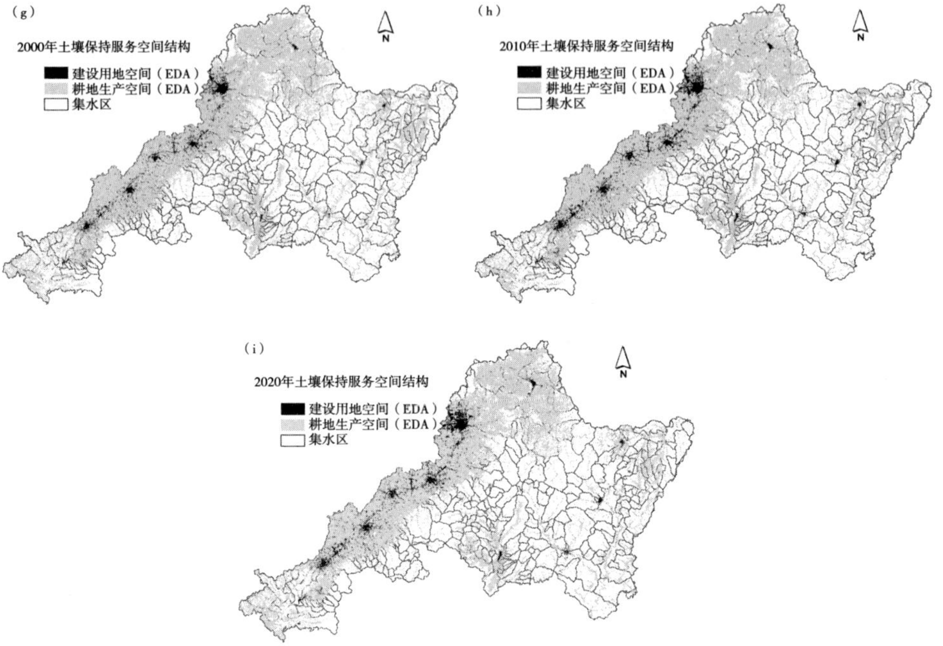

图 5.6　土壤保持服务空间结构示意图

5.2.2.3　水资源供给服务空间结构特征

根据水资源供给服务解析方法，解析水资源供给服务空间结构，具体结果见图 5.7。

(1) ECA 在区域内呈带状式交叉分布。晋中市主要水资源供给区包括生活用水源地、生产用水源地及地表水集水区。依据 ECA 解析方法，ECA 主要是水质 3 级以上的地表河流及水库水面，以及与各水源地相关联的集水区域。其中河流、水库及水质的空间分布如图 5.7a 所示，生活用水源地及生产用水源地与集水区空间关联叠加分析，提取水供给服务 ECA 结果如图 5.7b 所示。由解析结果可知水供给服务 ECA 主要分布在昌源河、浊漳北源、浊漳西源、清漳河、萧河、冶河等流域，位于晋中东部和中部。

(2) EAA 在区域内呈连片式分布。依据 EAA 解析方法，EAA 主要是地表径流流经集水空间、沟渠，从水源地引水灌溉形成的服务空间范围及其关联的集水区域，其地表径流流向及沟渠服务空间分布如图 5.7b 所示。地表径流受重力作用由地势高区汇入地势低区，水资源流动阻力也是由高到低逐渐降低；沟渠主要服务于农业生产，将沟渠与集水区空间关联叠加分析，提取生产水资源连通区域；将水流动阻力面与生产水资源连通区叠加分析，形成水供给服务 EAA 区。EAA 区覆盖全域范围，涵盖 ECA。

（3）EDA 主要分布在区域西部。主要包括生活区域和生产区域 2 个类型，其中生活区域主要集中在建设用地空间内人类生产生活需水区，生产区域主要指耕地生产用水区，数据提取及空间矢量化结果如图 5.7c－e 所示。2000—2020 年区域内 EDA 主要分布在晋中市西部地区，规模逐年递增；EDA 位于 EAA 内部，EAA 范围为集水区范围，服务方式为从水源地通过重力自流或沟渠引水满足用水需求，EDA 在集水或沟渠服务范围之内获得服务。

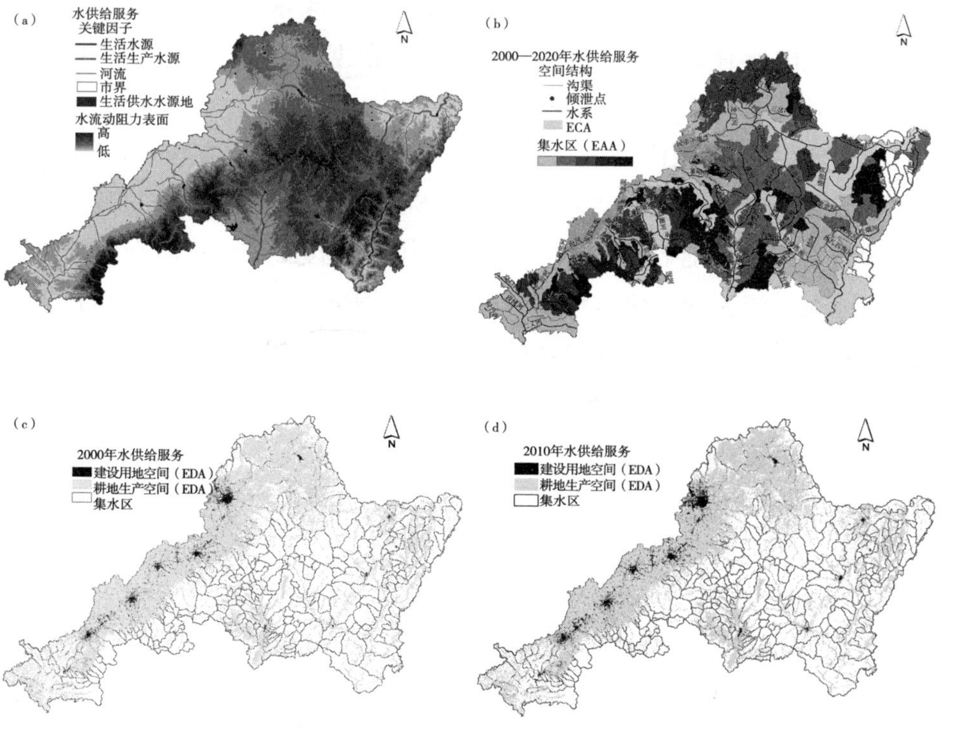

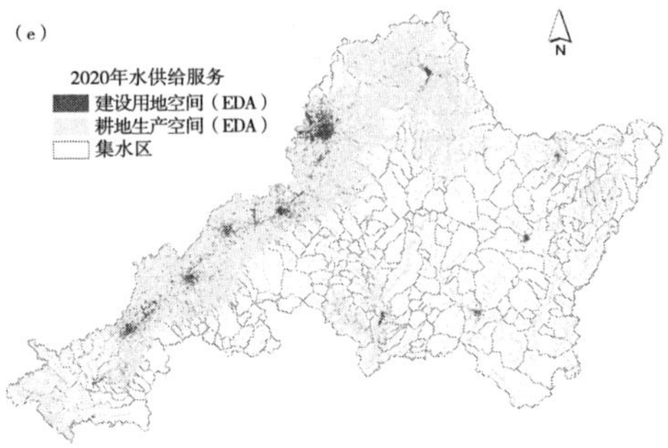

图 5.7　水资源供给服务空间结构示意图

5.2.2.4　水污染处理服务空间结构特征

（1）ECA 在区域内呈线状式和连片式分布。依据 ECA 解析方法，ECA 包括两种类型：一类是水库、湿地、Ⅲ级水质以上河流及所关联的集水区域，空间分布如图 5.8a 所示；另一类是与污染源（建设用地、耕地）相关联的集水区域，主要是通过污染源地与集水区空间叠加分析，结果显示区域内所有集水区均含有污染源地，依据集水区面积大小不同，污染源类型和面积有所差异，如图 5.8b 所示。

（2）EAA 在区域内呈连片式分布。依据 EAA 解析方法，EAA 主要是地表径流所流经的集水空间，如图 5.8c 所示。其生态服务过程为，根据地形因素影响，地表径流从不同方向由高向低汇聚，水流在低洼处汇聚；在地表径流流动汇聚过程中，所携带的污染物会由流经集水区内的土壤、植被根系过滤滞留，逐步降低地表径流的污染物含量及浓度，降低地表径流水污染风险。EAA 由此发挥水污染处理功能，延续 ECA 与 EDA 之间生态服务过程。

EAA 位于 ECA 内部，主要生态服务过程为，污染源位于集水区内部，集水区内地表径流流动过程中携带污染物汇入河道，在流动过程中集水区内的土壤、动植物及水体对污染物吸附、拦截和分解，最大程度降低污染程度，该区在污染物的流动过程中发挥净化功能。

（3）EDA 在区域内呈网络状分布。EDA 主要包括各类地表径流河道及水库，可分为生活农业用水保护区和景观水道保护区，其空间分布如

图 5.8d 所示。EDA 与 ECA 的空间关系有两种基本形式：一种是 EDA 位于 ECA 内部，主要生态服务过程为，各类水体既是上游污染物质汇聚地又是水体自净功能区，因此两者重叠；另一种是 EDA 位于 ECA 外部，即 EDA 位于Ⅲ级水质以上河流及所关联的集水区域外部，多处于低海拔区域的汇水点，具体生态服务过程为，Ⅲ级水质以上河流及所关联的集水区域与从集水区经地表径流汇入的 EAA 区共同完成了拦截或吸附部分污染物的生态功能，防止污染物直接流入 EDA 区，但这部分需要实地调研分析，在本研究中不做讨论。

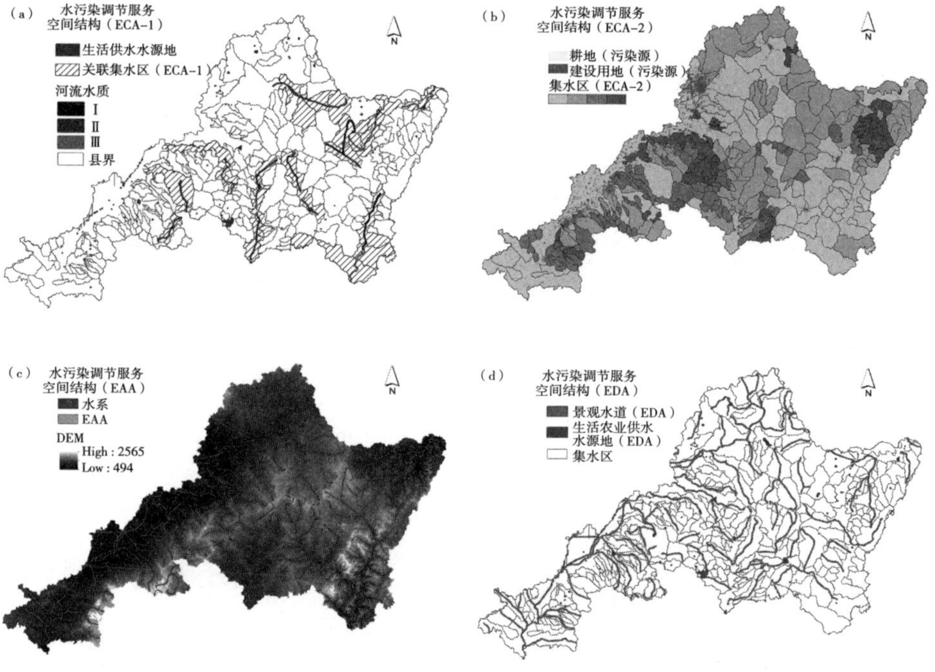

图 5.8　水污染处理服务空间结构示意图

5.2.2.5　原材料生产服务空间结构特征

（1）ECA 依托太行山和太岳山脉以斑块集聚式分布，主要集中在区域东部和西南部。根据原材料生物量采样数据（图 5.9a），依据原材料生产服务 ECA 解析方法，研究区内部主要的 ECA 空间分布结果如图 5.9b－d 所示，研究区内共有 5 个大型原材料生产服务 ECA 集聚区，主要以油松为主，树径为0.15～0.25m，树高为7～20m，材积量为0.34～0.78m^3/株。

（2）EAA主要分布在区域西部。依据原材料生产服务EAA解析方法，基于人类对原材料生产生活需求，提取城镇用地为原材料生产服务的EDA，即原材料空间通引成本的“源”。根据道路密度采用成本距离（Cost Distance）工具构建每个单元网格空间到达最近城镇用地点的累积通行成本，累积通行成本越低表示原材料运输可达性越高。本研究将累积通行成本分为3级，提取最低累积通行成本空间范围为EAA，具体空间分布如图5.9b－d所示。2000—2020年由于晋中市提高了道路密度，EAA区域分布呈扩张趋势。

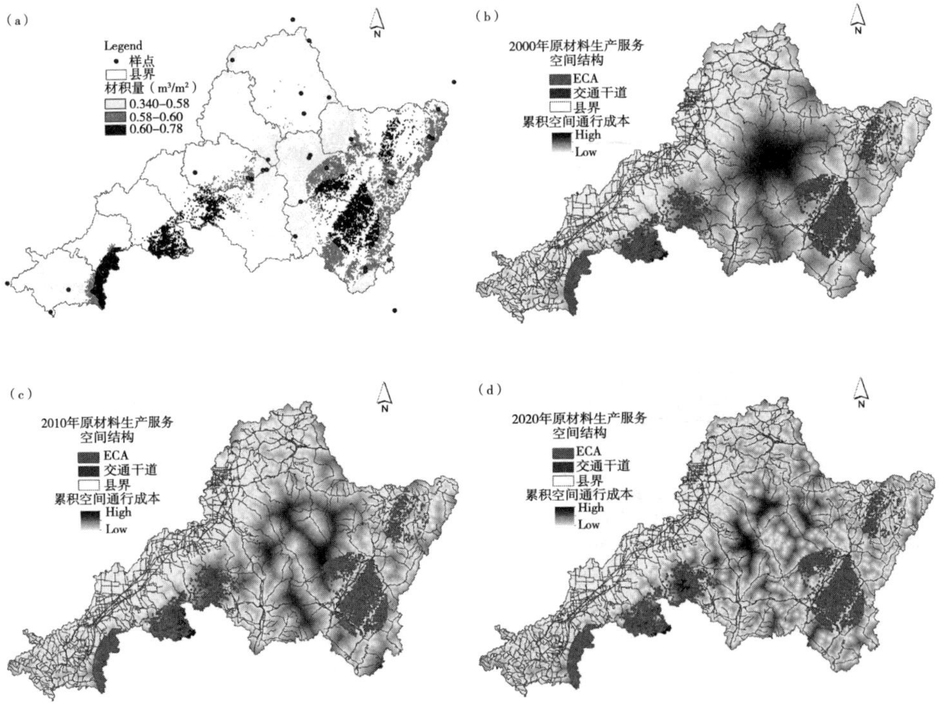

图5.9　2000—2020年晋中市原材料生产服务关键信息空间分布

5.2.2.6　生物多样性维持服务空间结构特征

（1）ECA在中部和东部以生态区集中分布。依据ECA解析方法，ECA区域包括了不同类型生态保护区。依托太岳山、太行山中段，在区域东部形成太行山水源涵养生态区，在中部形成太岳山—水源涵养生态区，在西北部零散分布吕梁山水土保持生态区。生态区均以生态斑块为基本单元构成集聚式分布，为生物栖息提供生活环境，保存生物多样性，如图 5.10d－f。

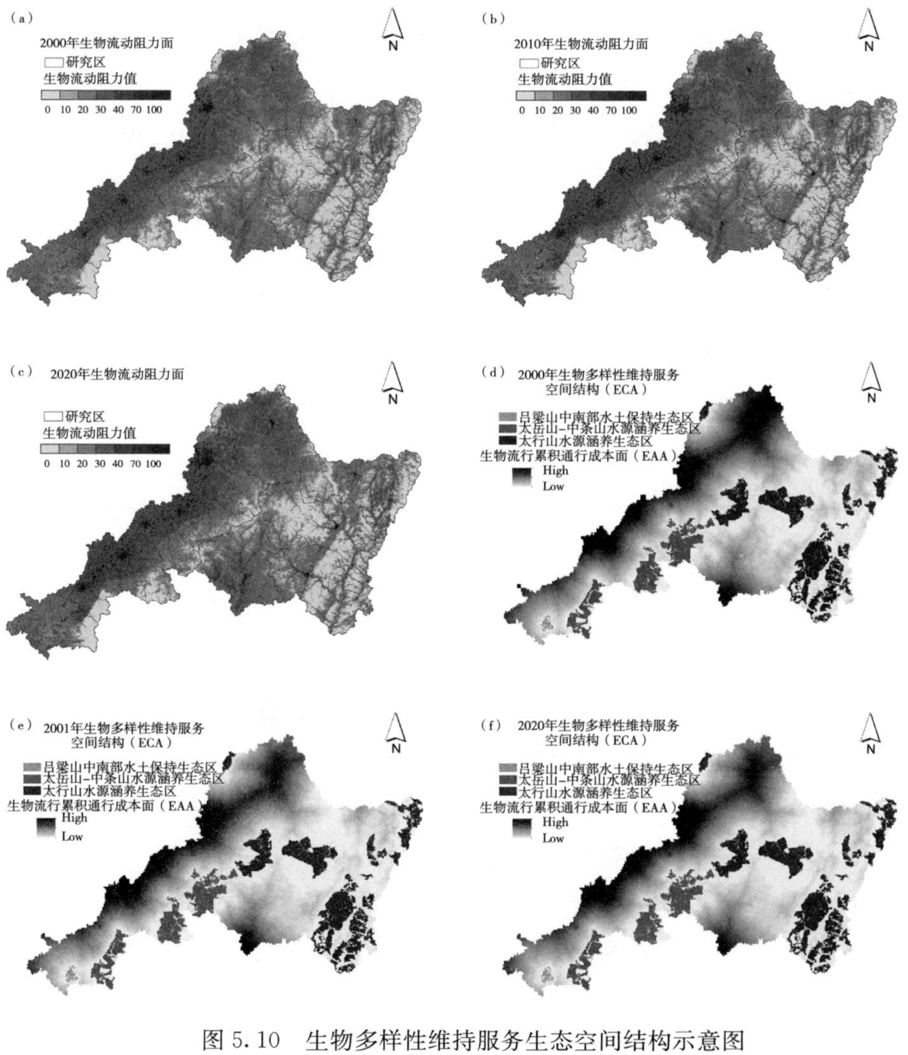

图 5.10　生物多样性维持服务生态空间结构示意图

（2）EAA 主要分布在中部和东部地区。根据 EAA 解析方法，基于生物在不同景观类型之间通行所面临的阻力构建阻力面，结果如图 5.10a－c

所示。基于ECA图斑与阻力面，采用成本距离（Cost Distance）工具计算生物流累积通行成本，表示研究区内每个单元到最近的ECA的累积通行成本。累积通行成本越低的空间，生物流动越通畅，与ECA空间连通性较强，属于EAA，空间分析结果如图5.10d－f所示。EAA分别连通了东部的太行山水源涵养生态区及中部的太岳山水源涵养区，但是未连通西北部吕梁山水土保持生态区。2000—2020年累积通行成本低的空间面积在逐渐增大，从10 717.06km^{2}扩大到11 170.92km^2，高阻力面积反之减少，主要因为林草地面积扩大，生态斑块邻接度提高，保障生物流动通畅（表5.10）。

表5.10　不同级别生物阻力面积

单位：km^2

级别	2000年	2010年	2020年
低	10 717.06	11 131.83	11 170.92
中	3 507.90	3 688.40	3 679.22
高	2 175.04	1 580.78	1 551.86

ECA位于EAA内部，表明生态源地内部动植物既是生物多样性的构成主体，又是生物流动的重要载体，承担各生态区之间的连接作用。

5.2.2.7　景观文化服务空间结构特征

（1）景观文化服务ECA在区域内均有分布。依据景观文化服务ECA解析方法，ECA主要是自然景观旅游点集聚区，提取研究区112个自然景观点数据，分为历史名村、水体景观和自然保护区等3个类型，空间分布如图5.11a所示。针对整个晋中市创建1km×1km的网格，统计分析单个网格内自然景观旅游点，提取晋中市自然景观旅游点空间密度分布结果如图5.11b所示。晋中市旅游景点在整个市域均有分布，密度等级也较为均衡。

（2）景观文化服务EAA主要位于城镇用地集中区。依据景观文化服务EAA解析方法，首先提取晋中市国道、省道、县道、高速、铁路，组成晋中市交通干道网络；其次构建1km×1km的网格，进而统计每个网格面积道路长度计算道路网密度，形成空间通行阻力面，结果如图 5.11c－e 所示。道路网密度与通行阻力呈反比关系，人口聚集的城镇空间道路网密度越高，空间通行阻力越小，累积空间通行成本越低。2000—2020 年累积空间通成本低的区域由 10 175.66km² 增加到 10 511.90km²，表明晋中市道路网络逐步完善，道路通行阻力值逐渐降低，空间通行成本逐步降低（表 5.11）。

（3）景观文化服务 EDA 主要指人类对自然景观文化的需求，主要提取城镇建设用地斑块代表人口居住区，作为计算景观文化空间通行成本的“源”。根据道路密度赋值构建空间通行阻力层面，采用成本距离（Cost Distance）计算研究区内每个单元网格空间到最近的城镇用地点的累积通行成本，成本越低表示空间可达性越高。本研究将累积通行成本分为 3 级，最低级为连接 ECA 与 EDA 之间的 EAA，具体空间分布如图 5.11f－h 所示。EAA 主要围绕城镇用地空间，表明居民到自然景观旅游点的通行成本较低，可达性较高。

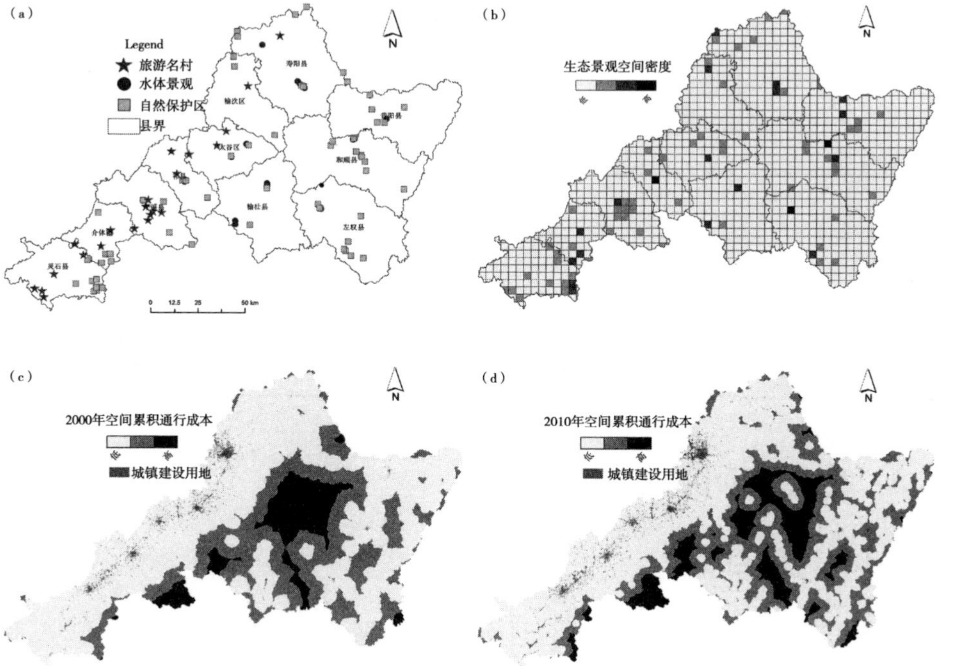

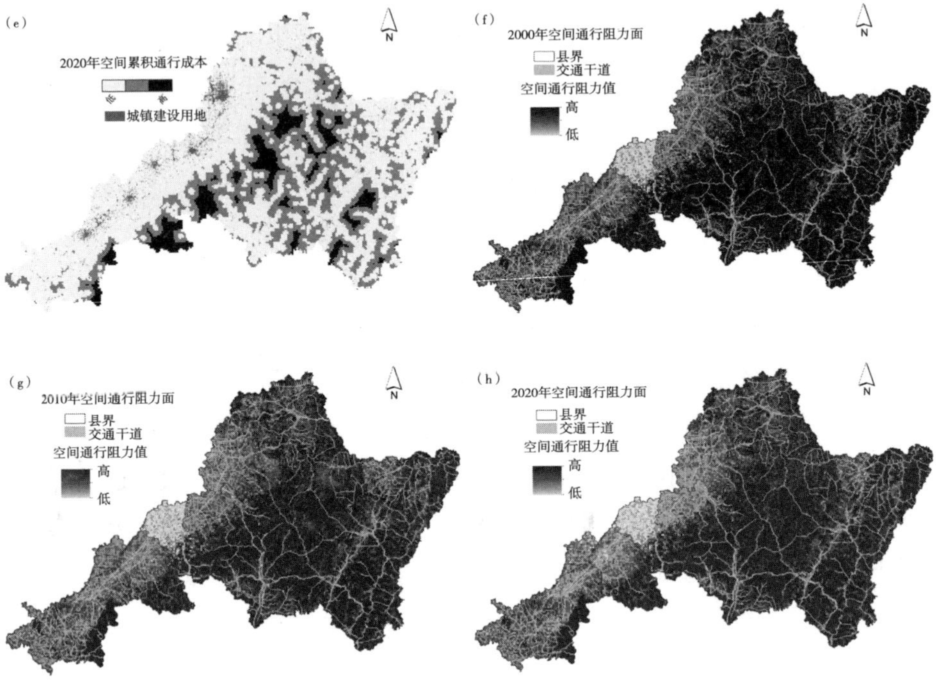

图 5.11　景观文化服务生态空间结构示意图

表 5.11　累积空间通行成本空间分布规模

单位：km²

级别	2000 年	2010 年	2020 年
低	10 175.66	10 328.95	10 511.90
中	4 399.98	4 435.62	4 595.24
高	1 824.35	1 636.43	1 294.86

5.3　生态空间服务绩效评价

5.3.1　评价目标

依据 5.1.3，解析晋中市不同生态系统服务下生态空间结构 ECA 和 EAA，从空间异质性和空间连通性两个方面解析生态空间结构的空间属性特征，以此评价生态空间结构是否能够支撑生态服务过程，为晋中市提供高质量可持续生态系统服务。

5.3.2　评价指标

根据5.1.3.2可知，基于“生态空间结构—生态空间属性”关联组合，依据“ECA-EAA”与“空间异质性和空间连通性”组合维度，参考已有研究[172-174]构建评价指标体系，具体见表5.12。

5.3.2.1　空间异质性

（1）自然地理方面，包括高程、坡度及地形起伏度。自然地理因子虽然不提供物质和能量，但是可对其重新分配，由此影响生态服务绩效。如高程和坡度影响太阳辐射、日照时数、土壤理化性质以及水土保持，对动植物的生长和分布产生影响；地形起伏度反映空间地貌起伏变化情况，对食物生产及景观文化产生不同的影响。本研究中，地形起伏度参考高程差值来衡量[175]，即采用最高值与最低值之间差值表示。

（2）土地覆被类型，包括林、草、耕地、水域、湿地及建设用地面积占比，反映土地覆被空间结构，其为生态系统服务提供物质基础，决定生态系统的主要服务类型。

（3）NDVI指数，反映区域单元植被覆盖情况，与生态服务紧密相关。该指标由Terra/MODIS卫星资料监测分析所得，计算公式为：

$$NDVI = (\rho_{NIR} - \rho_{RED})/(\rho_{NIR} + \rho_{RED}) \qquad (5.18)$$

式中，ρ_{NIR}、ρ_{RED}分别代表近红外波段、红波段的光谱反射率。

（4）地表覆盖径流系数是指地表覆盖通过影响土壤渗透、植被拦截地表径流等方式改变地表径流量，系数越大，表示地表覆盖不易减少地表径流，径流量偏大。而大规模植树造林使其成为降雨吸收区，减少流域的径流量。采用已有研究成果[176-177]，结合本研究生态空间承载的土地利用类型，确定系数如表5.13所示。

表 5.12　生态空间服务绩效评价指标体系

指标		气体调节		土壤保持		水资源供给		水污染物处理		原材料生产		生物多样性维持		景观文化	
		ECA	EAA	ECA	EAA	ECA	EAA	ECA	EAA	ECA	EAA	ECA	EAA	ECA	EAA
空间异质性	高程（m）		−							+	−				−
	坡度（°）		+	−	−		+	+	+	+	−		+		−
	地形起伏度		−		+	−				+	−	+	+	+	−
	林地占比（%）	+		+		+		+		+		+		+	
	草地占比（%）	+		+				+		+		+		+	
	耕、园地占比（%）	+		+								+		+	
	水域占比（%）					+		+				+		+	
	湿地占比（%）	+				+		+				+		+	
	建设用地占比（%）														
	NDVI	+		+				+		+		+			
	地表覆盖径流系数				+				+						
	表面粗糙度		+		+	+	+		+						
空间连通性	沟渠密度（m/km^2）						+								
	路网密度（m/km^2）										+				+
	河网密度（m/km^2）				+		+		+		+	+			
	GYRATE	+	+						+	+			+		
	SHAPE	+						+	+	+			+		
	FRAC	+						+	+	+		+	+		
	PD	+						+	+	+			+	+	
	IJI		+	+			+	+	+		+		+	+	
	CONTAG		+	+	+		+	+	+		+		+	+	
	AI							−	−			+	+		
	ENN		+	+	+		+		+		+		+	+	
	CONNECT		+	+	+		+	+	+		+		+	+	
	CWED							+					+	+	
	SHDI	+										+	+	+	

注：+代表正向指标，−代表负向指标。

表 5.13　地表覆盖径流系数

土地类型	径流系数	备注
耕地、园地	0.45	—
林地、草地	0.25	由于地形坡度、降水强度形成的地表产水量
河流、湖泊、湿地	0	—
城乡建设用地	0.9	城市内部绿地截留、下渗等水量损失

（5）表面粗糙度反映因为地面起伏不平或地表覆被影响，阻碍一定高度范围的风或水流正常运动，影响气体调节、水污染处理、土壤保持等生态服务功能，因此，表面粗糙度也是衡量风或土壤侵蚀空间分异特征的重要指标[178]。一般分为地表粗糙度和植被粗糙度，其中地表粗糙度主要反映高程差产生的地表起伏状态，可用地表起伏度表示；本指标重点指植被粗糙度，表示下垫面粗糙度，反映风、水流运动时和下垫面产生的摩擦程度。表面粗糙度越高，风或水流运动时与下垫面的摩擦程度越高，就会阻碍空气流动或土壤侵蚀。本研究采用已有研究[179]设定不同地表类型下垫面粗糙度系数如表 5.14。

表 5.14　不同下垫面类型表面粗糙度系数

下垫面类型	林地、园地、湿地	耕地、草地、裸地	道路、沟渠	不透水地面
粗糙度	50	20	10	5

5.3.2.2　空间连通性

空间连通性反映空间结构中生态要素流动通道的通畅性，制约生态服务过程。空间连通性通过线状物的密度指标反映。景观格局具有空间显性特征，常用景观格局指数表征生态空间结构服务内涵。本研究用网络通达性和景观格局指数反映生态空间连通性。

（1）网络通达性，包括沟渠密度、路网密度、河网密度，是衡量空间连通性、可达性的重要指数。沟渠密度越高表明农业灌溉率越高，有利于食物生产。计算方式为区域内沟渠长度与区域面积的比值。路网密度越高，越有利于生产运输和人口流动，可提高食物生产和景观文化等生态服务绩效，计算方式为区域内道路长度与区域面积的比值。河网密度也是衡量水资源供给能力的重要指数，计算方法为区域内河网长度与区域面积的比值。

（2）景观指数，选取能够反映区域单元内部地表覆盖、资源环境等自然属性的景观指标，作为连接空间格局与生态绩效之间关系的有效工具。本研究选择的景观指数内涵及计算方法如表 5.15。

表 5.15 景观指数的计算方法及内涵意义

指标类型	计算方法	指标内涵及研究意义
回转半径指数（GYRATE）	$GYRATE=\sum_{r=1}^{Z}\frac{h_{ijr}}{Z}$ 式中，h_{ijr} 为栅格 ijr 到该几何中心的距离，Z 是斑块 ij 中栅格的个数，$Z\geqslant 0$。	一方面斑块面积越大，适宜动植物生存的内部生境越大，生态过程稳定；另一方面斑块延展性越长，污染物截留率越低
形状指数（SHAPE）	$SHAPE=\frac{0.25p_y}{\sqrt{a_y}}$ 式中，p_y 是斑块 y 的周长，a_y 为斑块 ij 的面积，$SHAPE\geqslant 1$，无上限	斑块形状对生态过程的影响主要反映在斑块的边缘效应上。一般来说，形状指数越高，斑块形态越复杂，边缘效应越强。比如，对于水资源供给，斑块周长越长，边缘效应越显著，水资源流动就越会受到阻碍，但是越有利于水污染物沉淀过滤处理
分维指数（FRAC）	$FRAC=\frac{2\ln 0.25p_y}{\ln a_y}$ 式中，p_y 和 a_y 为斑块 ij 周长和面积，$FRAC$ 取值［1，2］。	反映空间尺度范围内的形状复杂程度和稳定程度。一般林地、草地景观的分维指数高，耕地由于人类劳动投入，形状比较规则，分维指数偏低
斑块密度（PD）	$PD_i=\frac{n_i}{a_i}\times 100$ 式中，n_i 为景观中斑块类型 i 的斑块数目（个）	反映景观的破碎化程度，PD 值越大，景观被分隔程度越高，破碎化程度越高，斑块越小。PD 值越小则斑块越大，生态稳定性越高
散布与并列指数（IJI）	$IJI=-\sum_{k=1}^{m}\left[\left(e_{ik}/\sum_{k=4}^{m}e_{ik}\right)\ln\left(e_{ik}/\sum_{k=1}^{m}e_{ik}\right)\right]\times 100/\ln(m-1)$ 式中，单位是%，取值［1，100］	数值越高表明斑块彼此邻近的可能性越大

（续）

指标类型	计算方法	指标内涵及研究意义
蔓延度（CONTAG）	$CONTAG\{1+\dfrac{\sum_{i=1}^{m}\sum_{k=1}^{m}[(p_i)\times[\frac{g_{ij}}{\sum_{k=1}^{m}g_{jk}}]\times[\ln(p_i)[\frac{g_{ik}}{\sum_{k=1}^{m}g_{jk}}]]]}{2\ln(m)}\}\times 100$ 式中，p_i 为斑块 i 在总面积比重，g_{ik} 为斑块 i 和 k 之间的节点数	反映斑块组合非随机性或团聚程度，也反映斑块类型之间的相邻关系，蔓延度值越低说明斑块连续性差，破碎度高，物质流动性弱，反之流动通畅
聚合度指数（AI）	$AI=[\frac{g_h}{\max\to g_h}]\ (100)$ 式中，g_h 为基于斑块 i 的邻接数量，$\max\to g_h$ 为斑块 i 象元之间的邻接最大数量	反映同类斑块的延展趋势和聚集程度，指数越高，斑块集聚性越高，或景观由少数团聚的同类型斑块主导，空间异质性越小；反之，表明斑块离散状分布，景观由小斑块组成，空间异质性越低。对食物供给来说，集聚程度越高食物产出能力越高；而对生物多样性或景观文化来说，指数高低都具有不同生态功能
几何最邻近距离指数（ENN）	$ENN=\frac{\sum_{i=1}^{n}\sqrt{(k_i-K)^2+(q_i-Q)^2}}{A}$ $Q=\frac{\sum_{i=1}^{n}a_iq_i}{A}$ $K=\frac{\sum_{i=1}^{n}a_ik_i}{A}$ 式中，n 为某一行政单元内斑块的总数；k_i 和 q_i 是第 i 个斑块重心的横坐标值和纵坐标值；A 为该面积的总和；K 和 Q 为所有斑块面积加权重心的横坐标和纵坐标；ENN 为所有斑块面积加权斑块平均距离	主要反映从独立斑块中心点到它最近的同类型斑块之间的直线距离，既可衡量斑块细碎化程度，也可评估同类型斑块离散化程度。该指数越高，同斑块连接程度越高，生态邻域异质性越小，生态过程越稳定，生态流迁移速度越均匀
连接度指数（CONNECT）	$CONNECT=[\frac{\sum_{j=k}^{w}c_{ijk}}{\frac{n_i(n_i-1)}{2}}]\times 100$ 式中，c_{ijk} 为一定距离内与斑块 i 相关的 j 与 k 的连接状况	反映斑块的每一边（点）能够充分连接，有利于生态物质、能量沿着斑块迁移，若连接度指数值低表明斑块连接不充分，出现断口或裂点，不利于生态物质和能量有效迁移

（续）

指标类型	计算方法	指标内涵及研究意义
对比度加权的边缘密度（CWED）	$CWED=\frac{\sum_{i=1}^{m}\sum_{k=i+1}^{m}e_{ik}\cdot d_{ik}}{A}\times 10\ 000$ 式中，e_{ik}表示景观中i与k之间的边缘总长度，d_{ik}为权重，A为总面积	主要用于不同大小景观之间的比较，对比可以反映相邻斑块的某一个或某几个生态属性之间的差异情况。对比度加权的边缘密度能够有效反映景观拦截污染物的边缘效应，较高的指数值意味着复杂的边界和更好的过滤效果
香农多样性指数（SHDI）	$SHDI=-\sum_{i=1}^{m}(P_i\ln P_i)$ 式中，P_i为景观中斑块类型i的面积比重	反映景观结构组成的复杂性，目的在于分析区域内景观组分空间组合的变异状况。对于景观文化，指数值越高，风景多样性、可观性越强，吸引力越强

5.3.3 评价模型

1. 熵权模型

采用熵权法计算指标权重。

（1）计算第i个指标的熵值：

$$e_i=\frac{1}{\ln n}\sum_{i=1}^{n}(f_{ik}\ln f_{ik}) \tag{5.19}$$

$$f_{ik}=\frac{X_{ik}}{\sum_{i=1}^{n}X_{ik}}(i=1,2,3,\cdots;k=1,2,\cdots,n) \tag{5.20}$$

式中：X_{ik}为标准化处理后第i项指标下第k个元素比重。

（2）计算第i个指标的权重ω_i：

$$\omega_i=\frac{1-e_i}{\sum_{i=1}^{m}1-e_i} \tag{5.21}$$

2. 物元可拓模型

（1）建立物元矩阵。物元用$\boldsymbol{H}=(N,C,X)$表示，N表示评价对象，C表示特征向量，X表示对应的特征量值，n表示评价对象个数。式5.22表示评价对象N有m个特征向量C_1，C_2，…，C_m，对应值为

X_1，X_2，…，X_m，n 个 m 维物元构成 $n\times m$ 维复合模糊物元，即：

$$\boldsymbol{H}=\begin{Bmatrix} & N_1 & N_2 & \cdots & N_n \\ C_1 & X_{11} & X_{21} & \cdots & X_{n1} \\ C_2 & X_{21} & X_{22} & \cdots & X_{n2} \\ \cdots & \cdots & \cdots & \cdots & \cdots \\ C_m & X_{1m} & X_{2m} & & X_{nm} \end{Bmatrix} \tag{5.22}$$

若有 r 个界面统计数据，则构建 $r\times n\times m$ 组复合模糊物元，即：

$$Y_r=\{H_1,H_2,\cdots,H_r\} \tag{5.23}$$

（2）确定经典域和节域矩阵。经典域用 $H_{ojp}=$（N_{op}, C_j，X_{ojp}）表示，其中 H_{ojp} 表示经典域，N_{op} 表示第 P 个评价等级，C_j 为特征向量（$j=1$，2，…，m），X_{ojp} 表示第 j 个特征向量所对应第 P 等级的量值范围（a_{opj}，b_{opj}），复合经典域物元表示为：

$$\boldsymbol{H}=\begin{Bmatrix} & N_{o1} & N_{o2} & \cdots & N_{op} \\ C_1 & (a_{o11},\ b_{o11}) & (a_{o21},\ b_{o21}) & \cdots & (a_{op1},\ b_{op1}) \\ C_2 & (a_{o12},\ b_{o12}) & (a_{o22},\ b_{o22}) & \cdots & (a_{op2},\ b_{op2}) \\ \cdots & \cdots & \cdots & \cdots & \cdots \\ C_m & (a_{o1j},\ b_{o1j}) & (a_{o2j},\ b_{o2j}) & & (a_{opj},\ b_{opj}) \end{Bmatrix} \tag{5.24}$$

节域可用 $\boldsymbol{H}_q=$（N_q，C_j，X_{qj}）表示，其中 X_{qj} 为节域物元第 j 个特征向量的量值范围（a_{qj}，b_{qj}），具体为：

$$\boldsymbol{H}_q=(N_q,C_j,X_{qi})=\begin{Bmatrix} & N_q \\ C_1 & (a_{q1},b_{q1}) \\ C_2 & (a_{q2},b_{q2}) \\ \cdots & \cdots \\ C_3 & (a_{qj},b_{aj}) \end{Bmatrix} \tag{5.25}$$

本研究将生态空间服务绩效评价结果分为高、中、低 3 个等级，采用同样分级方式划分各个特征向量，各个特征向量的高、中、低等级划分的量值范围采用自然断裂法和等距变量法进行划分，具体如表 5.16 所示。

表 5.16　生态空间服务绩效评价标准

	低	中	高	取值范围
高程（m）	519～1 021	1 021～1 349	1 349～2 512	519～2 512
高程(－)（m）	2 521～1 349	1 349～1 021	1 021～519	2 521～519
坡度（°）	0～6	6～15	15～65.19	0～65.19
坡度(－)（°）	65.19～15	15～6	6～0	65.19～0
地形起伏度（m）	0～23	23～46	46～250	0～250
地形起伏度(－)（m）	250～46	46～23	23～0	250～0
林地占比	0～0.33	0.33～0.66	0.66～1	0～1
草地占比	0～0.33	0.33～0.66	0.66～1	0～1
耕、园地占比	0～0.33	0.33～0.66	0.66～1	0～1
水域占比	0～0.1		0.1～1	0～1
湿地占比	0～0.1		0.1～1	0～1
建设用地占比	1～0.66	0.66～0.33	0.33～0	0～1
NDVI	0～0.33	0.33～0.66	0.66～1	0～1
沟渠密度（m/km^2）	0～3 842	3 842～9 851	9 851～44 710	0～44 710
路网密度（m/km^2）	0～269	269～790	790～4 290	0～4 290
河网密度（m/km^2）	0～279.00	279.01～826.86	826.87～9 388	0～9 388
地表覆盖径流系数	0～0.25	0.251～0.45	0.451～0.9	0～0.9
表面粗糙度	5～10	10.1～20	20.1～50	5～50
GYRATE	0～507.18	507.19～1 691.47	1 691.471～4 994.98	0～4 994.98
SHAPE	0～1.677	1.678～2.241	2.242～4.081	0～4.081
FRAC	0～1.06	1.061～1.087	1.087～1.178	0～1.178
PD	0—0.005 1	0.005 1—0.015 8	0.015 8—0.039 2	0—0.039 2
IJI	0～10.92	10.921～29.199	29.200～67.380	0～67.380
CONTAG	0～74.90	75.00～75.11	75.12～100	0～100
AI	0～42.92	42.921～91.59	91.591～100	0～100
AI(－)	100～91.591	91.59～42.921	42.92～0	100～0
ENN	0～13 208.835	13 208.835 1～62 221.05	62 221.05～201 663.41	0～201 663.41
CONNECT	0～20.97	20.98～70.51	70.52～100	0～100
CWED	0～0.08	0.09～0.049	0.050～0.300	0～0.300
SHDI		0～3.830 9		0～3.830 9

注：(－) 表示负向指标。

（3）确定关联度：

$$\begin{cases} \dfrac{-\rho(x_j, x_{ojp})}{|X_{ojp}|} & x_j \in X_o \\ \dfrac{\rho(x_j, x_{ojp})}{\rho(x_j, X_{qj}) - \rho(x_j, X_{ojp})} & x_j \notin X_o \end{cases} \tag{5.26}$$

其中：

$$\begin{cases} \rho(x_j, X_{ojp}) = \left| x_j - \dfrac{1}{2}(a_{ojp} + b_{ojp}) \right| - \dfrac{1}{2}(b_{ojp} - a_{ojp}) \\ \rho(x_j, X_{qj}) = \left| x_j - \dfrac{1}{2}(a_{qj} + b_{qj}) \right| - \dfrac{1}{2}(b_{qj} - a_{qj}) \\ X_{ojp} = |b_{ojp} - a_{ojp}|, X_{qj} = [a_{qi}, b_{qi}] \end{cases} \tag{5.27}$$

式中，$k_{(cj)p}$ 表示第 j 项指标对于第 p 等级的关联度，$\rho(x_j, X_{ojp})$ 表示点 x_j 到 X_{ojp} 的距离，$\rho(x_j, X_{qj})$ 为点 X_j 到点 X_{qj} 的距离，x_j、X_{ojp} 、X_{qj} 分别表示待评价物元的量值、经典域的量值范围以及节域的量值范围。

（4）计算综合关联度：

$$K_{P(N)} = \sum_{j=1}^{m} \omega_j k_{(cj)p} \tag{5.28}$$

式中，ω_j 表示权重，$K_{P(N)}$ 表示评价对象 N 相对各绩效等级的综合关联度。

（5）确定空间绩效等级：

$$k_o = \max(K_{P(N)}) \tag{5.29}$$

3. 二次等权加和模型

在物元加权评价结果的基础上，采用等权重对 7 种生态空间服务绩效进行二次加权评价，得出综合生态空间服务绩效评价结果，具体公式为

$$K = \sum_{i=1}^{7} w_o k_o \tag{5.30}$$

5.3.4　晋中市单项生态空间服务绩效解析

1. 评价指标的重要性分析

根据熵权法计算评价指标权重矩阵，反映单项指标对不同类型生态服

务绩效的影响程度（表 5.17）。气体调节中 ECA 和 EAA 服务绩效评价排名前 3 的因子分别为 PD、林地占比、湿地占比和高程、IJI、ENN；土壤保持中 ECA 和 EAA 服务绩效评价排名前 3 的因子分别为林地占比、坡度、NDVI 和表面粗糙度、坡度、河网密度；水资源供给中 ECA 和 EAA 服务绩效评价排名前 3 的因子分别是 CONTAG、坡度、沟渠密度和 NDVI、林地占比和草地占比；水污染处理中 ECA 和 EAA 服务绩效评价排名前 3 的因子分别为 NDVI、林地占比、草地占比和河网密度、表面粗糙度、地表覆盖径流系数；原材料生产中 ECA 和 EAA 服务绩效评价排名前 3 的因子分别为林地占比、PD、FRAC 和 CONTAG、CONNECT、路网密度；生物多样性维持服务中 ECA 和 EAA 服务绩效评价排名前 3 的因子分别为 NDVI、水域占比、河网密度和 IJI、ENN、SHDI；景观文化中 ECA 和 EAA 服务绩效评价排名前 3 的因子分别为水域占比、林地占比、地形起伏度和路网密度、高程、坡度。

2. 气体调节服务绩效解析

2000—2020 年晋中市气体调节服务绩效以中等水平为主，关联空间范围占比达 40%以上（图 5.12、表 5.18）。

ECA 服务绩效水平以中、高为主。2000—2020 年 ECA 服务中、高水平绩效关联空间范围占比在 60%～80%，面积占比从 82%下降到 71%，仍处主导地位，但总体呈下降趋势；ECA 横跨连接东、西部，形成局部网络结构，对全域气体调节起到关键作用。2000—2020 年 ECA 服务低水平绩效区域先升后降，总体呈上升趋势，从 17.61%上升到 28.60%，主要零星分布在中部地区。

EAA 服务绩效水平以中为主。2000—2020 年 EAA 服务中水平绩效关联空间占比呈上升趋势，从 43.22%上升为 48.08%，主要分布在地形起伏平缓的西部汾河谷地或植被覆盖度高的东部区域及南部部分山区。EAA 服务低水平关联空间占比从 18.92%上升为 43.43%，主要由于城镇建设用地扩张，导致斑块破碎度提升，降低空间连通性，低水平绩效空间主要分布在城镇用地周边区域。EAA 服务高水平绩效关联空间占比从 37.86%下降至 8.49%，分布于 ECA 与 EAA 之间衔接区域。

表 5.17 生态空间服务绩效评价指标权重矩阵

指标		气体调节		土壤保持		水资源供给		水污染物处理		原材料生产		生物多样性维持		景观文化	
		ECA	EAA	ECA	EAA	ECA	EAA	ECA	EAA	ECA	EAA	ECA	EAA	ECA	EAA
空间异质性	高程		0.206							0.08	0.059				0.239
	坡度		0.102	0.133	0.142		0.209	0.045	0.085	0.08	0.087		0.078		0.199
	地形起伏度		0.109		0.112	0.103				0.077	0.051	0.079	0.051	0.098	0.181
	林地占比	0.121		0.147		0.21		0.097		0.153		0.102		0.102	
	草地占比	0.096		0.094				0.087		0.101		0.093		0.094	
	耕、园地占比	0.074		0.062								0.054		0.046	
	水域占比					0.304		0.068				0.119		0.113	
	湿地占比	0.119				0.234		0.073				0.105		0.07	
	建设用地占比														
	NDVI	0.118		0.133				0.107		0.117		0.121			
	地表覆盖径流系数				0.095				0.109						
	表面粗糙度		0.109		0.188	0.149	0.106		0.117						
空间连通性	沟渠密度						0.108								
	路网密度										0.142				0.381
	河网密度				0.142		0.108		0.12		0.116	0.119			
	GYRATE	0.092	0.028						0.099	0.054			0.076		
	SHAPE	0.096						0.071	0.059	0.075			0.072		
	FRAC	0.072						0.071	0.057	0.129		0.075	0.073		
	PD	0.123						0.076	0.066	0.134			0.052	0.073	
	IJI		0.118	0.101			0.009	0.065	0.056		0.116		0.101	0.047	
	CONTAG		0.102	0.103	0.091		0.244	0.056	0.062		0.144		0.078	0.047	
	AI							0.043	0.055			0.054	0.083		
	ENN		0.114	0.124	0.113		0.108		0.059		0.141		0.096	0.069	
	CONNECT		0.112	0.103	0.117		0.108	0.045	0.056		0.144		0.072	0.069	
	CWED							0.096					0.074	0.078	
	SHDI	0.089										0.079	0.094	0.094	

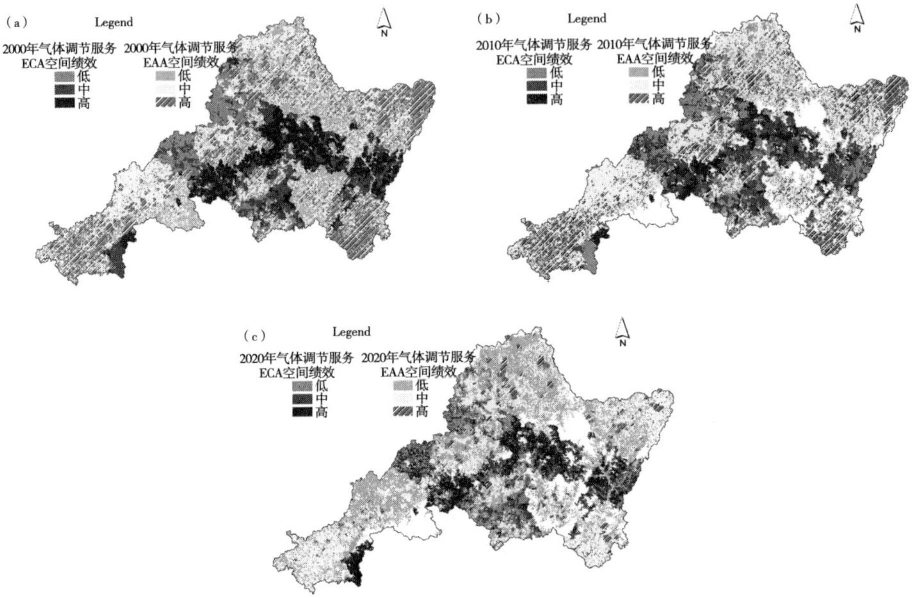

图 5.12　气体调节服务绩效等级空间分布

表 5.18　气体调节服务绩效评价结果统计

绩效等级	ECA 服务绩效水平评价结果						EAA 服务绩效水平评价结果					
	2000 年		2010 年		2020 年		2000 年		2010 年		2020 年	
	面积（km^2）	比例（%）	面积（km^2）	比例（%）	面积（km^2）	比例（%）	面积（km^2）	比例（%）	面积（km^2）	比例（%）	面积（km^2）	比例（%）
低	1 046.29	17.61	1 972.58	33.12	1 923.87	28.6	1 317.90	18.92	547.7	7.86	3 024.93	43.43
中	2 404.51	40.47	2 650.95	44.51	2 477.86	36.83	3 010.54	43.22	4 116.59	59.1	3 349.38	48.08
高	2 491.26	41.93	1 332.325	22.37	2 326.15	34.57	2 637.18	37.86	2 301.34	33.04	591.31	8.49
总计	5 941.47	100	5 955.85	100	6 729.82	100	6 965.62	100	6 965.62	100	6 965.62	100

3. 土壤保持服务绩效解析

2000—2020 年晋中市域土壤保持服务绩效水平以中、高或中、低组合为主，关联空间范围占比在 80%以上（图 5.13、表 5.19）。

ECA 服务绩效以中、高水平为主，2000—2020 年晋中市域 ECA 服务绩效中级水平区域面积占比从 40.11%微升至 42.19%，主要分布在晋中东部太行山中段、中部丘陵及西南部太岳山北段等中高山区，围绕在 ECA 服务绩效高水平区域。ECA 服务绩效高水平区域从 43.53%下降至 30.18%，主要分布在中高山区，但斑块面积和斑块连接度逐渐降低，这和林地面积降低有一定关系。ECA 服务绩效低水平区域从 16.35%提升至 27.62%，零散分布在中、高水平区域内部。

EAA 服务绩效以中、低水平为主，2000—2020 年晋中市域 EAA 服务绩效低水平区域面积占比较从 39.67%上升至 44.17%，主要分布在西北部黄土高原、中部丘陵和西南部太岳山北段等高程及坡度较低区域。EAA 服务绩效中水平区域面积占比从 46.06%下降至 37.13%，主要分布在中高山区。EAA 服务绩效高水平区域面积占比从 14.27%上升至 18.70%，空间分布与河流分布保持一致。

总体上 ECA 空间分布与 EAA 空间分布保持一致，但 ECA 处于 EAA 内部，EAA 空间覆盖中、东部的地表径流关联空间范围。

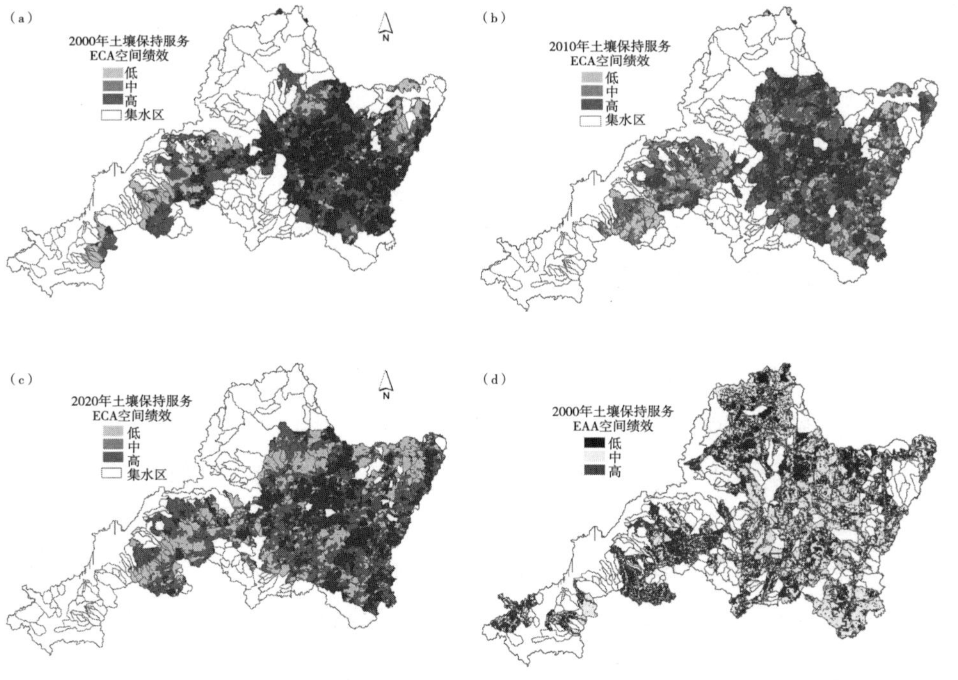

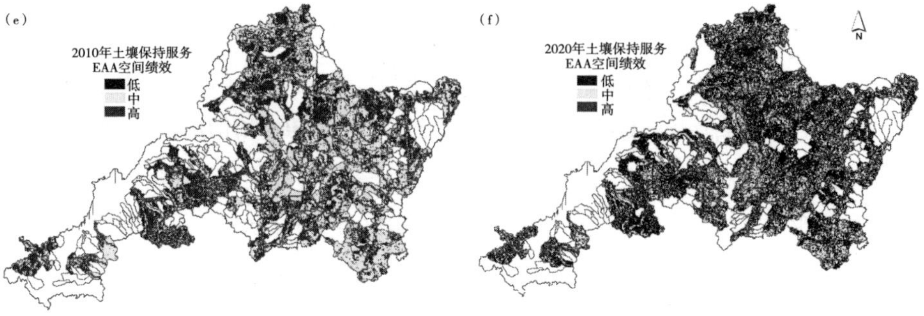

图 5.13　土壤保持服务绩效等级空间分布

表 5.19　土壤保持服务绩效评价结果统计

绩效等级	ECA 服务绩效水平评价结果						EAA 服务绩效水平评价结果					
	2000 年		2010 年		2020 年		2000 年		2010 年		2020 年	
	面积（km^2）	比例（%）	面积（km^2）	比例（%）	面积（km^2）	比例（%）	面积（km^2）	比例（%）	面积（km^2）	比例（%）	面积（km^2）	比例（%）
低	602.23	16.35	1 005.42	21.49	2 340.77	27.62	2 340.33	39.67	1 794.08	42.5	2 840.89	44.17
中	1 476.85	40.11	2 031.27	43.41	3 575.55	42.19	2 716.95	46.06	1 647.13	39.02	2 388.36	37.13
高	1 603.37	43.54	1 642.48	35.1	2 557.58	30.18	841.89	14.27	779.73	18.47	1 202.93	18.7
总计	3 682.44	100	4 679.16	100	8 473.91	100	5 899.17	100	4 220.95	100	6 432.18	100

4. 水资源供给服务绩效解析

2000—2020 年晋中市水资源供给服务绩效水平以中、低级为主，关联空间范围占比达 75%以上（图 5.14、表 5.20）。

ECA 服务绩效以中、低水平为主，2000—2020 年晋中市域 ECA 服务绩效中、低水平面积占比最大，均在 80%左右，基本保持稳定状态，主要分布在吕源河、乌马河、浊漳北源、浊漳西源、清漳河、萧河、冶河等主干河流关联的集水区，这与晋中河流多属于季节性河流，且水域面积占比偏小有关系。2000—2020 年 ECA 服务绩效高水平区面积占比呈下降趋势，从 22.51%降至 17.37%，均与主干河流空间分布保持一致，显示主干河流承担主要的水资源供给功能。

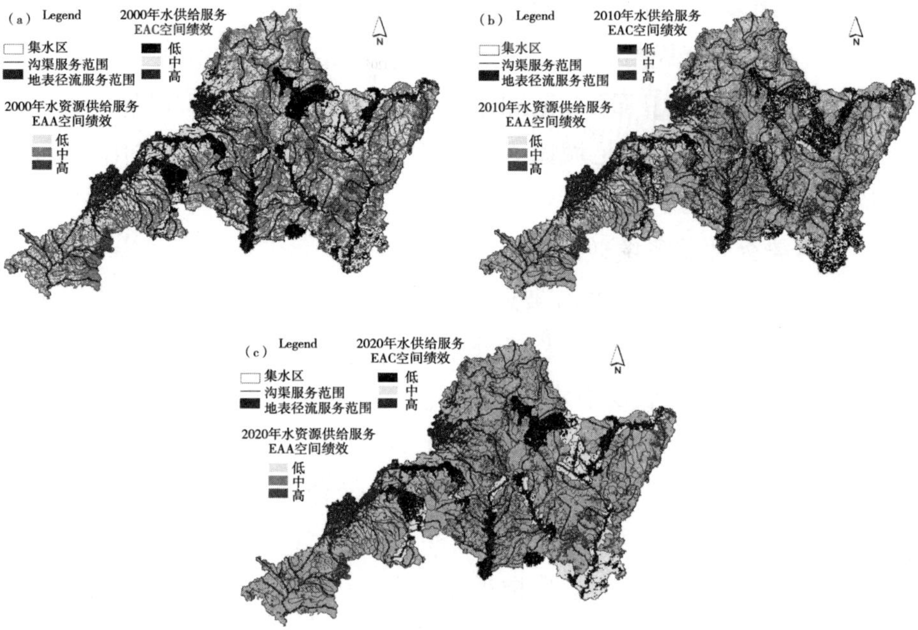

图 5.14　水资源供给服务绩效等级空间分布

表 5.20　水资源供给服务绩效评价结果统计

绩效等级	ECA 服务绩效水平评价结果						EAA 服务绩效水平评价结果					
	2000 年		2010 年		2020 年		2000 年		2010 年		2020 年	
	面积 (km^2)	比例 (%)	面积 (km^2)	比例 (%)	面积 (km^2)	比例 (%)	面积 (km^2)	比例 (%)	面积 (km^2)	比例 (%)	面积 (km^2)	比例 (%)
低	805.86	42.77	877.7	46.58	817.02	43.36	3 305.01	42.29	1 869.99	23.93	1 893.68	24.23
中	654.18	34.72	637.44	33.83	739.81	39.26	3 346.15	42.82	4 235.92	54.21	4 218.81	53.99
高	424.12	22.51	369.02	19.59	327.33	17.37	1 163.31	14.89	1 708.56	21.86	1 701.98	21.78
小计	1 884.16	100	1 884.16	100	1 884.16	100	7 814.47	100	7 814.47	100	7 814.47	100

EAA 服务绩效以中水平为主，2000—2020 年晋中市域 EAA 服务绩效中水平区域面积占比最大，从 42.82%提升至 53.99%，分布在全域河流关联的集水区，这与 20 年间沟渠密度提高，服务范围扩大有关。2000—2020 年晋中市域 EAA 服务绩效低水平区域从 42.29%下降至 24.23%，这与 IJI、CONNECT 指数指下降有关。2000—2020 年晋中市

域 EAA 服务绩效高水平区域面积占比从 14.89%上升至 21.78%，这与表面粗糙度、沟渠密度提高有关。

总体上，ECA 位于 EAA 范围之内，ECA 水源通过 EAA 中的沟渠、河道或集水区土壤蓄水满足城镇人居、农田灌溉及植被生长的用水需求，实现水资源供给功能。

5. 水污染处理服务绩效解析

2000—2020 年晋中市水污染处理服务绩效水平以中水平为主，关联空间范围面积占比 50%以上（图 5.15、表 5.21）。

ECA 服务绩效水平以中水平为主，2000—2020 年晋中市域 ECA 服务中水平绩效区域面积占比从 45.68%上升至 69.72%，基于污染源及河道的关联空间分布，ECA 服务绩效中水平区域覆盖全域。2000—2020 年晋中市域 ECA 服务高水平绩效区域面积占比从 26.55%下降至 13.52%，主要分布在中高山丘陵区，依托植被土壤的净化功能，提升 ECA 的水污染处理功能。

EAA 服务绩效水平以中级为主，2000—2020 年晋中市域 EAA 服务中水平绩效区域面积占比从 51.18%上升至 76.15%，主要集中在河流水面。EAA 服务低水平绩效区域面积占比先升后降，从 27.81%下降至 13.49%，主要分布在河流关联集水区。EAA 服务高水平绩效区域面积占比从 21.01%下降至 10.36%，主要分布在城镇周边，为城镇及农田污染源流入生态系统的汇入界面。

总体上，EAA 在 ECA 范围之内，主要连接 EDA 与 ECA 的中、高绩效水平区域。

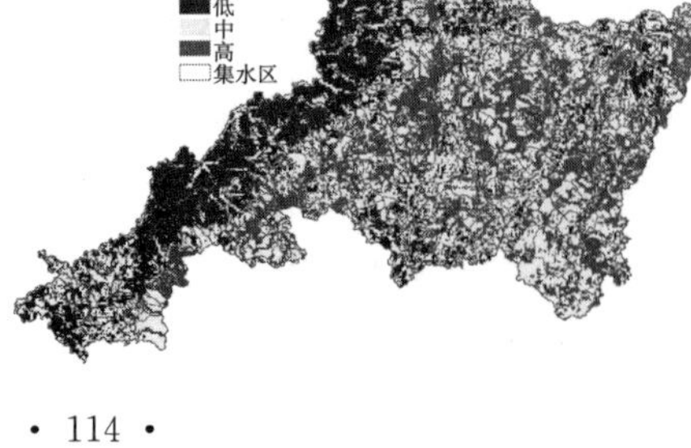

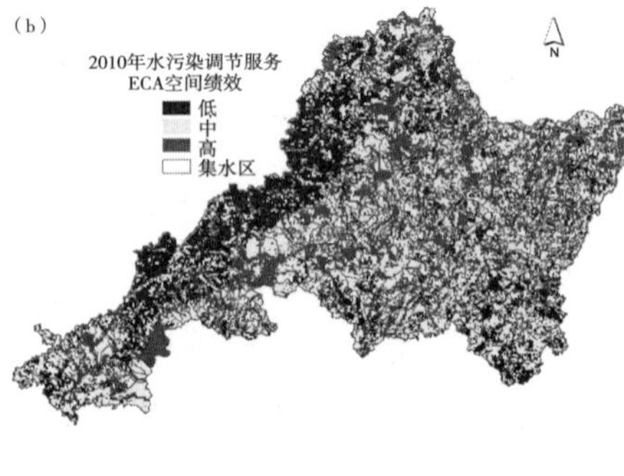

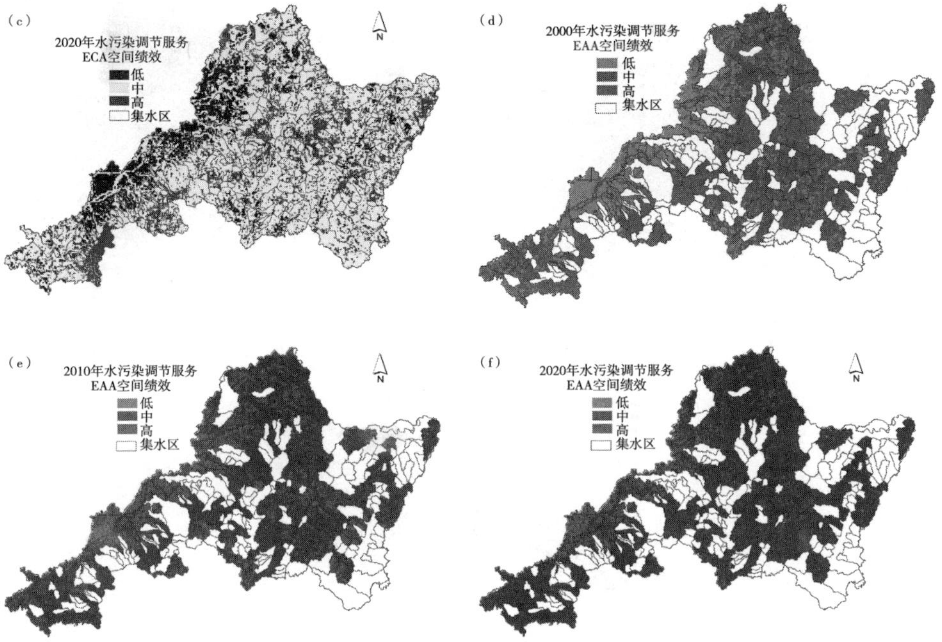

图 5.15　水污染处理服务绩效等级空间分布

表 5.21　水污染处理服务绩效评价结果统计

绩效等级	ECA服务绩效水平评价结果						EAA服务绩效水平评价结果					
	2000年		2010年		2020年		2000年		2010年		2020年	
	面积（km²）	比例（%）	面积（km²）	比例（%）	面积（km²）	比例（%）	面积（km²）	比例（%）	面积（km²）	比例（%）	面积（km²）	比例（%）
低	4 562.49	27.77	4 419.55	26.90	2 753.59	16.76	3 622.01	27.81	3 116.67	23.93	1 756.95	13.49
中	7 505.02	45.68	8 063.62	49.08	11 454.68	69.72	6 665.74	51.18	7 060.38	54.21	9 917.87	76.15
高	4 362.05	26.55	3 946.38	24.02	2 221.28	13.52	2 736.37	21.01	2 847.07	21.86	1 349.30	10.36
小计	16 429.55	100.00	16 429.55	100.00	16 429.55	100.00	13 024.12	100.00	13 024.12	100.00	13 024.12	100.00

6. 原材料生产服务绩效解析

2000—2020年晋中市原材料生产ECA及EAA空间服务绩效以中、高水平为主，关联空间范围面积占比在80%以上（图5.16、表5.22）。

ECA服务绩效以高水平为主，2000—2020年ECA服务绩效水平保持高水平，面积稳定。

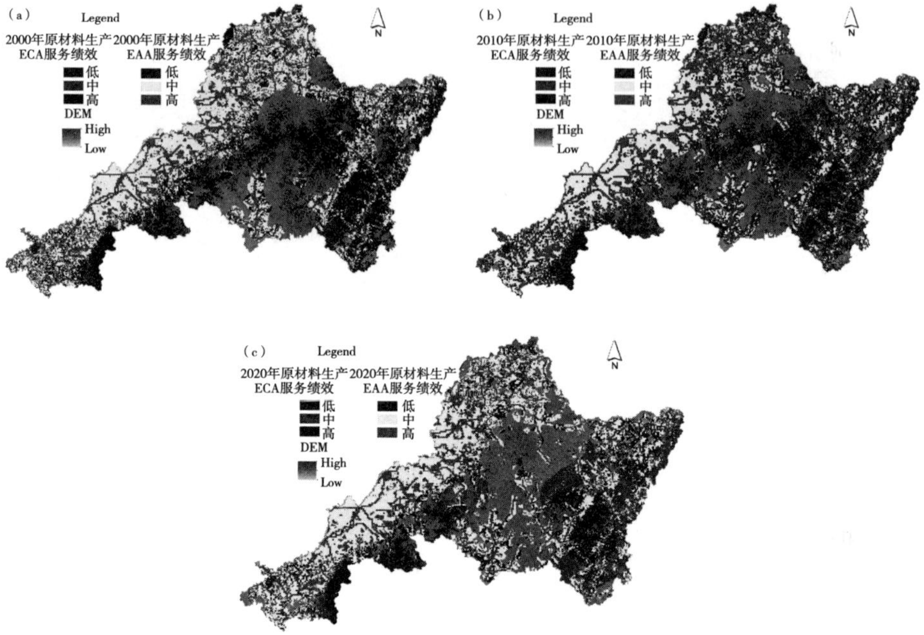

图 5.16　原材料生产服务绩效等级空间分布

表 5.22　原材料生产服务绩效评价结果统计

绩效等级	ECA 服务绩效水平评价结果						EAA 服务绩效水平评价结果					
	2000 年		2010 年		2020 年		2000 年		2010 年		2020 年	
	面积（km^2）	比例（%）	面积（km^2）	比例（%）	面积（km^2）	比例（%）	面积（km^2）	比例（%）	面积（km^2）	比例（%）	面积（km^2）	比例（%）
低							2 453.93	24.33	2 162.55	22.36	2034.78	20.39
中							5 140.84	50.97	5 041.26	52.13	5 316.96	53.28
高	2 186.12	100	2 186.12	100	2 186.12	100	2 491.24	24.70	2 467.68	25.52	2 627.54	26.33
小计	2 186.12	100	2 186.12	100	2 186.12	100	10 086.01	100.00	9 671.49	100.00	9 979.28	100.00

EAA 服务绩效以中水平为主。2000—2020 年 EAA 服务绩效水平以中水平为主，其空间占比总体呈上升趋势，从 50.97%上升到 53.28%，主要分布到晋中市域内交通密集区，与城镇空间紧密相连。2000—2020 年 EAA 服务绩效高水平区域沿着交通网络干线，满足原材料从 ECA 运输到城镇空间的需求，其占比从 24.70%微升至 26.33%。低水平 EAA 区

域主要零散分布在西部沟谷平原与中部丘陵交界处，是 ECA 与 EDA 的过渡区域，其占比从 24.33%下降至 20.39%。其中由于 2000—2020 年晋中市完善铁路、高速公路、国省干线公路等交通网，实现村村通、县县通，提高区域可达性，提升了 EAA 的绩效水平。

总体上，ECA 与 EAA 空间衔接紧密，为物质流的运动提供有效服务空间。

7. 生物多样性维持服务绩效解析

2000—2020 年晋中市生物多样性服务绩效水平以中水平为主，关联空间范围面积占比 50%以上（图 5.17、表 5.23）。

ECA 服务绩效以中水平为主。2000—2020 年晋中市域 ECA 服务绩效中水平区域面积占比从 81.25%下降为 65.10%，主要位于太行山与太岳山的自然保护区，地类以林地为主。2000—2020 年晋中市域 ECA 服务绩效低水平区域面积占比从 10.38%波动提升至 28.96%，零散分布在中水平区域周边，集聚程度偏低，地类以草地为主。2000—2020 年晋中市域 ECA 服务绩效高水平区域面积占比在 8.5%以内，主要分布在河流水面周边。

EAA 服务绩效以中水平为主。2000—2020 年晋中市域 EAA 服务绩效中水平区域面积占比在 50%左右，主要位于东部及西部的高山丘陵地区。EAA 服务绩效低级水平区域面积占比在 20%左右，分布在 EAA 外缘，为 EDA 与 EAA 的衔接区域。EAA 服务绩效高水平区域面积占比在 28%左右，主要分布在东部、中部及西南部生态源地周边。

总体上 EAA 有效服务空间处于低累积通行成本空间，围绕 ECA 周边，有利于本土物种实现有效流动。

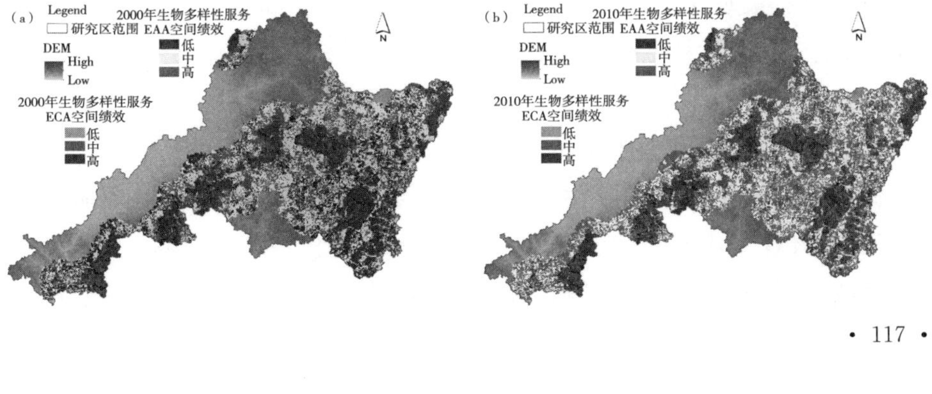

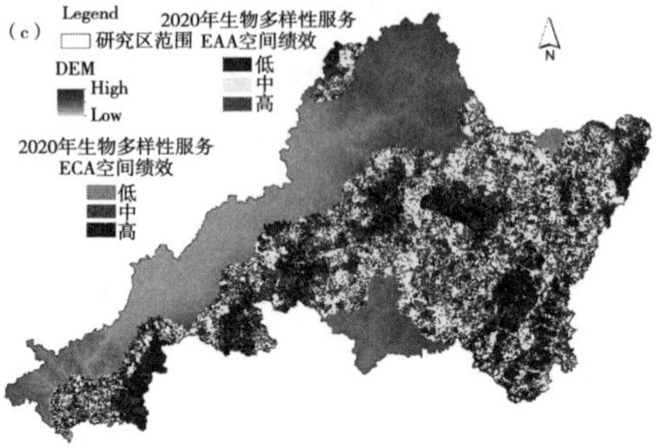

图 5.17　生物多样性服务绩效等级空间分布

表 5.23　生物多样性服务绩效评价结果统计

绩效等级	ECA服务绩效水平评价结果						EAA服务绩效水平评价结果					
	2000年		2010年		2020年		2000年		2010年		2020年	
	面积（km^2）	比例（%）	面积（km^2）	比例（%）	面积（km^2）	比例（%）	面积（km^2）	比例（%）	面积（km^2）	比例（%）	面积（km^2）	比例（%）
低	263.33	10.38	1 067.36	42.07	734.69	28.96	2082.32	20.74	2 552.5	24.33	2082.32	20.74
中	2061.24	81.25	1 314.90	51.83	1 651.53	65.10	5 140.65	51.19	5 135.54	48.95	5 140.65	51.19
高	212.34	8.37	154.65	6.10	150.69	5.94	2 819.16	28.07	2 803.59	26.72	2 819.16	28.07
总计	2 536.91	100.00	2 536.91	100.00	2 536.91	100.00	10 042.12	100	10 491.63	100	10 042.12	100

8. 景观文化服务绩效解析

2000—2020年晋中市景观文化服务绩效以中水平为主，关联空间范围面积占比73%以上（图5.18、表5.24）。

ECA服务绩效以中水平为主。2000—2020年晋中市域ECA景观文化服务绩效中水平区域面积占比从73.47%微升至74.51%，主要零散分布在市域自然景观文化区。ECA景观文化服务绩效高、低水平区域面积占比在20%左右，主要和景观密度、土地覆被多样性有关，全市域均有分布。

EAA服务绩效以中水平为主。2000—2020年晋中市域EAA景观文化服务绩效中水平区域面积占比从51.76%微降至50.86%，总体保持平稳。EAA景观文化服务绩效高水平区域面积占比在25%左右，主要分布在市域西部交通密度较大区域，表示居民到景点的累积通行成本最小，可达性较高。EAA 景观文化服务绩效低水平区域面积占比在 25%左右，主要分布在晋中东部交通密度偏低的区域，居民到景点可达性偏低。

总体上，晋中西部景观文化服务绩效高水平的 ECA 与服务绩效高水平的 EAA 相连接，东部景观文化服务绩效中、低水平的 ECA 与服务绩效中、低水平的 EAA 相连接。

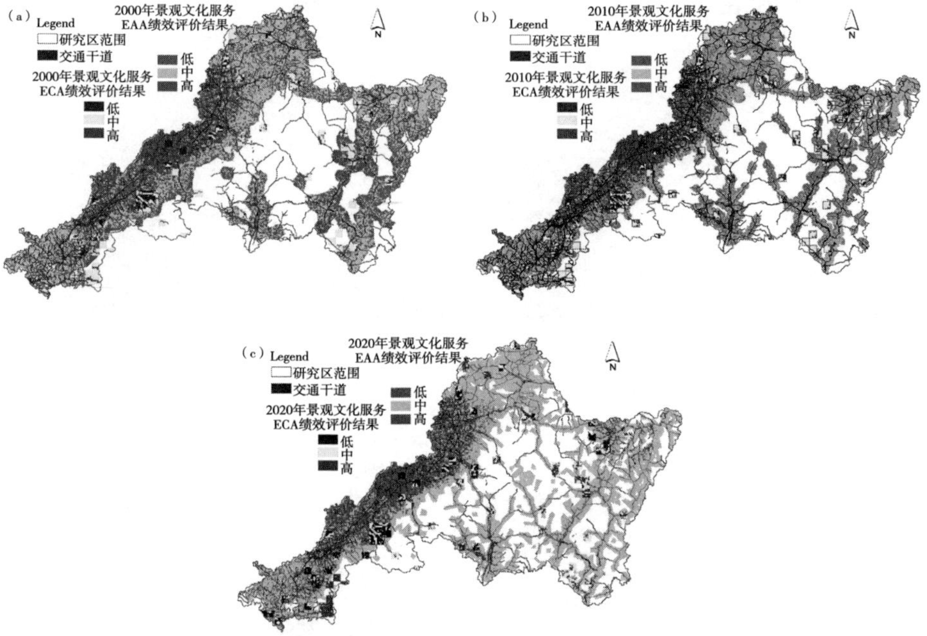

图 5.18　景观文化服务绩效等级空间分布

表 5.24　景观文化服务绩效评价结果统计

绩效等级	ECA 服务绩效水平评价结果						EAA 服务绩效水平评价结果					
	2000 年		2010 年		2020 年		2000 年		2010 年		2020 年	
	面积（km²）	比例（%）	面积（km²）	比例（%）	面积（km²）	比例（%）	面积（km²）	比例（%）	面积（km²）	比例（%）	面积（km²）	比例（%）
低	214.47	19.33	154.6	13.92	154.6	14.02	2 176.27	21.81	1 910.14	19.94	2 474.69	25.05
中	814.98	73.47	832.32	74.93	821.5	74.51	5 164.27	51.76	4 990.79	52.09	5 023.33	50.86
高	79.84	7.2	123.92	11.16	126.44	11.47	2 636.05	26.42	2 680.65	27.98	2 379.67	24.09
小计	1 109.28	100	1 110.84	100	1 102.54	100	9 976.58	100	9 581.58	100	9 877.69	100

5.3.5 晋中市生态空间综合服务绩效解析

在不同类型下单项 ECA 和 EAA 服务绩效水平评价结果基础上，结合二次等权加和算法，最终得到 ECA 和 EAA 综合服务绩效水平评价结果，再运用自然断点法将空间服务绩效评价结果划分为 3 个级别，评价结果如图 5.19 和表 5.25 所示。

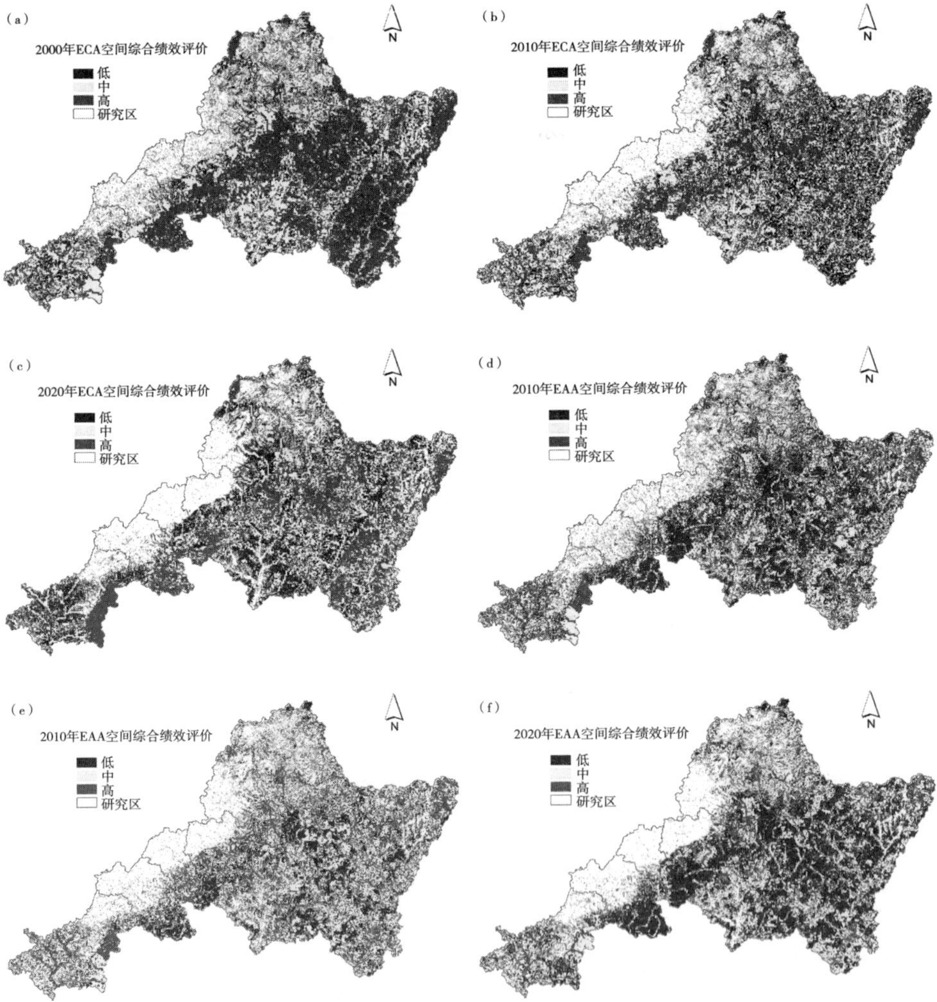

图 5.19　综合服务绩效等级空间分布

表 5.25　综合服务绩效评价结果统计

绩效等级	ECA 服务绩效水平评价结果						EAA 服务绩效水平评价结果					
	2000 年		2010 年		2020 年		2000 年		2010 年		2020 年	
	面积（km²）	比例（%）	面积（km²）	比例（%）	面积（km²）	比例（%）	面积（km²）	比例（%）	面积（km²）	比例（%）	面积（km²）	比例（%）
低	1 577.38	14.41	2 355.6	21.89	3 345.75	31.61	4 844.47	44.09	3 096.51	28.78	5 558.95	49.58
中	3 605.68	32.93	4 278.26	39.76	3 940.52	37.23	4 189.46	38.13	5 203.99	48.38	4 054.29	36.16
高	5 766.04	52.66	4 126.83	38.35	3 298.21	31.16	1 954.65	17.79	2 456.89	22.84	1 598.84	14.26
总计	10 949.1	100	10 760.69	100.01	10 584.48	100	10 988.57	100	10 757.38	100	11 212.09	100

（1）2000—2020 年 ECA 综合服务绩效以高、中水平为主。ECA 综合空间绩效评价结果显示，ECA 综合服务绩效高水平面积占比呈现下降趋势，从 52.66%下降到 31.16%；中水平面积占比从 32.93%上升为 37.23%，大于高水平面积占比；低水平面积从 14.41%上升为 31.61%，上升比例较大。

（2）2000—2020 年 EAA 综合服务绩效以中、低水平为主。EAA 综合空间绩效评价结果显示，EAA 综合服务绩效高水平面积占比呈先升后降趋势，从 17.79%上升为 22.84%后降为 14.26%；中水平面积占比呈先升后降的趋势，从 38.13%上升为 48.38%后降为 36.16%，总体呈下降趋势；低水平面积占比从 44.09%上升为 49.58%，总体呈上升趋势。

综上所述，晋中市生态空间服务绩效总体处于中、低水平，有待进一步提高。

5.4　本章小结

本章根据生态空间结构解析和绩效评价的理论基础，借用 ArcGIS 软件平台，综合运用 InVEST、MCR、ArcHydro 水文过程模型、胡伯尔公式、专家经验法等方法，采用遥感数据、规划数据、专项调查数据、普查数据等，对生态空间结构的 ECA 和 EAA 进行定量解析和提取，并对不同生态服务类型下生态空间结构组成、空间分布及空间关联等内容进行深入解析。在此基础上，针对不同生态服务类型下 ECA 和 EAA 特征，从空间异质性和空间连通性 2 个维度构建生态空间服务绩效评价指标体系，并对不同生态服务类型的空间服务绩效水平和综合生态服务类型的空间服务绩效水平进行评价与解析。研究结果如下：

构建生态空间服务绩效评价的理论基础。根据 MA 的生态系统服务分类结果与张彪的生态系统服务分类结果叠加分析，确定本研究的生态服务系统分类，并推演与生态系统服务相对应的生态空间类型；其次基于生态服务过程，提出生态空间结构解析依据，为定量确定晋中市生态空间结构提供理论依据；最后构建生态空间服务绩效评价框架，通过梳理评价逻辑，确定评价的具体步骤和评价模型，为生态空间服务绩效评价提供理论基础。

晋中市不同生态服务类型下生态空间结构特征解析如下：①气体调节服务 ECA 依托太岳山、太行山脉中段连续分布；EAA 位于海拔较低的汾河谷地或地势平坦的堆积平原；EDA 主要为 NO_2 年均浓度指数高于 $20\mu g/m^3$ 范围的城镇空间。②土壤保持服务 ECA 主要位于区域中部丘陵地带集水区；EAA 散布于中部和东部丘陵山区地表径流周边；EDA 主要包括低度土壤保持区及其区内的地表河流水面。③水资源供给服务 ECA 在区域内呈带状式交叉分布，主要分布在昌源河、浊漳北源、浊漳西源、清漳河、萧河、冶河等流域，位于晋中东部和中部；EAA 在区域内呈连片式分布，覆盖全域范围，涵盖 ECA；EDA 主要分布在区域西部，主要包括生活区域和生产区域 2 个类型。④水污染处理服务 ECA 在区域内呈线状式和连片式分布并覆盖全域；EAA 在区域内呈连片式分布，主要是地表径流所流经的集水空间；EAA 位于 ECA 内部；EDA 在区域内呈网络状分布，主要包括各类地表径流河道及水库，可分为生活农业用水保护区和景观水道保护区。⑤原材料生产服务 ECA 依托太行山和太岳山脉呈斑块集聚式分布，主要集中在区域东部和西南部；EAA 主要分布在区域西部交通密度高，空间通成本低区域，并呈扩张趋势。⑥生物多样性服务 ECA 在中部和东部以生态区集中分布，主要依托太岳山、太行山中段，在区域东部形成太行山水源涵养生态区；EAA 主要分布在中部和东部地区，考虑生物在不同景观类型之间通行所面临的较低阻力面，ECA 位于 EAA 内部。⑦景观文化服务 ECA 在区域内均有分布；EAA 主要位于城镇用地集中、交通便捷区域；EDA 以城镇空间为主；EAA 主要围绕城镇用地空间，表明居民到自然景观旅游点的通行成本较低，可达性较高。

晋中市不同生态服务类型下 ECA 和 EAA 服务绩效水平空间特征如下：①2000—2020 年晋中市气体调节服务绩效以中等水平为主，关联空间范围占比达 40%以上。ECA 服务绩效以中、高水平为主，横跨连接东、西部，形成局部网络结构；EAA 服务绩效水平以中水平为主，主要分布在地形起伏平缓的西部汾河谷地或植被覆盖度高的东部区域及南部部分山区。②土壤保持服务绩效水平以中、高或中、低为主，关联空间范围占比在 80%以上。ECA 服务绩效以中、高水平为主，主要分布在晋中东部太行山中段、中部丘陵及西南部太岳山北段等中高山区。EAA 服务绩效以中、低水平为主，主要分布在西北部黄土高原、中部丘陵和西南部太岳山北段等高程及坡度较低区域。总体上 ECA 空间分布与 EAA 空间分布保持一致，但 ECA 处于 EAA 内部，EAA 空间围绕在中部、东部的地表径流关联空间范围。③水资源供给服务绩效水平以中、低水平为主，关联空间范围占比达 75%以上。ECA 服务绩效以中、低水平为主，主要分布在吕源河、乌马河、浊漳北源、浊漳西源、清漳河、萧河、冶河等主干河流关联的集水区。EAA 服务绩效以中水平为主，分布在全域河流关联的集水区。总体上，ECA 位于 EAA 范围之内。④水污染处理服务绩效水平以中水平为主，关联空间范围面积占比 50%以上。ECA 服务绩效水平以中水平为主，覆盖全域。EAA 服务绩效以中水平为主，主要集中在河流水面。总体上，EAA 在 ECA 范围之内，主要连接 EDA 与 ECA 中、高水平区域。⑤原材料生产 ECA 及 EAA 空间服务绩效以中、高水平为主，关联空间范围面积占比在 80%以上。ECA 服务绩效以高水平为主，主要分布在东部太行山脉、中部丘陵中山及西南太岳山北段。EAA 服务绩效以中水平为主，主要分布在晋中市域内交通密集区，与城镇空间紧密相连。总体上，ECA 与 EAA 空间衔接紧密，为生物流的运动提供有效服务空间。⑥生物多样性服务绩效以中水平为主，关联空间范围面积占比 50%

以上。ECA 服务绩效以中水平为主，主要位于太行山与太岳山的自然保护区，地类以林地为主。EAA 服务绩效以中水平为主，主要位于东部及西部的高山丘陵地区。总体上 EAA 有效服务空间处于低累积通行成本空间，围绕 ECA 周边，有利于本土物种实现有效流动。⑦景观文化服务绩效以中水平为主，关联空间范围面积占比 73%以上。ECA 服务绩效以中水平为主，主要零散分布在市域自然景观文化区。EAA 服务绩效以中水平为主。总体上，晋中西部景观文化服务绩效高水平的 ECA 与服务绩效高水平的 EAA 相连接，东部景观文化服务绩效中、低水平的 ECA 与服务绩效中、低水平的 EAA 相连接。⑧生态空间结构综合服务绩效总体处于中低水平，ECA 综合服务绩效以中水平为主，高水平为辅，EAA 综合服务绩效以低水平为主，中水平为辅，生态空间服务绩效水平有待提高。

从时间变化来看，不同类型生态空间服务绩效中，16 类高水平的面积占比中，3 类呈上升趋势，12 类呈下降趋势，占比分别为 18.75%和 75%；16 类中水平的面积占比中，9 类呈上升趋势，6 类呈下降趋势，占比分别为 56.25%和 37.50%；16 类低水平的面积占比中，10 类呈上升趋势，5 类呈下降趋势，占比分别为 62.50%和 31.25 %。综上，不同服务类型下高水平服务绩效的生态空间面积占比以下降为主，中、低水平服务绩效的生态空间面积占比以上升趋势为主（图 5.20）。

本章一方面基于生态服务过程，构建生态空间结构解析方法，解析晋中市生态空间结构；另一方面构建生态空间服务绩效评价理论框架，包括评价目的、评价指标、评价模型，并对 2000—2020 年晋中市生态空间服务绩效进行动态分析。研究结果表明晋中市 ECA 主要分布在太岳山及太行山脉中段、高植被覆盖、主干河流等区域且服务功能以高水平为主，EDA 以城镇和农田为主，EAA 是 ECA 和 EAA 的过渡区域且服务功能以中、低水平为主。从时间变化看，高水平生态空间服务绩效面积占比呈下降趋势，中、低水平空间服务绩效面积占比呈上升趋势，进一步印证晋中市生态系统的本体质量和对外价值亟待提高，重点要加强关键性 ECA 的生态规划。

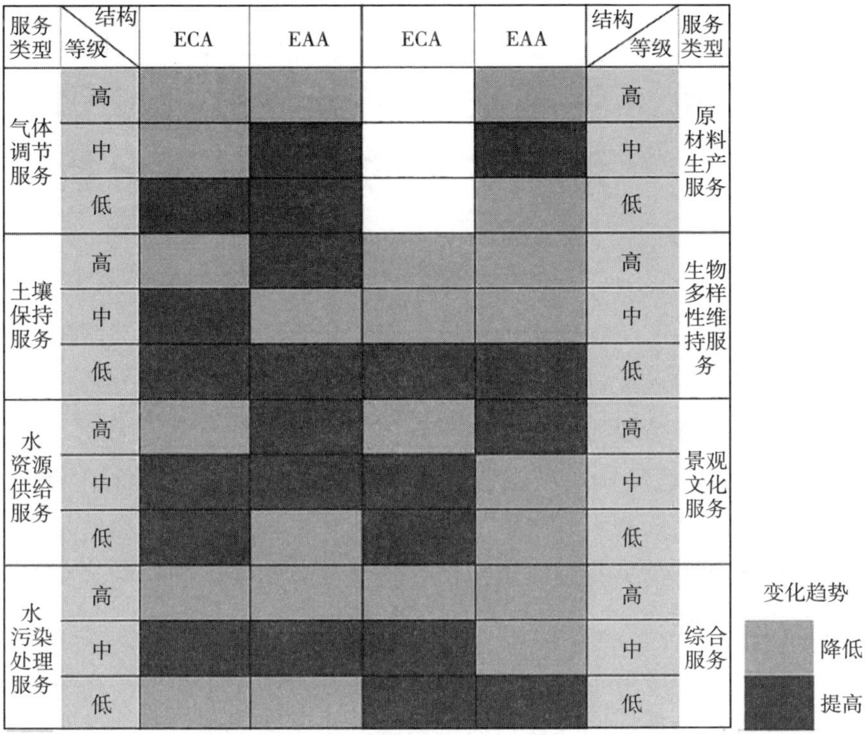

图 5.20　2000—2020 年不同服务类型下生态空间服务绩效面积占比变化趋势

第6章　生态空间服务绩效与城镇用地扩张的交互关系分析

本章研究以耗散结构理论为指导，对生态空间服务绩效与城镇用地扩张之间交互关系的形成过程、判断原则和演变路径进行理论分析，对深化认识生态空间服务绩效与城镇用地扩张协同发展至关重要。因此，根据第5章的评价结果，已明确单项服务绩效及综合服务绩效的评价结果及其时空演变特征，因此本章主要回答“城镇用地扩张形式如何，如何基于生态空间服务绩效评价结果与城镇用地扩张特征测算结果，确定两者交互关系及其时空演变特征。”

鉴于此，首先揭示生态空间服务绩效与城镇用地扩张的交互机制，主要基于两者交互关系形成过程，设定交互关系判定原则，推演交互关系演变路径；其次探析城镇用地扩张一般过程，并采用扩张特征、扩张形态、贡献率等指标刻画城镇用地扩张特征；再次以500m×500m栅格为基本研究单元，采用圈层梯度分析、脱钩分析和空间自相关等方法，从数量规模、速度对比、时空尺度等3个层面定量分析两者的交互关系状态及其时空演变特征，为协同治理提供依据；最后以晋中市为例进行实证分析。

6.1　交互机制分析

6.1.1　交互关系形成过程

根据图6.1，可知生态空间服务绩效与城镇用地扩张相互作用关系。

1. 城镇用地扩张对生态空间服务绩效的影响具有间接性

生态空间服务绩效是由许多要素共同作用形成，并在一定时空尺度内、在一定类型的生态空间内运行，某些影响也难以通过观察或模拟断定，因此本研究只从空间层面讨论城镇用地扩张对生态空间服务绩效的影响，主要包括城镇用地扩张对生态空间结构、生态空间属性及生态服务过程的影响，从而映射到生态空间服务绩效范畴。

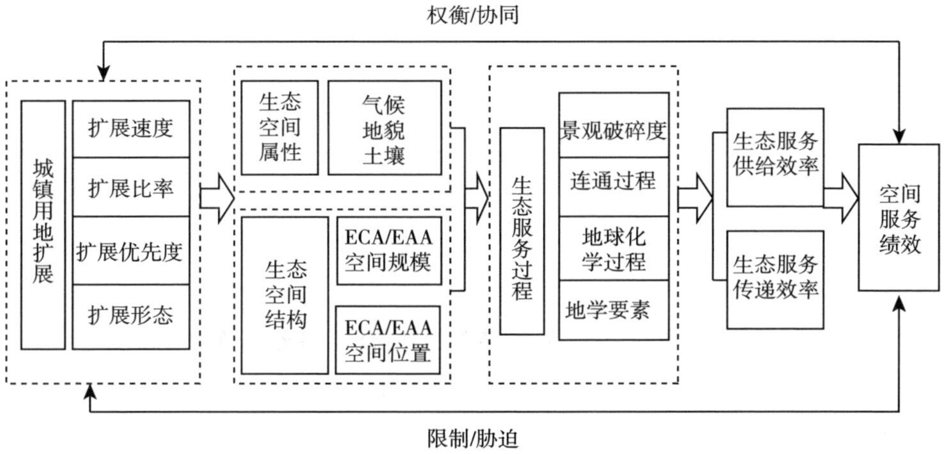

图 6.1　生态空间服务绩效与城镇用地扩张交互作用级联框架

（1）对生态空间属性的影响。生态空间属性主要是指气候、地貌、土壤、植被、水文等自然组分，在不同生态空间内的面积比例、空间配置、结构占比、斑块形态等均能反映空间属性。自然组分的稳定性直接决定生态空间的稳定性，也间接影响生态系统服务效率。城镇用地扩张过程中，通过工程改造、土地开发、水库建设、森林砍伐、污染排放等途径改变组分特征，从而对生态系统服务绩效产生不同形式的影响。

（2）对生态空间结构的影响。生态空间结构主要指 ECA 和 EAA 的空间位置、规模及其空间关联性。首先，在一定区域范围内，城镇用地扩张以占用非建设用地为主，挤占生态空间，城镇用地扩张对 ECA 和 EAA 空间规模造成挤压；其次，城镇用地扩张过程中，人为活动改变生态组分特征，进而改变生态系统服务流的载体和媒介，导致 ECA 和 EAA 内的生态系统服务物理量产生波动，ECA 和 EAA 的空间位置及空间关联随之调整。

（3）对生态服务过程的影响。首先，城镇用地扩张过程中，如公路、铁路、渠道、住宅、工业用地的建设加剧了景观破碎化过程，破碎化对生态服务过程均有负面影响，破碎的斑块愈小，种群密度降低程度愈大，反映生态系统隔离度越高。主要由于城镇用地无序扩张，片面从人类意愿和开发成本考虑新增建设用地占用生态用地时，根据人类自身需要改变自然景观，有建设性影响也有破坏性影响，但随着时间发展城镇用地扩张带来的累积效应直接影响斑块的破碎程度，斑块的大小及连接性直接影响生态要素的丰富度、优势度和连通性。其次，城镇用地扩张中尤其是公路、铁路、航道的建设，切断斑块与斑块之间的生态廊道，干扰了连通过程，阻碍物质和能量传输，一定程度上也影响生物的丰富度。再次，城镇用地扩张中不透水面积增大，干扰地球化学循环过程。地球化学过程中水和生物是两个基本的决定因素，各种化学成分以水蒸气为载体进入到区域循环过程中，但是由于不透水层面的增大，阻断了水分的蒸发或渗透。另外由于光合作用形成的有机体经过死亡、分解、大量有机碳进入土壤，而不透水层面会降低有机碳在土壤中沉积。最后，城镇用地扩张过程中，对地形地貌、坡度坡长、植被覆盖和河道等地学要素会有一定改变，从而对土壤侵蚀、植被生长、地表水流动产生一定影响。

2. 生态空间服务绩效对城镇用地扩张的影响

主要表现在3方面：第一，生态空间服务绩效水平约束城镇用地扩张的规模和速度，着重强调生态与自然资源的约束作用，应用生态空间服务绩效评价结果限制城镇用地扩张空间。根据不同生态服务过程特征，对生态系统服务进行功能分类、过程解析或绩效测度，得到空间表征的生态空间服务绩效评价结果，结合城镇用地扩张的刚性目标，反向约束城镇用地扩张空间规模和速度。第二，生态空间服务绩效引导城镇用地扩张的优先度。主要根据生态空间服务绩效评价结果，分为不同级别，对应城镇用地扩张空间的优先开发顺序或模式。一般来说，生态空间服务绩效高的区域严禁一切建设用地开发利用，生态空间服务绩效低的区域可合理开发。第三，生态空间服务绩效约束城镇用地扩张的空间形态。通过生态空间服务绩效评价结果，结合不同生态服务过程，综合辨识生态安全格局，以此限制城镇用地扩张方向和空间位置，塑造城镇用地的空间形态。从空间属性上，城镇用地扩张以集聚性、大尺度、大斑块为主，生态空间以散布性、小尺度、小斑块为主，生态空间围绕在城镇用地周围。

6.1.2　交互关系判断原则

由于城镇用地开发利用方式的选择性、生态系统服务的多样性、生态要素的空间分布差异，生态空间服务绩效与城镇用地扩张之间交互关系会出现相互促进的协同或相互胁迫的权衡等形式。权衡与协同来源于景观生态学，权衡是指一类生态系统服务的供给随另一类生态系统服务供给的增加（减少）而减少（增加），呈负相关；协同是指一组或多组生态系统服务供给同时增加或减少的状况，呈正相关[185]。在本研究中权衡指生态空间服务绩效水平与城镇用地扩张程度呈负相关，协同为生态空间服务绩效水平与城镇用地扩张程度呈正相关。

交互关系可从生态空间服务绩效与城镇用地扩张组合变化进行分析，理论上城镇用地扩张比率存在三种发展趋势，即扩张、不变和缩减；生态空间服务绩效变率也会有三种层次，分别为提高、不变、降低。组合城镇用地扩张三种发展趋势和生态空间服务绩效的三个层次可以组合成9种类型（表6.1）。分别是A为生态空间服务绩效提高而城镇用地空间规模减小，B为生态空间服务绩效提升城镇用地空间规模维持不变，C为生态空间服务绩效和城镇用地同步提高，D为生态空间服务绩效不变而城镇用地空间规模减小，E为空间绩效不变且城镇用地空间规模保持不变，F为生态空间服务绩效不变且城镇用地规模得到发展，I为生态空间服务绩效降低而城镇用地规模增加，H为生态空间服务绩效减低且城镇用地规模保持不变，G为生态空间服务绩效及城镇用地规模扩张同时抑制。上述情形中C模式为最佳发展模式，而G模式为最不理想的发展模式，B和C模式是国土空间规划推进的空间规划方向。从EKC理论推测，两者的演变状态是动态的，大部分区域是遵循I—F—C或者E—B或者G—E—B或者D的演变轨迹。就演变现状来看，中国正在遵循I—F—C或者E—B的演化路径。

表 6.1 生态空间服务绩效与城镇用地扩张交互关系判断矩阵

生态绩效	城镇用地		
	缩减	不变	扩张
提高	A 权衡	B 权衡	C 协同
不变	D 权衡	E 兼容	F 权衡
降低	G 无关联	H 权衡	I 权衡

6.1.3 交互关系演变路径

1. 梯度效应

根据地理学，城镇用地扩张扰动了原有稳定的生态空间结构，干扰后的生态空间需要调整生态服务过程适应周边环境，干扰程度随距离呈递减趋势。从生态组分的分布看，生态组分的数量、面积、类型、稳定性呈现随距离城镇越远而递增的趋势。不同类型生态空间服务绩效的变化特性有所差异，呈现线性/非线性的递增/递减组合形式，但整体上，生态空间服务绩效呈现随距离递增的“梯度”效应（图 6.2），生态空间服务绩效是距离变化的函数。

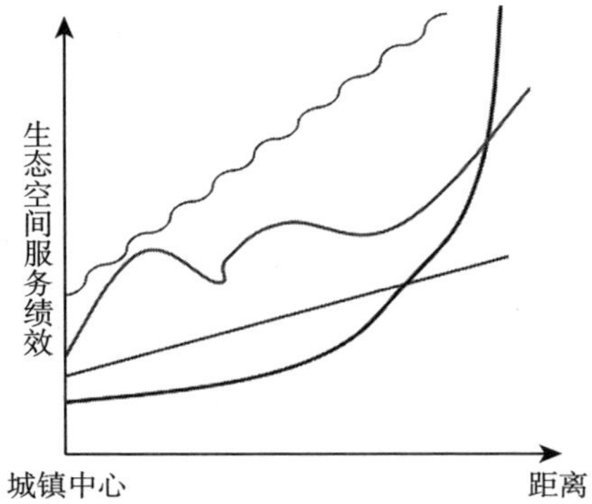

图 6.2 生态空间服务绩效随距离递增的几种形式

2. 时空演变

生态空间服务绩效是一定区域范围的各个影响因素长期共同作用形成的结果，城镇用地扩张也是一个长时期的动态过程，两者的交互系统演变过程就是在时间和空间维度中，经历从混沌无序结构向非平衡状态下有序结构发展的自组织过程。

从时间维度看，在城镇用地扩张的推力和生态空间服务绩效的约束力共同作用下，交互强度呈现波浪式上升趋势，如果在协同状态下交互强度提高就会促进交互关系提上一个新高度，如果在权衡关系下交互强度提高会导致交互系统向不可持续方向发展。本研究根据城镇用地扩张比率与生态空间服务绩效变率的同步变化状态，将交互强度分为勉强交互、初级交互、中级交互、耦合交互和失调交互 5 种类型（图 6.3），反映交互系统周期性变化过程。

（1）勉强交互是指生态空间服务绩效与城镇用地扩张之间没有关联，两个系统独立运行，一方的变化不会引起另一方的变化，交互关系较弱或者没有交互，调控措施采用自组织调整，属于低度交互，处于交互系统运行的起步阶段。

（2）初级交互是指生态空间服务绩效与城镇用地扩张之间开始建立关联，两个系统之间干扰程度较低，城镇用地扩张开始对服务绩效产生较低的胁迫，但服务绩效还未对城镇用地产生约束，服务绩效下降率＜城镇用地扩张比率，调控措施采用自组织调整，处于交互系统运行的初步阶段。

（3）中级交互是指生态空间服务绩效与城镇用地扩张之间开始紧密关联，两个系统之间干扰程度加强，城镇用地扩张对服务绩效的胁迫作用凸显，服务绩效对城镇用地扩张产生反馈制约，但由于时间滞后性，服务绩效下降率＞城镇用地扩张比率，采用外部调控措施，处于运行的中间阶段。

（4）协同交互是指生态空间服务绩效与城镇用地扩张之间需要协同合作，交互系统才能高效发挥作用，两者独立性较差，城镇用地扩张推动服务绩效提高，服务绩效为城镇用地扩张提供生态支持，服务绩效比率＞0，城镇用地扩张比率＞0，采用外部调控措施，处于高级阶段。

（5）权衡交互是指生态空间服务绩效与城镇用地扩张之间干扰程度提高，交互系统无法正常运行，城镇用地扩张降低服务绩效，服务绩效制约城镇用地扩张，服务绩效比率＜0，城镇用地扩张比率＜0，采用外部调控措施，处于下一个周期起始阶段。

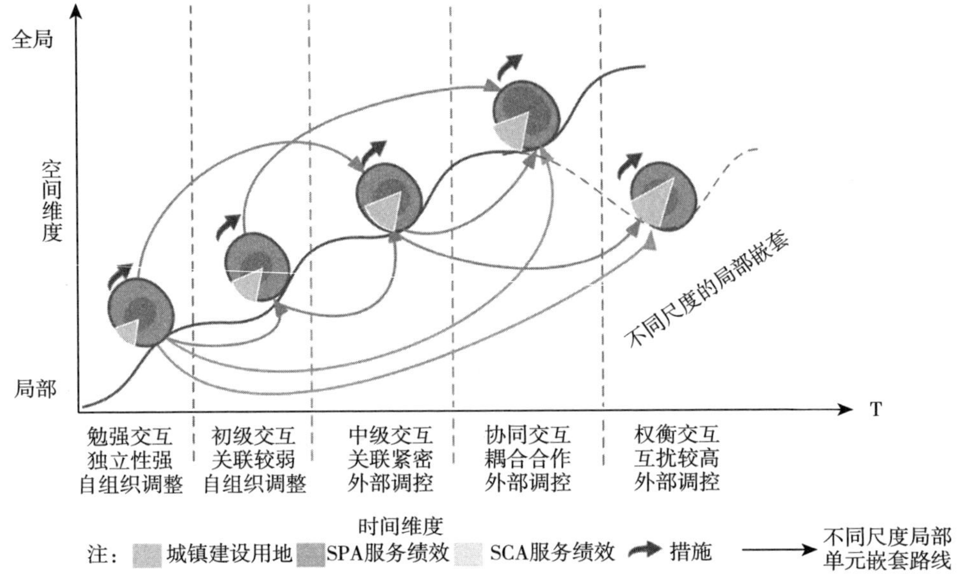

图 6.3　交互系统时空演变示意图

从空间维度变化看，两者的交互作用可分为局部交互和全局交互。局部交互主要是城镇用地扩张与周边或邻近生态空间服务系统以及系统内部子系统的交互作用，交互效应是直接且显性；全局交互是城镇用地扩张对远距离服务绩效的影响，主要是多个局部交互单元通过物质循环、能量流动和信息传递等途径嵌套形成全局分层结构，从整体层面上解析并量化远距离或跨区域的局部交互单元耦合效应，特征是间接且隐性，在尺度上是从局部到全局的演化过程。

6.2　交互关系判别

6.2.1　圈层梯度分析

圈层梯度分析法是以城镇用地中心为圆心构建缓冲区，统计缓冲区内不同类型生态服务绩效评价结果的均值，最后分析生态服务绩效到城市中心距离的空间分布变化趋势，主要反映不同类型生态空间服务绩效与城镇用地扩张的空间变化特征。本研究以晋中市乡镇及中心城区的城镇建设用地中心共 118 个为圆心，根据空间范围以 1km 等间距生成多环缓冲区，共设置 25 个圈层，以圈层为单位计算不同类型生态空间服务绩效均值（图 6.4）。由于不同生态空间服务绩效与距城镇中心距离之间以非线性关系为主，因此采用 Originpro 2019 软件进行双变量散点图叠加回归模型对其梯度效应进行判断。

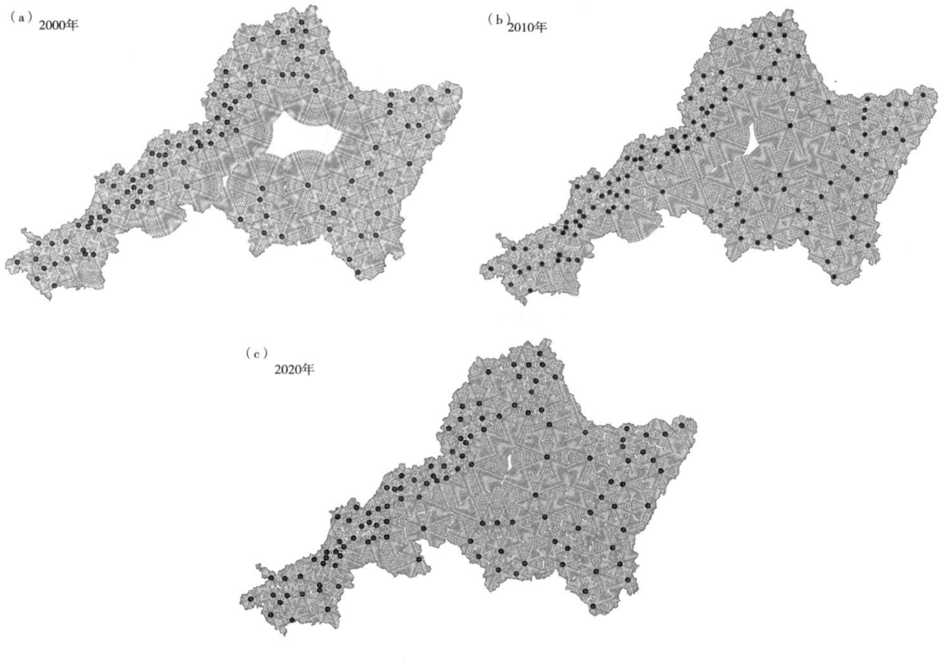

图 6.4　2000—2020 年晋中市的圈层梯度图

6.2.2　脱钩分析

“脱钩”这一概念起源于物理学领域，指具有相应关系的若干个物理量之间的相关关系不再存在[186]。1992 年世界银行（WBG）在《世界发展报告 1992：发展与环境》中最先明确使用“脱钩”并定义为“经济增长对资源环境的负面影响日益减弱，经济增长与资源环境消耗之间的联系被逐渐打破[187]。”后经推广至能源消费、废弃物排放以及水资源污染等环境保护等领域。随着研究深入，为了进一步准确定义，学者逐渐将各自脱钩判定标准融入“脱钩”概念中。本研究采用脱钩分析探究生态空间服务绩效和城镇用地扩张之间的响应关系演变特征，对 2000—2020 年晋中市生态空间服务绩效与城镇用地扩张进行脱钩分析，最终反映两个要素在时间尺度上的交互关系。

1. 脱钩判定的标准

目前已有研究从变量增速对比的角度对资源环境损耗与经济增长之间的脱钩进行判定，即在一定时空范围，资源环境损耗的速度低于经济增长的速度，就认为两者相关关系已不存在，即脱钩发生了。并在“脱钩”概念定义的基础上，进一步对速度标准区间进行划分，包括 3 种类型：①两分法，德布鲁因提出两个区间，即弱脱钩指“0＜资源环境消耗速度/经济速度＜1”；强脱钩为“资源环境消耗速度/经济速度≤0”；②六分法。2003 年韦赫马斯在二分法的基础上进一步将脱钩划分为 6 个区间，其中衰退正脱钩是基于经济衰退情景提出的判定标准，具体见图 6.5a。③八分法。2005 年芬兰佩特里在六分法的基础上增加了扩张连接和衰退连接两个区间，具体见图 6.5b[188−189]。

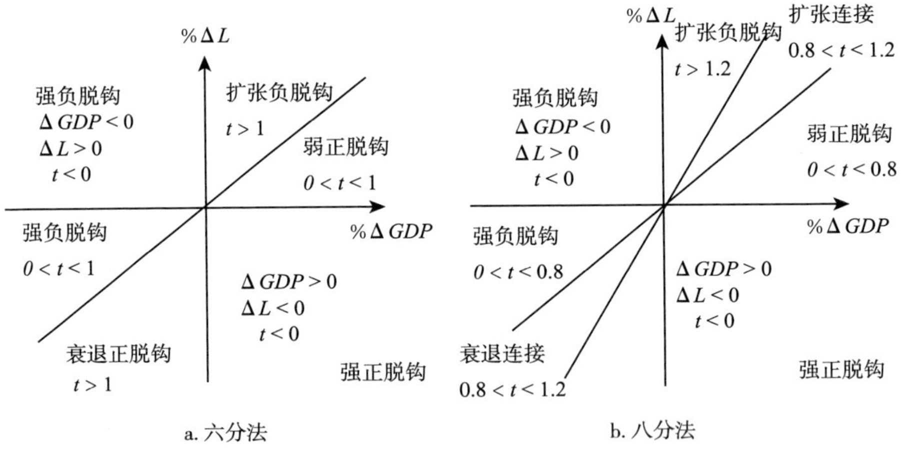

图 6.5　脱钩分析方法[188]

注：图中 ΔL 表示资源环境消耗增量，ΔGDP 表示经济发展增量，$\%\Delta L$ 表示某一时期资源环境消耗速度，$\%\Delta GDP$ 表示某一时期经济增长速度，$t=\%\Delta E/\%\Delta GDP$。

本研究基于六分法，对 2000—2020 年晋中市城镇用地扩张和生态空间服务绩效进行脱钩判定，脱钩区间如图 6.6 所示，其中强正脱钩表示某一时期内生态空间服务绩效与城镇用地扩张规模同时增长；弱正脱钩表示城镇用地扩张规模增长而生态空间服务绩效下降，城镇用地扩张造成生态空间服务绩效下降，但生态空间服务绩效下降速度小于城镇用地扩张速度；扩张性负脱钩表示城镇用地扩张造成生态空间服务绩效下降，且生态空间服务绩效下降的速度大于城镇用地扩张的速度；衰退正脱钩表示生态空间服务绩效增加的速度高于城镇用地缩减的速度；弱负脱钩表示生态空间服务绩效增加的速度小于城镇用地缩减的速度；强负脱钩表示生态空间服务绩效与城镇用地均呈下降趋势。

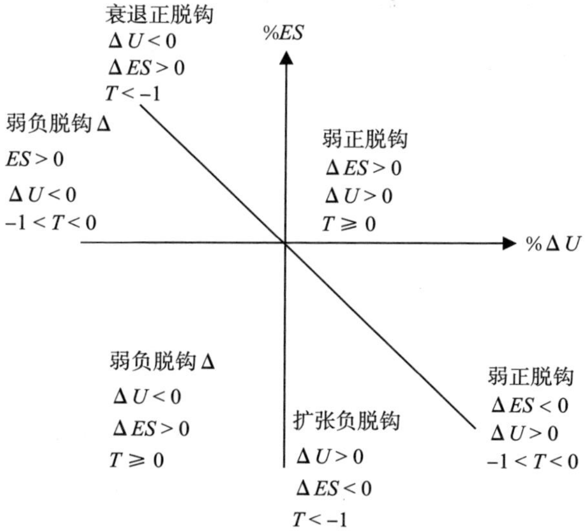

图 6.6　生态空间服务绩效变化率与城镇用地扩张变化率的脱钩分析

注：图中 ΔES 表示生态空间服务绩效水平变化量，ΔU 表示城镇用地增量，$\%\Delta ES$ 表示某一时期生态空间服务绩效变化率，$\%U$ 表示某一时期城镇用地扩张变化率，$T=\%\Delta ES/\%U$。

2. 脱钩测度的方法

该类测度方法包括两种基本类型：一是以“资源物质消耗增速/经济增速”为测度指标，二是以某一时期内“资源物质消耗增量/经济增长总量”为测度指标，两类都是通过比值测度是否“脱钩”。在此基础上延伸出脱钩指数法、弹性系数法、IU 曲线法[188]。本研究基于六分法对生态空间服务绩效损耗与城镇用地扩张的相关关系进行分析，因此重点阐述弹性系数法。

近年来，Tapio 弹性系数法被广泛应用于经济增长与生态环境、城市化与生态环境等脱钩关系的测度中[190]，因此采用弹性系数法直接将某一时期“生态空间服务绩效变化量/城镇用地扩张变化量”作为测度指标，反映城镇用地规模每增长 1%引起的生态空间服务绩效提升百分比，由此判断两者是否发生脱钩以及脱钩程度，具有研究典型意义。其具体计算方法如下：

$$T=\frac{\%\Delta ES}{\%\Delta U}=\frac{(ES_{n+t}-ES_n)/ES_n}{(U_{n+t}-U_n)/U_n} \tag{6.1}$$

式中，T 为脱钩弹性系数；ES 为某一时期的生态空间服务绩效水平；L 为某一时期的城镇用地规模，$\%\Delta ES$ 表示某一时期内生态空间服务绩效提升速度，$\%\Delta U$ 为某一时期内城镇用地扩张速度。依据 T 的取值范围，脱钩分为强正脱钩、弱正脱钩、扩张性负脱钩、强负脱钩、弱负脱钩、衰退正脱钩等 6 个区间，可分为城镇用地扩张和城镇用地缩减两方面。

（1）城镇用地扩张状态。若 $\%\Delta ES>0$，$\%\Delta U>0$，二者之间呈现强正脱钩，说明服务绩效提升与用地规模扩张同行，两者处于协同状态；若 $\%\Delta ES<0$，$\%\Delta U>0$，$-1<T<0$，二者之间呈现弱正脱钩，说明城镇用地扩张造成生态空间服务绩效水平下降，且生态空间服务绩效下降速度低于城镇用地扩张速度，两者处于初级交互阶段、权衡状态；若 $\%\Delta ES<0$，$\%\Delta U>0$，$T<-1$，二者之间扩张性负脱钩，说明城镇用地扩张速度提升的同时服务绩效水平下降，且服务绩效水平下降速度快于城镇用地扩张的速度，两者处于中级交互阶段、权衡状态。

（2）城镇用地缩减状态。若 $\%\Delta ES>0$，$\%\Delta U<0$，$-T\geqslant 1$，二者之间呈现衰退正脱钩，说明城镇用地规模减小的同时生态空间服务绩效水平提升，且生态空间服务绩效水平提升速度高于城镇用地规模减小的速度；若 $\%\Delta ES>0$，$\%\Delta U<0$，$-1<T<0$，二者为弱负脱钩，说明城镇用地规模减退的同时生态空间服务绩效水平提升，但城镇用地规模减小的速度

快于生态空间服务绩效水平提升的速度；若 $\%\Delta ES<0$，$\%\Delta U<0$，$T\geqslant 0$，二者之间强负脱钩，说明城镇用地扩张速度降低，生态空间服务绩效水平也降低。

根据晋中市城镇发展实际情况，2000—2035 年城镇用地以对外扩张、城镇建设用地规模逐步增加的趋势发展，因此“脱钩”分析主要集中在城镇用地扩张状态中的强正脱钩、弱正脱钩和扩张性负脱钩。

6.2.3 双变量空间自相关

根据地理学第一定律，地理要素之间均有相关关系，且距离越近的要素相关性越高，距离越远的要素相关性越弱。空间分布的地理现象对相邻区域产生的影响随着距离的远近而发生改变[191]。为了分析某一属性（现象）在地理空间上的相关关系，通常采用空间自相关分析法，用于检验属性（现象）的整体分布状况，判断此属性（现象）在空间上是否存在聚集特征。

空间自相关分析始于 19 世纪中叶生物计量学研究中，主要用来分析空间数据的统计分布规律。随着 GIS 技术提升和地理科学研究发展，属性（现象）的时空变化分析逐渐得到重视，空间自相关分析在土地利用及生态研究领域得到广泛应用。空间自相关分为全局自相关和局部空间自相关。全局自相关的常用统计量为莫兰指数，局部自相关代表性统计量为局部莫兰指数；全局空间自相关主要从整个区域空间层面反映属性（现象）集聚情况，局部空间自相关主要反映属性（现象）与相邻属性（现象）的相关关系。空间自相关表现类型包括空间正相关（HH、LL 型）、空间负相关（HL、LH 型）和空间不相关。空间权重是进行空间计量分析的前提，主要包括三种类型：Rook，Queen 和 Bishop。根据变量的数量分为单变量空间自相关和双变量空间自相关[192]。本研究主要采用双变量自相关及 Rook 邻接关系分析生态空间服务绩效和城镇用地规模在空间上的相关关系，具体计算过程使用软件 GeoDA 中的双变量全局空间相关与双变量局部空间相关分析工具进行定量空间分析，具体计算公式[193]如下：

$$I_{ce} = \frac{n\sum_{i}^{n}\sum_{j\neq 1}^{n} w_{ij} z_i^c z_j^e}{(n-1)\sum_{i}^{n}\sum_{j\neq 1}^{n} w_{ij}} \tag{6.2}$$

$$I'_{ce} = z_i^c \sum_{i=1}^{n} w_{ij} z_j^c \tag{6.3}$$

式中：I_{ce}为城镇用地扩张率与不同类型生态空间服务绩效变化率的双变量全局空间自相关系数*Moran' I*值，I'_{ce}表示双变量局部空间自相关系数，该值越大表示城镇用地扩张率与不同类型生态空间服务绩效变化率的空间分布相关性越大，取值范围在－1～1，$I_{ce}>0$表明双变量在空间上呈正相关，$I_{ce}=0$表示双变量在空间上不相关，$I_{ce}<0$表明双变量在空间上呈负相关；n表示空间单元个数，z_i^c表示空间单元i的城镇用地扩张率，Z_j为与i邻近单元j的空间服务绩效指标值；W_{ij}为空间单元i和j之间的空间权重矩阵，Rook邻接关系为空间单元i和空间单元j具有公共边界，空间权重为1，否则为0。

6.3 城镇用地扩张时空变化特征

6.3.1 城镇用地扩张一般模式

城镇用地扩张是一种客观的城镇发展必然性，主要体现在规模扩张、空间扩张、有序扩张等3个方面。

1. 城镇用地的规模扩张

城镇用地规模合理扩张指城镇用地面积的大小应该与地方社会经济及人口发展需要相适应，社会经济因子是城镇用地规模的约束条件。

城镇用地在扩张过程中，由于粮食安全、生态保护、资源禀赋等限定条件的影响，其扩张的面积规模仅能在一定限度内；并且城镇用地扩张规模应尽量使城镇土地的总规模与社会经济发展、人口数量等相适应，使得城镇用地规模满足各方利益主体的需求。城镇用地规模扩张驱动因素主要包括人口规模、经济规模、交通建设和规划政策。其中人口规模既是城镇用地规模扩张的直接动力，也是确定城镇用地规模的主要依据，二者的增长率呈正相关，当人口集聚规模扩张，人口对生产生活空间的需求提升，导致城市原有空间容量不足时，就需要新增城镇建设用地规模解决城市问题。经济发展是城镇用地规模扩张的动力和保障，鲁春阳[180]认为城市建设用地与经济发展呈同向变化，且经济增长促进城市建设用地扩张。交通建设与城镇规模扩张关系密切，一方面交通网络加速城镇用地向外扩张，另一方面交通建设会对产业和人口形成新的扩散力，加速城镇的多核心模式或团聚结构形成。规划政策是对城市社会经济空间布局做出的法规调控手段，管理机构根据相关规划政策引导、协调和控制城市规模发展[181]。

城镇用地规模可分为自然规模和经济规模。经济规模主要指城市用地扩张最优规模，即从城市社会效益最大化的角度探讨的最优城镇用地规模。王小鲁[182]对不同规模城市采用CD生产函数定量分析城市的规模收益和外部成本，以此寻找优化的城市规模。张扬[183]引入Henry George定理，采用CD生产函数利用2007—2016年我国地级及地级以上城市面板数据对我国城市最优规模进行测算。自然规模指城镇用地规模，是自然空间内城镇建设用地面积，不一定是社会效益最大化时的土地投入量。本研究中城镇用地规模指自然规模。

2. 城镇用地的空间扩张

城镇用地扩张过程中，自然地理要素和区位条件对城镇用地扩张的空间选择或空间约束的作用显著。在一些自然地理条件复杂的山地或丘陵地区，地形地貌是城镇用地扩张的“门槛”；在地形平坦的平原地区城镇用地扩张成本较低，空间选择的范围较大，受约束程度偏弱；在河流峡谷区域，城镇建设条件复杂且成本高，可选择的空间范围有限，因此城镇用地空间扩张速度和范围都受到限制。即使工程技术不断发展的今天，自然地理环境仍是城镇空间扩张的影响因素。

区位条件也是制约和引导城镇用地扩张方位与空间布局的影响因素之一，且区位条件又与交通网络紧密相关，因此交通网络既是支撑城镇空间扩张的命脉，也是城镇空间扩张的轴线及依托，具有导向作用。具体体现在：①城镇内部交通网络优化降低通行时间成本，降低人们在空间内部任意点位之间移动成本，城镇空间扩张的概率增大；②交通网络通过强化城镇的区位优势，吸引产业集聚发展，提升经济发展质量，从而产生城镇用地需求，促进城镇空间扩张；③交通网络建设本身占用新增建设用地面积，从而促进城镇用地扩张[184]。

3. 城镇用地的有序扩张

生态空间服务绩效与城镇用地扩张的交互系统是一个开放的系统，通过涨落达到有序发展，而交互系统中存在众多涨落，其中起决定性作用的“涨落”只有某一个或几个，其余的都会被消耗掉，这个决定性的“涨落”是由生态空间服务系统选择的。生态空间服务系统会选择一个或几个与自身涨落一致的“涨落”，将其放大并稳定下来形成新的有序的交互系统结构，决定交互耦合的方向。因此，城镇用地有序扩张是寻求与生态空间服务绩效变率相适应的城镇用地扩张比率，促使两者交互系统达到协同状态。生态空间服务绩效变率（R_e）与城镇用地扩张比率（R_u）之间会出现三种基本情况（图 6.7）。①当 $R_e/R_u<1$ 时，城镇用地处于无序扩张状态，生态空间服务绩效与城镇用地扩张处于不稳定的权衡状态；②当 $R_e/R_u=1$ 时，城镇用地处于临界扩张处于状态，生态空间服务绩效与城镇用地扩张处于临界稳定的交互状态；③当 $R_e/R_u>1$ 时，城镇用地处于有序扩张状态，生态空间服务绩效与城镇用地扩张处于不稳定的协同状态。

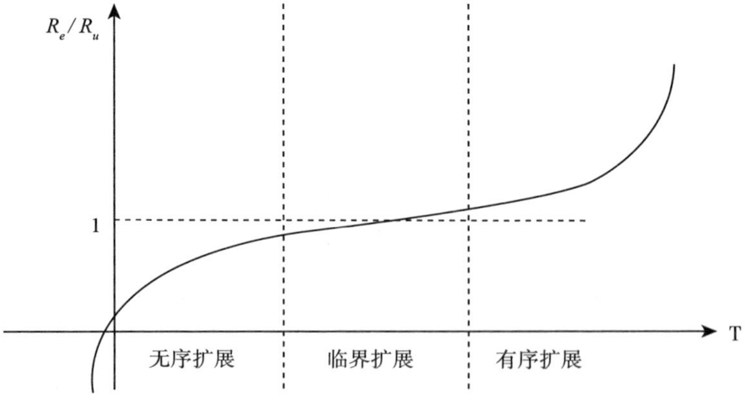

图 6.7　城镇用地扩张过程与有序扩张分析

6.3.2　城镇用地扩张分析指标

城镇用地扩张规模、城镇用地扩张速度、土地资源贡献率、分维指数是城镇用地扩张时空演变分析的基本统计方法，用于了解晋中市城镇用地在不同时段增长的总量、相对变化量、来源和空间形态情况[120]。根据晋中市城镇用地变化的时序特征将 2000—2020 年划分为 2 个阶段，即：2000—2010 年、2010—2020 年。

1. 城镇用地扩张特征

具体计算公式如下：

$$\Delta A = A_{t+n} - A_t \tag{6.4}$$

$$v = \frac{A_{t+n} - A_t}{n} \tag{6.5}$$

$$C = \frac{A_{t+n} - A_t}{A_t} \tag{6.6}$$

式中，ΔA 为 n 年期间城镇用地扩张规模，A_t 为第 t 年的城镇建设用地面积，A_{t+n} 第 $t+n$ 年 的城镇用地面积，v 为城镇用地年均扩张面积，在本研究中表示扩张速度；C 表示城镇用地扩张比率，反映城镇扩张程度。

2. 城镇用地扩张贡献率

$$CR_j = \frac{LA_{j,t+n} - LA_{j,t}}{\Delta A} \tag{6.7}$$

式中，ΔA 为 n 年期间城镇用地扩张规模，即新增城镇用地面积，$LA_{j,t+n} - LA_{j,t}$ 为 n 年中为土地利用类型 j 转为城镇用地的面积，CR_j 为土地利用类型 j 对 n 年间城镇用地扩张的贡献率。通过计算城镇用地扩张贡献率，掌握其他用地类型流转为城镇用地的面积，反映城镇用地对其他用地的占用情况，其他用地类型主要包括草地、林地、水域、湿地和未利用地；贡献率越高，说明城镇用地扩张占用其他用地的面积越大。

3. 分维指数

$$FRAC = \frac{2\ln(0.25p)}{\ln(a)} \tag{6.8}$$

式中，根据表5.14，如果分维数增大表明城市用地以外部扩张为主；如果分维数下降，表明扩张以边缘间隙填充为主；如果保持不变表明扩张保持稳定不变。

6.3.3 晋中市城镇用地扩张特征

6.3.3.1 城镇用地扩张规模变化特征

2000—2020年城镇用地从150.12km^{2}增加到259.63km^2，共增加109.51km^2，扩张速度为5.48km^2/a，扩张比率为72.95%。其中2000—2010年从150.12km^{2}增加到225.61km^2，共增加75.49km^2，扩张速度为7.55km^2/a，扩张比率为50.29%；2010—2020年从225.61km^{2}增加到259.63km^2，共增加34.02km^2，扩张速度为3.40km^2/a，扩张比率为15.08%。总体上城镇用地扩张规模、扩张速度和扩张比率都呈增长趋势，但经历了先快速增长后缓慢增长2个阶段。从乡镇层面看（图6.8），城镇用地规模>10km^{2}的乡镇由2000年的6个增加至2020年的10个，且平均面积由23.57km^{2}增加至25.84km^2；各乡镇城镇用地扩张速度主要在0.5km^2/a以内，但晋中西部的城镇用地速度一直高于东部城镇用地速度；扩张比率低于100%的乡镇主要集中在榆次区、太谷区，祁县、平遥县、介休市等西部5县，因为该区城镇化较快，城镇用地面积基数大，相对扩张比率偏低；而晋中市东部地区的昔阳县、和顺县、榆社县、左权县城镇用地扩张比率以150%为主，主要因为该区城镇化滞后，城镇用地面积基数小，相对扩张比率偏高。

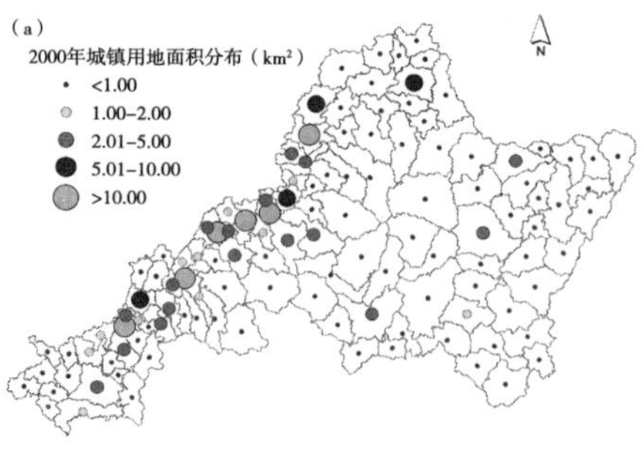

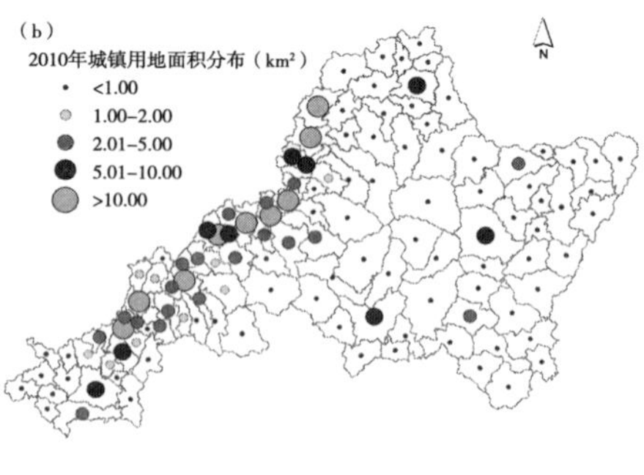

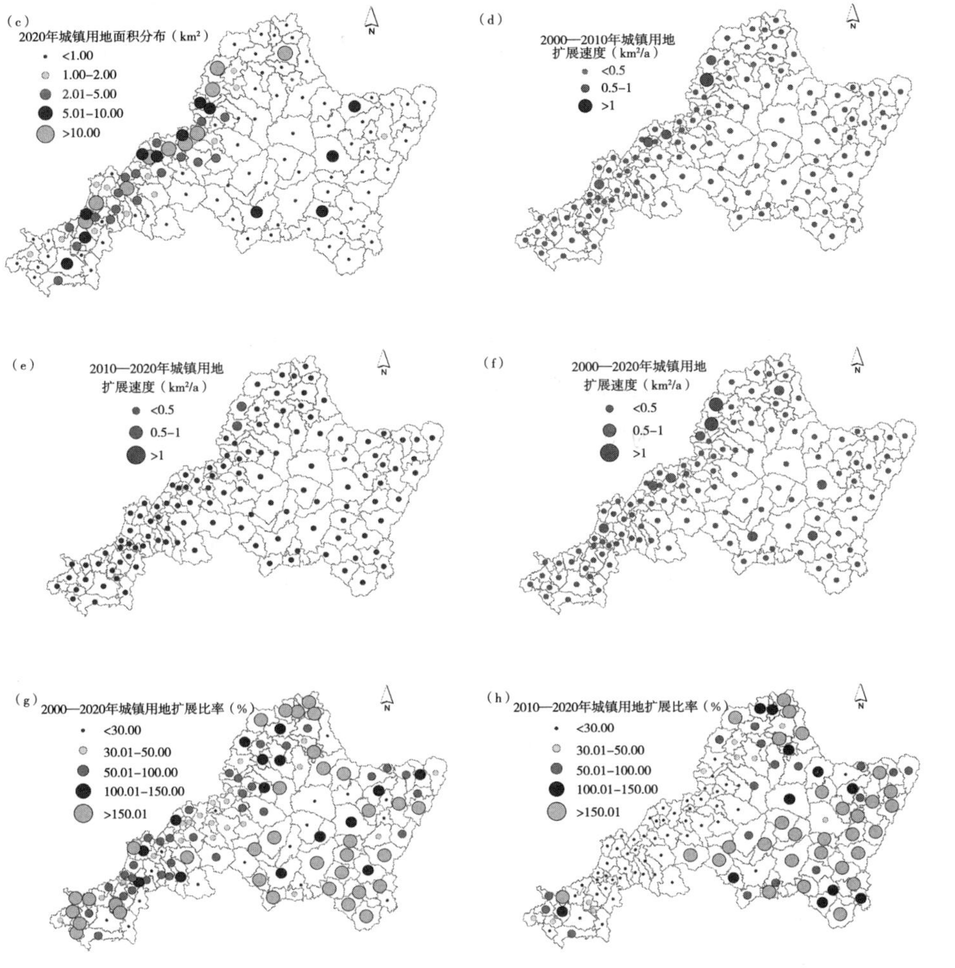

图 6.8　2000—2020 年晋中市城镇用地扩张特征

6.3.3.2　城镇用地扩张形态变化特征

通过计算晋中市城镇用地的分维指数可以分析晋中市城镇用地扩张的空间形态演变特征。结果如表 6.2 所示，晋中市城镇用地的分维指数从 2000 年的 1.014 2 提高到 2020 年的 1.092 3，说明晋中市的城镇用地是外延式扩张，通过占用城镇周边其他土地类型完成扩张；分维指数逐渐提高，也说明晋中市城镇用地空间扩张形态逐渐复杂化，空间分布偏向松散，城镇用地边缘与其他非城镇用地类型相互交错，极不利于城镇用地的规模集约利用，也会对城镇周边的生产空间和生态空间造成不利影响。从市域层面看，晋中市城镇用地在今后发展应采取填充式发展，充分利用城镇区域内部土地，提高城镇用地集约度，防止城镇用地低密度粗放外延扩张。

表 6.2　2000—2020 年晋中市城镇用地分维指数

	2000 年	2010 年	2020 年
FRAC	1.014 2	1.066 4	1.092 3

6.3.3.3　城镇用地扩张来源变化特征

2000—2020 年，晋中市城镇用地扩张占用非建设用地的总量为 86.07km²，城镇用地占用非建设用地的面积不同，贡献率有所差别，其中耕地对晋中市城镇用地扩张的贡献率最高，其次是草地，未利用地、林地、湿地的贡献率偏低，水域为 0.003km² 忽略不计（图 6.9）。根据研究目的，重点分析草地、林地、未利用地和湿地的城镇用地扩张贡献率，具体见表 6.3。

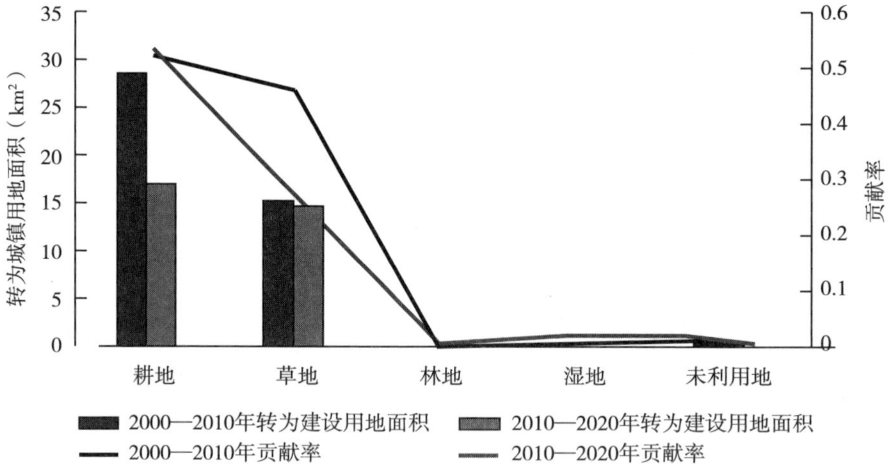

图 6.9　城镇用地扩张贡献率对比分析

在 4 类土地资源中，城镇用地扩张对草地的占用面积较大，共计 30.32km²，贡献率为 35.23%，其中 2000—2010 年城镇用地扩张占用草地 15.38km²，贡献率为 28.69%，2010—2020 年城镇用地扩张占用草地 14.94km²，贡献率为 46.03%。城镇用地扩张占用未利用地 0.921km²，贡献率为 1.10%，其中 2000—2010 年城镇用地扩张占用未利用地 0.561km²，贡献率为 1.05%，2010—2020 年占未利用地 0.360km²，贡献率为 1.11%。城镇用地扩张占用林地面积 0.344km²，贡献率为 0.4%，其中 2000—2010 年占用林地 0.283km²，贡献率为 1.599%，2010—2020 年占用林地 0.061km²，贡献率为 0.188%。总体上 2010—2020 年城镇用地扩张占用林、草、湿地、未利用地的面积趋于减少，这与国家推进土地节约集约利用、退耕还林还草等政策有关。从空间上看（图 6.10），西部地区贡献率偏高，因为该区城镇化水平较高，城镇建设速度较快，城镇用地扩张占用其他土地类型现象最为严重；东部地区地形复杂，贡献率偏低，城镇化水平偏低，城镇用地扩张对其他土地类型占用面积相对较小。

表 6.3　2000—2020 年转为城镇建设用地总量及贡献率

	耕地	草地	林地	湿地	未利用地
2000—2010 年转为城镇建设用地面积（km²）	28.58	15.38	0.283	0.857	0.561
2010—2020 年转为城镇建设用地面积（km²）	17.02	14.94	0.061	0.078	0.360
2000—2010 年贡献率（%）	53.31	28.69	0.53	1.60	1.05
2010—2020 年贡献率（%）	52.43	46.03	0.19	0.24	1.11

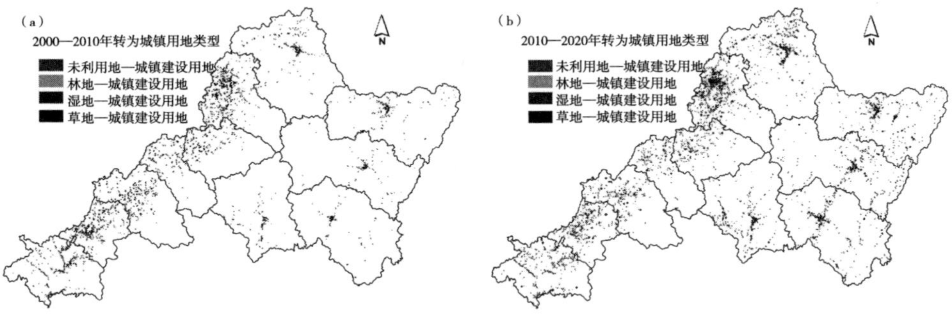

图 6.10　2000—2020 年新增城镇建设用地空间分布

6.4 晋中市生态空间服务绩效距城镇用地的梯度变化分析

6.4.1 生态空间服务绩效梯度变化及曲线拟合模型

采用线性、多项式、S、指数、Logistic、对数等不同曲线拟合模型，对距城镇距离与不同类型生态空间服务绩效拟合并进行相关性系数 R、拟合优度 R^2、显著性概率 P 值、F 检验进行拟合效果检验，确定最优曲线拟合模型，其拟合方程和拟合图如表 6.4、图 6.11 所示。另外，2000 年、2010 年、2020 年三期拟合曲线之间间隔越大，则表示该区域在 2000—2020 年不同服务类型生态空间服务绩效增长幅度越大。由于水资源供给 ECA、生物多样性 ECA、景观文化 ECA 空间面积较小，故不做梯度变化分析；2020 年原材料生产 ECA 服务绩效与距城镇距离的 P 值未通过检验，说明两者无相关性，也不做讨论。

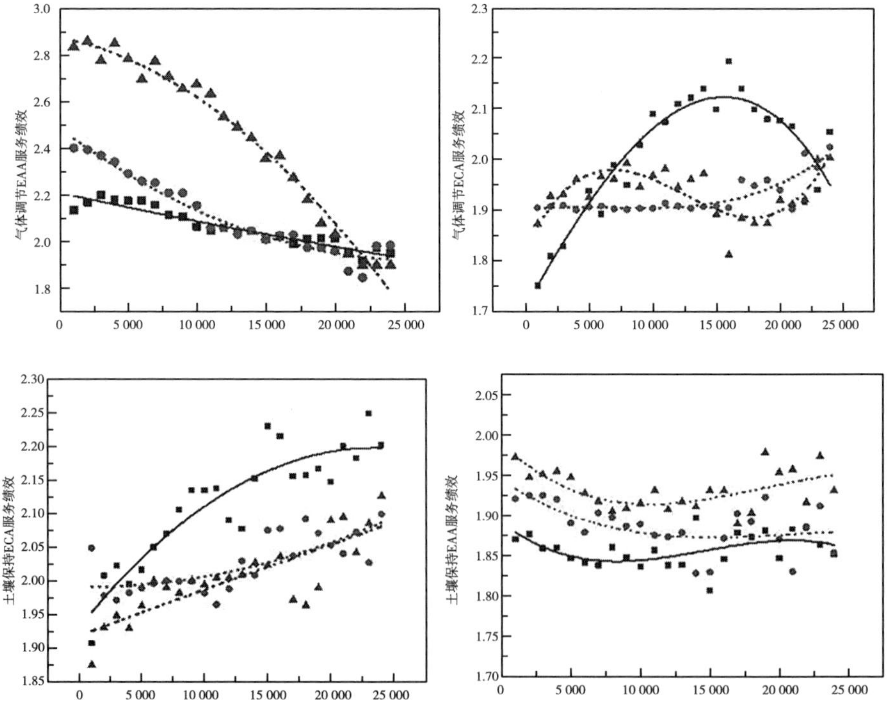

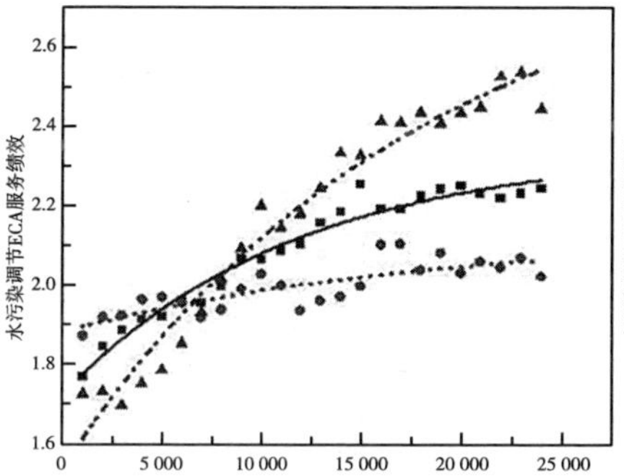
水污染调节ECA服务绩效
2.6
2.4
2.2
2.0
1.8
1.6
0
5 000
10 000
15 000
20 000
25 000

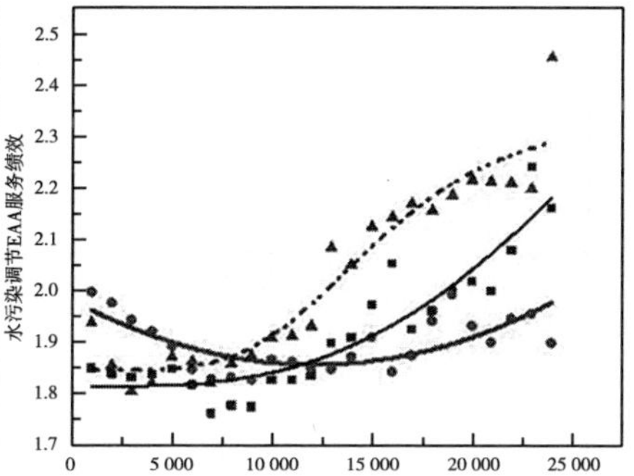
水污染调节EAA服务绩效
2.5
2.4
2.3
2.2
2.1
2.0
1.9
1.8
1.7
0
5 000
10 000
15 000
20 000
25 000

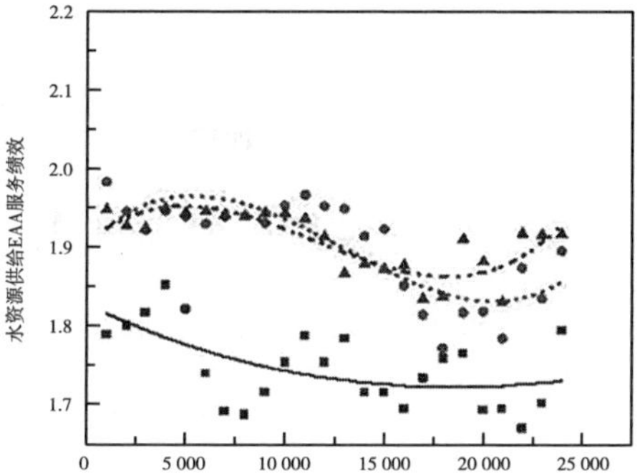
水资源供给EAA服务绩效
2.2
2.1
2.0
1.9
1.8
1.7
0
5 000
10 000
15 000
20 000
25 000

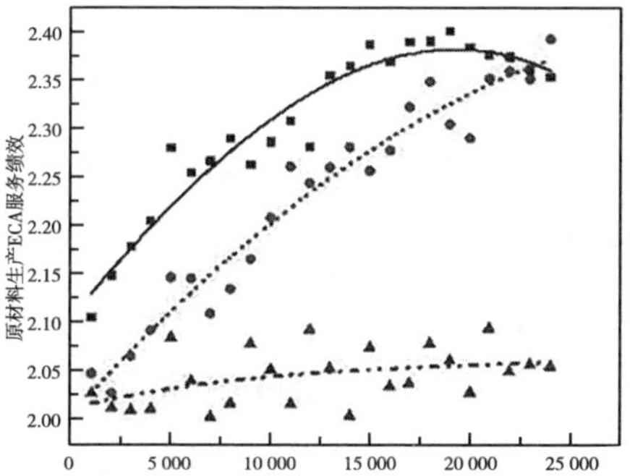
原材料生产ECA服务绩效
2.40
2.35
2.30
2.25
2.20
2.15
2.10
2.05
2.00
0
5 000
10 000
15 000
20 000
25 000

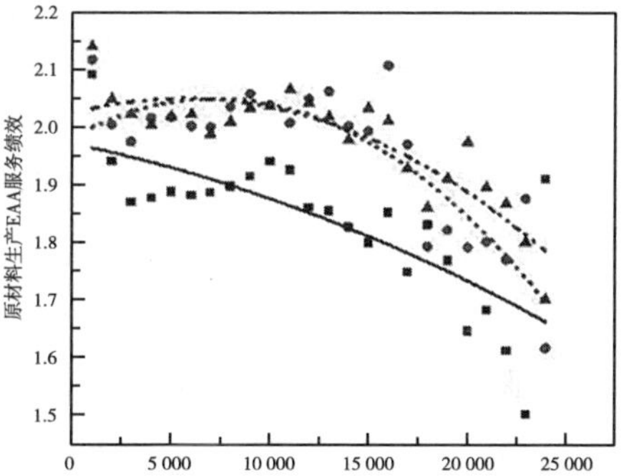
原材料生产EAA服务绩效
2.2
2.1
2.0
1.9
1.8
1.7
1.6
1.5
0
5 000
10 000
15 000
20 000
25 000

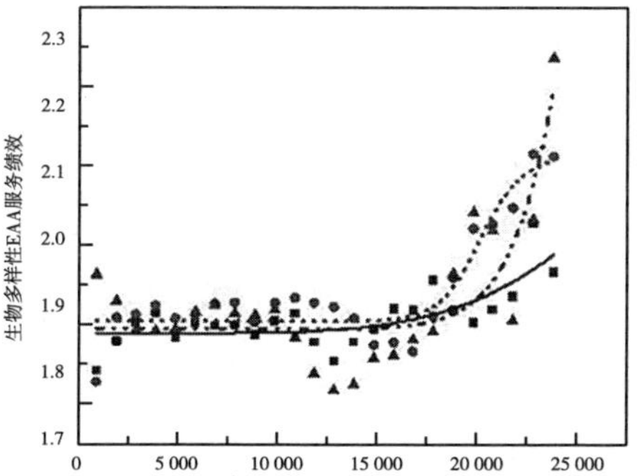
生物多样性EAA服务绩效
2.3
2.2
2.1
2.0
1.9
1.8
1.7
0
5 000
10 000
15 000
20 000
25 000

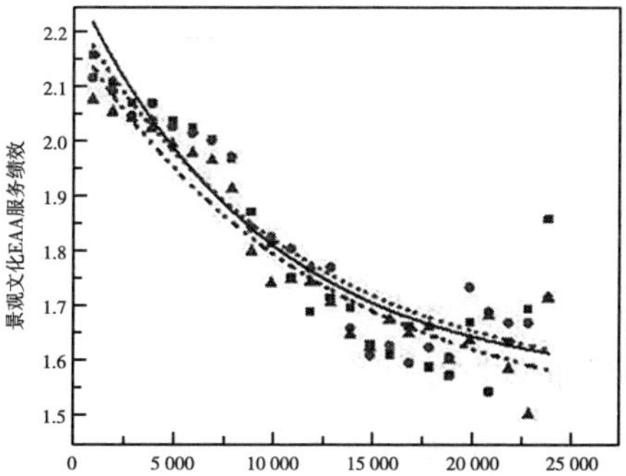
景观文化EAA服务绩效
2.2
2.1
2.0
1.9
1.8
1.7
1.6
1.5
0
5 000
10 000
15 000
20 000
25 000

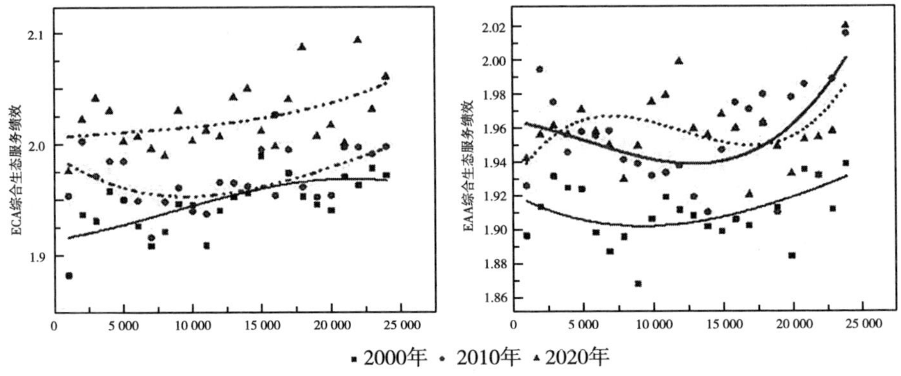

图 6.11　不同生态空间服务绩效与城镇距离拟合曲线

6.4.2　生态空间服务绩效梯度变化特征分析

从图 6.11 可知晋中市不同类型生态空间服务绩效随城镇距离变化有所差异，总体来说，生态空间服务绩效与城镇距离以正相关关系为主，负相关关系为辅，其中土壤保持、气体调节、水污染处理、原材料生产等，ECA 综合服务绩效分别与城镇距离呈正相关关系，即距离城镇建设用地越远，生态空间服务绩效越高；气体调节、土壤保持、水资源供给、景观调节、原材料生产等 EAA 服务绩效与城镇距离呈负相关关系，即距离城镇建设用地越远，生态空间服务绩效越低；EAA 综合服务绩效与城镇距离呈现先降后增的波动变化。由此可反映出，生态服务供给能力随着城镇距离增加而增加，但是生态服务传递能力在一定距离范围内随着城镇距离增加而减少，距离对生态服务的供给性和可获性的作用方向呈相反状态。具体如下：

（1）气体调节 EAA 服务绩效随着城镇距离增加而递减，即距离城镇越远，地形向高山丘陵过渡，地形起伏度增大，气体调节 EAA 服务绩效降低。同时 2000—2020 年气体调节 EAA 服务绩效呈逐年递增趋势，但距城镇＞20km 的绩效水平趋于相同；气体调节 ECA 服务绩效随着城镇距离增加呈非线性增加，主要与距离城镇越远生态用地规模越大、分布越集聚有关，2000—2020 年服务绩效水平呈无规律波动增减状态。

表 6.4 最优拟合曲线模型及回归方程

变量	年份	模型	R	R^2	F	P
气体调节 ECA 服务绩效—距城镇距离	2000	$y=1.652+6.563\times10^{-5}x-2.192\times10^{-9}x^2$	0.601	0.841	35.382	0
	2010	$y=2.012-2.074\times10^{-5}x+8.732\times10^{-10}x^2$	0.719	0.578	9.12	0
	2020	$y=2.002-9.712\times10^{-6}x+2.995\times10^{-10}x^2$	0.372	0.501	6.704	0
气体调节 EAA 服务绩效—距城镇距离	2000	$y=2.206-1.265\times10^{-5}x+5.346\times10^{-11}x^2$	−0.949	0.901	95.055	0
	2010	$y=2.482-4.317\times10^{-5}x+8.235\times10^{-10}x^2$	−0.951	0.951	202.138	0
	2020	$y=2.875-1.142\times10^{-5}x-1.42\times10^{-9}x^2$	−0.974	0.982	578.161	0
土壤保持 ECA 服务绩效—距城镇距离	2000	$y=1.930+2.279\times10^{-5}x-4.868\times10^{-10}x^2$	0.881	0.824	54.732	0
	2010	$y=1.997-6.391\times10^{-7}x-6.162\times10^{-11}x^2$	0.71	0.496	12.306	0
	2020	$y=1.918+6.846\times10^{-6}x-4.150\times10^{-12}x^2$	0.825	0.65	22.329	0
土壤保持 EAA 服务绩效—距城镇距离	2000	$y=1.891-1.345\times10^{-6}x+1.135\times10^{-9}x^2-2.599\times10^{-14}x^3$	0.179	0.262	2.361	0.102
	2010	$y=1.944-1.163\times10^{-5}x+5.960\times10^{-10}x^2-9.352\times10^{-15}x^3$	−0.463	0.354	3.652	0.03
	2020	$y=1.989-1.630\times10^{-5}x+1.069\times10^{-9}x^2-1.910\times10^{-14}x^3$	−0.049	0.439	5.226	0.008
水污染处理 ECA 服务绩效—距城镇距离	2000	$y=-0.62209e^{-0.000\,09x}+2.347\,61$	0.947	0.967	42 855.395	0
	2010	$y=-0.256e^{-0.000\,05x}+2.140\,72$	0.801	0.661	21 411.7	0
	2020	$y=-1.369\,71e^{-0.000\,05x}+2.913\,41$	0.966	0.965	12 042.366	0
水污染处理 EAA 服务绩效—距城镇距离	2000	$y=3.372\,94-1.559/[1+(0.000\,029\,x)^{3.242\,95}]$	0.844	0.858	8 541.068	0
	2010	$y=1.886\,42+0.103/[1+(0.000\,31x)^{6.647\,89}]$	0.087	0.323	9 893.843	0
	2020	$y=2.350\,98-0.505/[1+(0.000\,065\,x)^{4.388\,88}]$	0.921	0.911	7 823.986	0
水资源供给 EAA 服务绩效—距城镇距离	2000	$y=1.825-1.193\times10^{-5}x+3.685\times10^{-10}x^2-1.664\times10^{-15}x^3$	−0.512	0.333	3.328	0.04
	2010	$y=1.899+2.567\times10^{-5}x-2.998\times10^{-9}x^2+7.705\times10^{-14}x^3$	−0.744	0.667	13.329	0
	2020	$y=1.903+2.069\times10^{-5}x-2.657\times10^{-9}x^2+7.647\times10^{-14}x^3$	−0.606	0.696	15.295	0

（续）

变量	年份	模型	R	R^2	F	P
原材料生产 ECA 服务绩效—距城镇距离	2000	$y=1.825\ 02-1.193\ 18\times10^{-5}x+3.685\ 49\times10^{-10}x^2-1.664\ 38\times10^{-15}x^3$	0.885	0.933	92.535	0
	2010	$y=1.899\ 5+2.567\ 37\times10^{-5}x-2.998\ 66\times10^{-9}x^2+7.705\ 93\times10^{-14}x^3$	0.967	0.952	131.955	0
	2020	$y=1.903\ 21+2.069\ 86\times10^{-5}x-2.657\ 41\times10^{-9}x^2+7.647\ 35\times10^{-14}x^3$	0.418	0.19	1.56	0.23
原材料生产 EAA 服务绩效—距城镇距离	2000	$y=1.966-5.028\times10^{-6}x-4.426\times10^{-10}x^2+5.389\times10^{-15}x^3$	−0.743	0.559	8.439	0
	2010	$y=2.037-5.731\times10^{-6}x+1.097\times10^{-9}x^2-6.283\times10^{-14}x^3$	−0.738	0.752	20.234	0
	2020	$y=2.115-3.115\times10^{-5}x+3.143\times10^{-9}x^2-1.049\times10^{-13}x^3$	−0.796	0.847	36.991	0
生物多样性 EAA 服务绩效—距城镇距离	2000	$y=2.880\ 6-1.02/[1+(0.000\ 028\ x)^{5.270\ 86}]$	0.654	0.57	21 600.327	0
	2010	$y=2.128\ 64-0.231/[1+(0.000\ 049\ x)^{19.032\ 71}]$	0.688	0.866	19 645.177	0
	2020	$y=2.820\ 49-0.952\ 5/[1+(0.000\ 018\ x)^{11.915\ 82}]$	0.421	0.677	5 376.221	0
景观文化 EAA 服务绩效—距城镇距离	2000	$y=0.740e^{-0.000\ 1x}+1.551$	−0.853	0.84	3 856.618	0
	2010	$y=0.697e^{-0.000\ 09x}+1.536$	−0.891	0.878	6 208.545	0
	2020	$y=0.712e^{-0.000\ 08x}+1.479$	−0.917	0.906	8 003.996	0
EAA 综合服务绩效—距城镇距离	2000	$y=1.920-4.340\times10^{-6}x+2.783\times10^{-10}x^2-3.324\times10^{-15}x^3$	0.27	0.285	2.809	0.1
	2010	$y=1.963-1.350\times10^{-6}x-2.437\times10^{-10}x^2+1.518\times10^{-14}x^3$	0.246	0.337	3.381	0.038
	2020	$y=1.927+1.273\times10^{-5}x-1.264\times10^{-9}x^2+3.474\times10^{-14}x^3$	0.137	0.319	2.871	0.1
ECA 综合服务绩效—距城镇距离	2000	$y=1.915+2.057\times10^{-6}x+1.650\times10^{-10}x^2-6.612\times10^{-15}x^3$	0.598	0.376	4.023	0.022
	2010	$y=1.992-8.815\times10^{-6}x+5.872\times10^{-10}x^2-8.802\times10^{-15}x^3$	0.295	0.325	3.207	0.045
	2020	$y=2.007+1.286\times10^{-6}x-7.350\times10^{-11}x^2+4.353\times10^{-15}x^3$	0.452	0.324	3.928	0.038

（2）土壤保持ECA服务绩效随着城镇距离增加而递增。由于距离城镇越远，生态用地分布越集中，土壤保持能力越高。2000—2020年土壤保持ECA服务绩效呈逐年下降趋势；土壤保持EAA服务绩效随距城镇距离呈波动变化，且变化幅度较小，2000—2020年服务绩效水平呈逐年小幅增长状态。

（3）水污染处理ECA服务绩效随着城镇距离增加呈非线性增加。主要是随着空间距离增大，生态用地面积逐步增加，提高了水污染处理能力，2000—2020年服务绩效水平呈增减交替的变化特征；水污染处理EAA服务绩效随着城镇距离增加呈非线性增加，但在距离城镇7.5～20km范围出现波谷，表明该区域服务绩效水平最低，2000—2020年间服务绩效水平呈逐年波动增长趋势。

（4）水资源供给EAA服务绩效随着与城镇距离增加呈非线性递减。主要由于随着空间距离增加沟渠密度减少，2000—2010年间服务绩效水平逐年递增，2010—2020年服务绩效水平变化幅度较小呈稳定状态。

（5）原材料生产ECA服务绩效随着城镇距离增大而增加。2000—2010年服务绩效呈逐年降低的变化特征；原材料生产EAA服务绩效水平随着城镇距离增大而递减，2000—2020年间服务绩效呈先递增后减少的变化特征。

（6）生物多样性EAA服务绩效在距离城镇17.5km出现明显上升趋势，2000—2020年间服务绩效水平呈稳定状态。

（7）景观文化EAA服务绩效随着城镇距离增大而降低。由于空间距离增大后，道路密度降低，会降低人们景观旅游的需求，2000—2020年间绩效水平总体呈稳定状态。

（8）ECA综合服务绩效与城镇空间距离呈正相关关系，距离城镇越远服务绩效水平越高，2000—2020年间绩效水平呈逐年上升状态；EAA综合服务绩效与城镇空间距离呈先减后增的趋势，波谷出现在10～15km范围，2000—2020年服务水平呈增减交替变化特征。

综上所述，生态空间服务绩效是城镇距离变化的函数，随着距离增加绩效水平呈现递增、递减、波状变化等三种情形，呈非线性变化。其中生态空间服务绩效随着城镇距离增大呈非线性递增是主要变化特征，反映生态空间服务绩效与城镇用地扩张呈非平衡状态，符合 2.2.1 中（4）的理论结果，即生态空间服务绩效与城镇用地扩张交互系统具有涨落有序特征；不同类型的单项生态空间服务绩效随城镇距离出现变化的特性是导致服务绩效空间异质性的主要原因之一。

6.5 晋中市生态空间服务绩效与城镇用地扩张的脱钩分析

6.5.1 脱钩分析

以 500m×500m 栅格为基本单元，分为 2000—2010 年、2010—2020 年两个阶段，使用表 6.1 的判定方法对城镇用地扩张率与 16 类生态空间服务绩效变率的脱钩程度进行判定。总体而言，城镇用地扩张率与生态空间服务绩效变率在空间上存在强正脱钩、弱负脱钩和扩张负脱钩 3 种状态，其中城镇用地扩张率与景观 ECA 服务绩效、景观 EAA 服务绩效仅存在强脱钩关系。

1. 气体调节服务与城镇用地扩张

2000—2020 年 ECA 服务绩效变化率与城镇用地扩张率由强正脱钩状态转为扩张负脱钩状态。在 2000—2010 年、2010—2020 年两个阶段强正脱钩状态区域面积占比从 71.09%下降为 38.36%，而扩张负脱钩状态区域面积占比从 12.54%上升为 39.29%，弱脱钩状态区域面积占比也有一定幅度提高（图 6.12a - b）。表明 ECA 服务绩效下降速度逐渐高于城镇用地扩张率，距离城镇较近的空间单元逐渐转为弱正脱钩或扩张负脱钩。综上，ECA 服务绩效下降的速度逐渐快于城镇用地扩张比率，城镇用地扩张对周边的气体调节 ECA 服务绩效造成一定损失，气体调节 ECA 服务绩效与城镇用地扩张呈现权衡状态。

2000—2020 年 EAA 服务绩效变化率与城镇用地扩张率以强正脱钩为主，但总趋势从强正脱钩向扩张负脱钩和弱负脱钩转变。在 2000—2010 年、2010—2020 年两个阶段强脱钩状态区域面积占比从 87.09%下降为 42.48%，扩张性负脱钩区域面积占比从 5.64%上升为 35.39%且集中在晋中西部城镇建设集中区，弱负脱钩状态区域面积占比从 7.27%上升为 22.14%（图 6.12c－d）。表明晋中市城镇用地扩张占用城镇周边生态用地面积，植被吸收的 NO_2 有所下降，造成气体调节 EAA 服务绩效下降，且下降速度超过城镇用地扩张比率，两者呈现权衡状态。

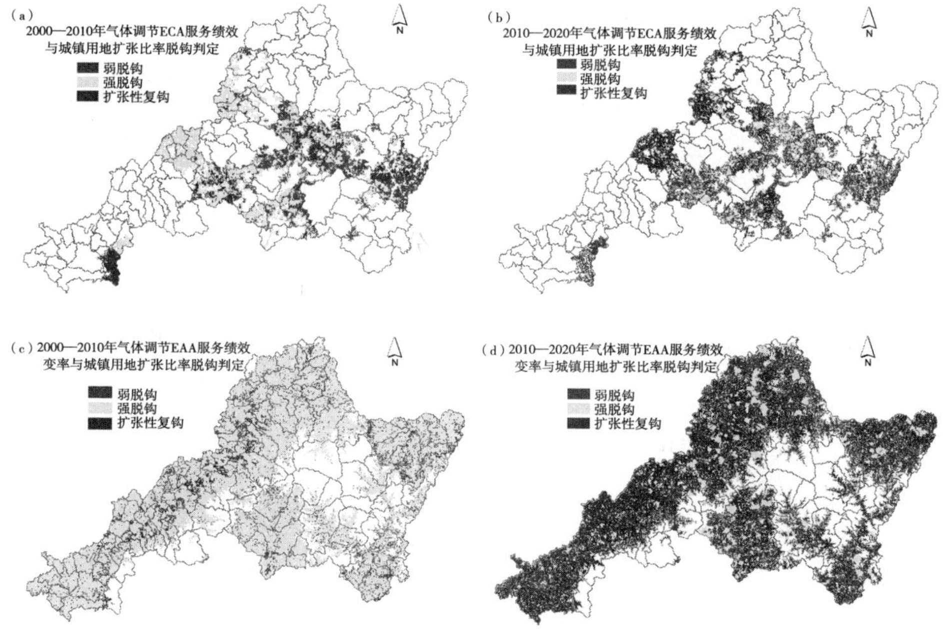

图 6.12　气体调节服务绩效与城镇用地扩张的脱钩判定

2. 土壤保持服务绩效与城镇用地扩张

2000—2020 年 ECA 服务绩效变化率与城镇用地扩张率以强正脱钩状态为主，在 2000—2010 年、2010—2020 年两个阶段强正脱钩状态面积占比从 75.17%下降至 72.59%，而扩张性负脱钩和弱强脱钩区域占比从 24.83%上升至 27.41%（图 6.13a－b）。表明研究区内绝大部分区域土壤保持 ECA 服务绩效与城镇用地扩张同时增长，两者呈协同状态；但随着城镇用地空间扩张占用生态用地，城镇集中建设的周边空间土壤保持 ECA 服务绩效下降，土壤保持 ECA 服务绩效因为城镇用地扩张受到损失。

2000—2020 年 EAA 服务绩效变化率与城镇用地扩张率以强正脱钩状

态为主，在 2000—2010 年、2010—2020 年两个阶段强正脱钩状态面积占比分别从 86.85%下降至 69.48%，扩张性负脱钩和弱正脱钩状态面积总占比从 13.15%上升至 30.52%（图 6.13c－d）。总体两者呈协同状态，但随着城镇用地扩张土壤保持 EAA 服务绩效呈下降趋势。

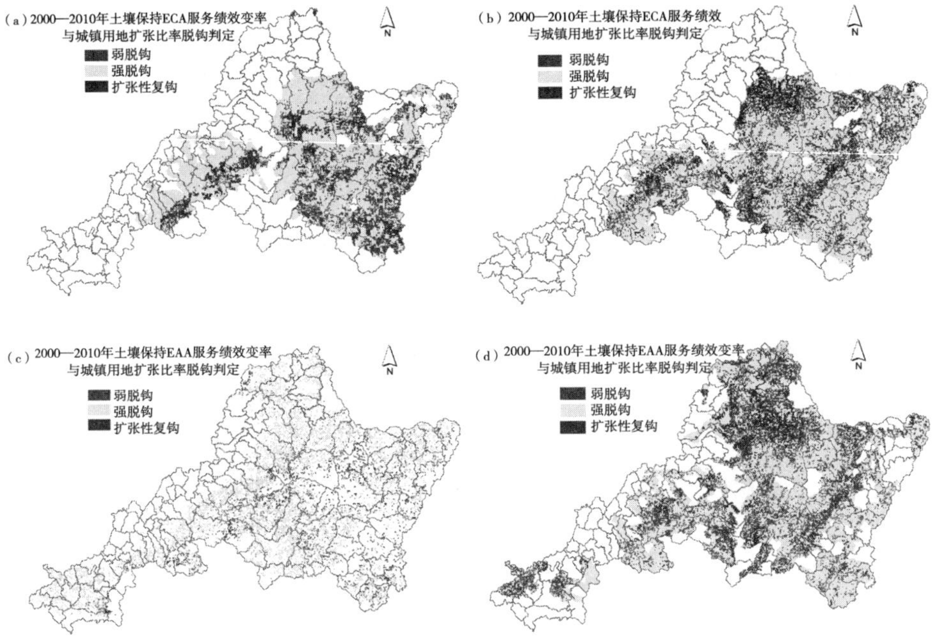

图 6.13 土壤保持服务绩效与城镇用地扩张的脱钩判定

3. 水资源供给服务绩效与城镇用地扩张

ECA 服务绩效变率与城镇用地扩张率以强正脱钩状态为主，在 2000—2010 年、2010—2020 年两个阶段强正脱钩状态面积占比由 84.82%下降至 78.13%，弱正脱钩与扩张性负脱钩面积占比从 15.18%上升至 21.87%（图 6.14a－b）。总体上，晋中市水资源供给 ECA 服务绩效与城镇用地扩张同时增长，两者呈协同状态。

EAA 服务绩效变率与城镇用地扩张率之间的脱钩判定以强正脱钩状态为主，在 2000—2010 年、2010—2020 年两个阶段其面积占比稳定在 95%以上（图 6.14c－d）。表明随着城镇建设发展，为满足居民生产生活用水，加强水资源供给的管道建设和河道修建，两者呈协同状态。

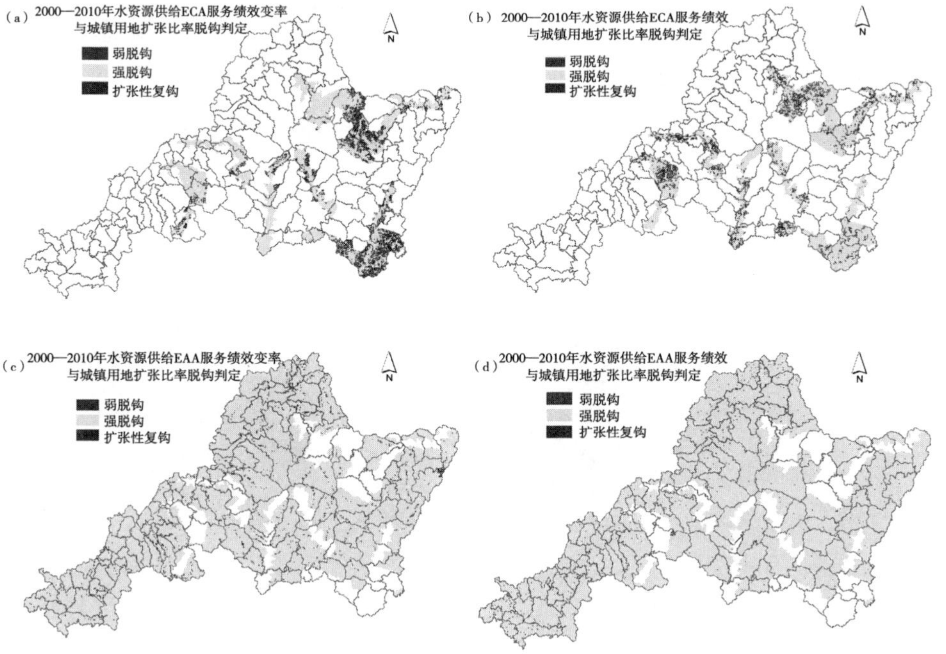

图 6.14　水资源供给服务绩效与城镇用地扩张的脱钩判定

4. 水污染处理服务绩效与城镇用地扩张

2000—2020 年 ECA 服务绩效变率与城镇用地扩张率以强正脱钩状态为主，在 2000—2010 年、2010—2020 年两个阶段面积占比由 89.97%下降至 81.17%，表明在研究区范围内，绝大部分区域水污染处理 ECA 服务绩效与城镇用地扩张同时增长；弱正脱钩和扩张性负脱钩面积比重从 10.03%上升为 18.83%，主要聚集在晋中东部，该区域城镇用地扩张比率较高，占用了林、草地并降低 ECA 服务绩效(图 6.15a - b)。综上，水污染处理服务绩效与城镇用地扩张呈强正脱钩关系，但是随着城镇用地扩张，生产和生活污染源增多，占用林草地面积增大，对 ECA 服务绩效的负面影响提升，弱正脱钩和扩张性负脱钩面积占比逐渐提高。

2000—2020 年 EAA 服务绩效变化率与城镇用地扩张率从强正脱钩状态转为扩张性负脱钩状态，在 2000—2010 年、2010—2020 年两个阶段强正脱钩状态面积占比由 84%下降至 30.34%，而扩张性负脱钩和弱正脱钩状态总面积占比从 16%上升至 69.66%，主要分布在城镇建设周边（图 6.15c－d）。总体表明在研究区范围内，因城镇快速发展产生的污染物数量超过环境自净能力致使 EAA 服务绩效受到损失，水污染处理 EAA 服务绩效随着城镇用地扩张而下降。

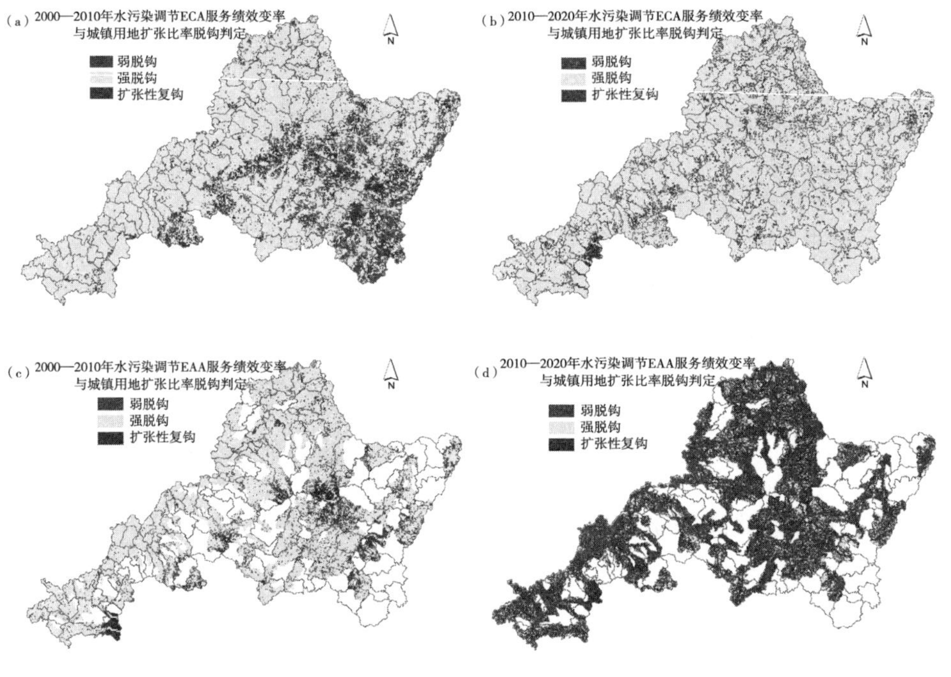

图 6.15　水污染处理服务绩效变化率与城镇用地扩张率的脱钩判定

5. 原材料供给服务绩效变化率与城镇用地扩张速度

2000—2020 年 EAA 服务绩效变化率与城镇用地扩张率以强正脱钩状态为主，在 2000—2010 年、2010—2020 年两个阶段强正脱钩状态面积占比稳定在 95%左右（图 6.16）。表明在研究区范围内，随着城镇建设发展，交通体系逐渐完善，原材料运输能力得到提升，两者同步提升。

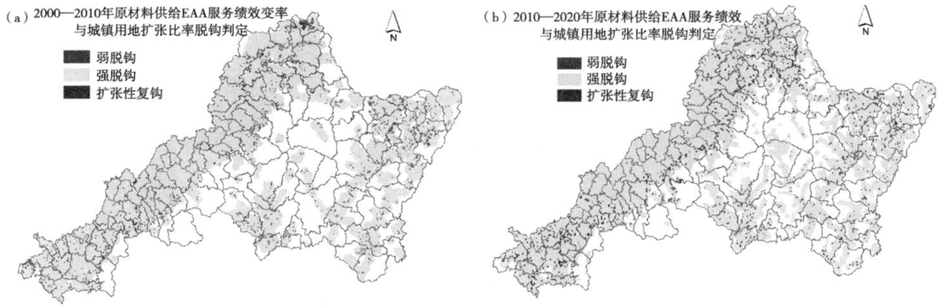

图 6.16　原材料供给服务绩效与城镇用地扩张的脱钩判定

6. 生物多样性维持服务与城镇用地扩张

2000—2020 年 ECA 服务绩效变化率与城镇用地扩张率以强正脱钩状态为主，在 2000—2010 年、2010—2020 年两个阶段其面积占比从 89%下降为 77.28%。总体上由于晋中市生态保护力度加大提升生物多样性服务绩效，但从发展趋势看城镇用地扩张对 ECA 服务绩效仍有一定负面影响，空间分布如图 6.17a－b。

2000—2020 年 EAA 服务绩效变化率与城镇用地扩张率以强正脱钩状态为主，在 2000—2010 年、2010—2020 年两个阶段其面积占比稳定在 95%以上。表明生物流动性比较通畅，城镇用地对生态空间的扰动区域呈零落散布，空间分布如图 6.17c－d。

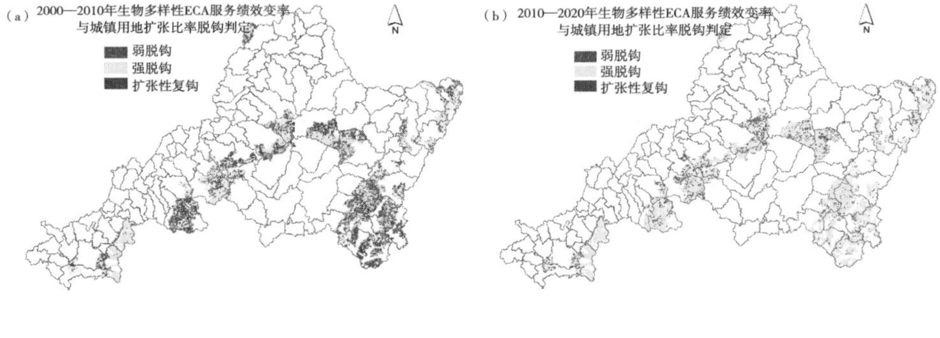

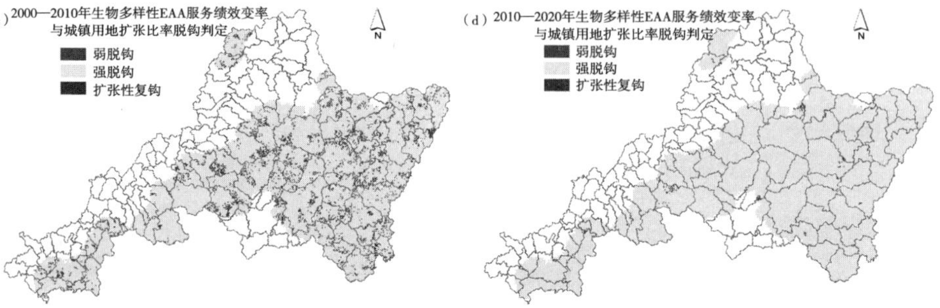

图 6.17　生物多样性维持服务绩效与城镇用地扩张的脱钩判定

7. 景观文化服务绩效与城镇用地扩张

2000—2020 年 ECA 服务绩效变化率与城镇用地扩张率以强正脱钩状态为主，在 2000—2010 年、2010—2020 年两个阶段强正脱钩状态面积占比由 95.71%下降至 74.95%，弱正脱钩和扩张性负脱钩状态面积占比从 4.29%提高至 25.05%，空间分布如图 6.18a－b。总体上，大部分区域景观文化 ECA 服务绩效与城镇用地扩张同步提升，也表明城镇发展虽对自然景观质量造成一定损失，但两者总体呈协同状态。

2000—2020 年 EAA 服务绩效变化率与城镇用地扩张率以强正脱钩状态，其面积占比稳定在 95%以上，空间分布如图 6.18c－d。由此表明随着城市发展以及居民对自然景观需求逐渐提升，政府加强道路体系建设和自然景观开发，提升居民对自然景观的观赏性和可达性，城市发展对自然景观文化服务具有促进作用，因此景观文化服务绩效与城镇用地扩张同时提升，处于“双赢”局面。

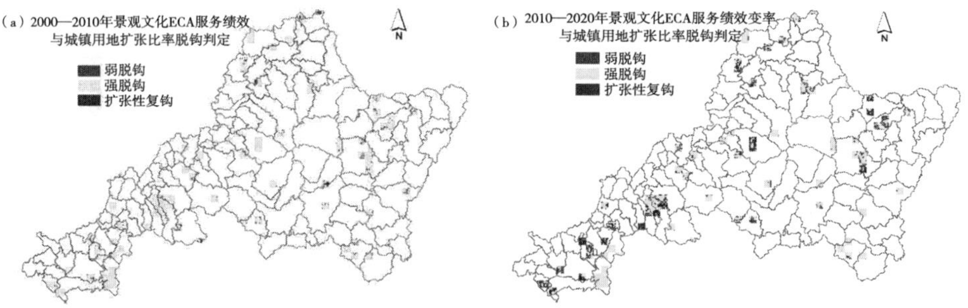

图 6.18 景观文化服务绩效与城镇用地扩张的脱钩判定

8. 综合服务绩效与城镇用地扩张

2000—2020 年 ECA 综合服务绩效变化率与城镇用地扩张率以强正脱钩状态为主，在 2000—2010 年、2010—2020 年两个阶段强正脱钩状态区域面积占比由 68.90%下降至 64.12%，而弱脱钩和扩张性负脱钩状态区域面积占比从 31.10%提升到 35.88%。从空间分布上看，弱脱钩与扩张性负脱钩状态区域从晋中东部向晋中中、西部转移（图 6.19a - b）。主要因为 2000—2010 年晋中市东部城镇用地扩张比率较高，城镇用地扩张对生态综合服务绩效造成损失，两者呈弱正脱钩和扩张性负脱钩状态；2010—2020 年晋中市城镇用地扩张率进入平缓发展期，虽然中、东部城镇用地扩张率高于西部，但西部城镇用地扩张规模远高于中、东部地区，社会经济活动强度高，人类活动对生态环境的扰动性也较高，从而生态综合服务绩效下降且部分区域绩效下降速度高于城镇用地扩张率，因此，弱脱钩与扩张性负勾状态区域逐渐从东部转移至西部且面积占比提高。

2000—2020 年 EAA 综合服务绩效变化率与城镇用地扩张率以强正脱钩状态为主，在 2000—2010 年、2010—2020 年两个阶段强脱钩状态面积占比从 92.25%下降为 66.68%，而弱正脱钩和扩张性负脱钩状态总面积占比从 7.75%提升到 33.32%。从空间分布上看，扩张性负脱钩和弱脱钩状态区域逐步向全域扩散，扩张性负脱钩状态区域主要分布在城镇周边，城镇用地扩张对 EAA 综合绩效造成直接损失，导致 EAA 综合绩效水平下降速度高于城镇用地扩张速度；而弱脱钩状态区域主要分布在距离城镇较远的空间位置，城镇用地扩张对远距离 EAA 服务绩效造成一定损失，但损失程度较弱（图 6.19c－d）。

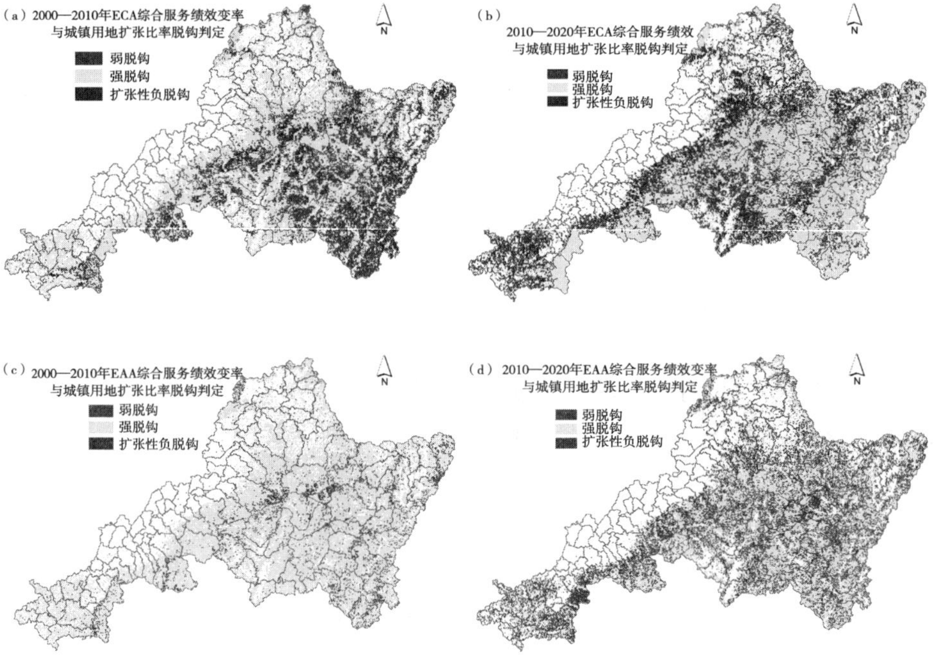

图 6.19　综合服务绩效与城镇用地扩张的脱钩判定

6.5.2　脱钩视角下交互关系演变特征

首先，城镇用地扩张对 16 类 ECA 和 EAA 的单项服务绩效及综合服务绩效产生不同的累积效应，对自然系统为主的生态空间服务绩效是负向累积作用，对人工系统为主的生态空间服务绩效是正向累积作用。由于城镇用地扩张增加了生态要素消耗但提升了社会基础设施建设水平，因此城镇用地扩张与水供给 EAA 服务绩效、景观文化 EAA 服务绩效、原材料生产 EAA 服务绩效均呈强正脱钩关系即两者同步提升，城镇建设对水供给、景观文化和原材料生产等生态服务传递能力具有强化作用。城镇用地扩张与其他类型的服务绩效关系特征以强脱钩为主，呈强脱钩状态转向弱正脱钩及扩张性负脱钩趋势，程度有所不同，即城镇建设对大气调节、土壤保持、水资源供给、水污染处理、生物多样性等服务供给能力及大气调节、土壤保持、水污染处理和生物多样性等服务传递能力具有弱化作用。

其次，ECA 和 EAA 的单项服务绩效及综合服务绩效与城镇用地扩张的脱钩状态具有差异性。从变化幅度看，气体调节、土壤保持、水污染处理、综合等服务类型下 EAA 强脱钩面积占比下降幅度高于 ECA，而 EAA 扩张性负脱钩和弱脱钩面积占比上升幅度高于 ECA，也从侧面反映城镇用地扩张与不同类型下 EAA 服务绩效的交互强度更高一些，扩张对生态服务传递能力影响更显著。

最后，不同类型单项服务绩效及综合服务绩效对城镇用地扩张的响应均具有时间滞后效应。从时间变化趋势来看，2000—2010 年和 2010—2020 年两个阶段中，不同类型单项服务绩效及综合服务绩效的变化率与城镇用地扩张率在第一阶段呈同步上升趋势，第二阶段呈下降趋势且下降速度逐渐超过城镇用地扩张比率，表明生态空间服务绩效与城镇用地扩张呈现一定同步增长态势后逐渐下降，生态空间服务绩效对扩张的响应具有一定时间滞后性，即城镇用地扩张对生态系统服务绩效造成的损耗具有累积效应，需要控制城镇用地扩张率，加强对生态系统服务的保护。从空间分布上看，晋中市西部榆次区、太谷区、祁县、平遥县、灵石县和介休市等以扩张性负脱钩为主，东部和顺县、榆社县、左权县、昔阳县以强正脱钩、弱脱钩为主，反映西部城镇用地快速扩张对周边生态空间服务绩效造成的负面影响较大，因此扩张性负脱钩区域主要向城镇集中建设区周围聚拢。总体而言，两者由初、中级交互向权衡交互发展，城镇用地扩张对生态空间服务绩效造成损耗，但损耗程度与城镇用地扩张规模和速度呈正相关。

6.6　晋中市生态空间服务绩效与城镇用地扩张的空间自相关分析

6.6.1　空间自相关分析

基于 Geoda 1.14.0 空间分析工具，建立空间邻近权重矩阵，计算晋中市城镇用地扩张率与生态空间服务绩效变化率的双变量空间自相关，获得 2000－2010、2010—2020 年 2 个阶段双变量莫然指数（Moran'S I 指数），且 $P<0.1$，通过显著性检验，表明两者存在显著空间相关性。从表 6.5 可知，总体上 2000—2020 年晋中市莫然指数先升后降，先正后负，呈倒“U”形发展趋势，表明双变量空间相关关系发展趋势为先正相关后负相关，相关性先增强后减弱，城镇用地扩张率与生态服务绩效变化量之间逐渐由强协同向弱权衡过渡。采用 GeoDA 输出双变量 LISA 集聚图，分析城镇用地扩张比率与生态空间服务绩效变率之间的空间关系，其中 HH 型表示城镇用地扩张比率高值区单元与生态空间服务绩效变化率高值区相邻，LL 型表示城镇用地扩张比率低值区单元与生态空间服务绩效变化率低值区相邻，LH 型表示城镇用地扩张比率低值区单元与生态空间服务绩效变化率高值区相邻，HL 表示城镇用地扩张比率高值区单元与生态空间服务绩效变化率低值区相邻。

表 6.5　莫然指数计算结果

生态空间结构		ECA							
生态服务类型		气体调节	土壤保持	水供给	水污染	原材料	生物多样性	景观文化	综合
2000—2010 年	*Moran'S I* 指数	0.045	0.026	0.004	0.024		0.023		0.129
	P 值	0.031	0.041	0.044	0.035		0.045		0.038
2010—2020 年	*Moran'S I* 指数	−0.053	−0.02	−0.099	−0.047		−0.074		−0.029
	P 值	0.042	0.038	0.041	0.036		0.045		0.037

生态空间结构		EAA							
生态服务类型		气体调节	土壤保持	水供给	水污染	原材料	生物多样性	景观文化	综合
2000—2010 年	*Moran'S I* 指数	0.028	0.025	0.119	−0.121	−0.019	0.012	−0.052	0.02
	P 值	0.031	0.019	0.044	0.035	0.039	0.021	0.042	0.027
2010—2020 年	*Moran'S I* 指数	−0.013	−0.018	−0.024	−0.015	−0.018	0.022	0.096	−0.041
	P 值	0.031	0.043	0.046	0.027	0.044	0.043	0.035	0.038

1. 气体调节服务绩效与城镇用地扩张

ECA：2000—2020 年城镇用地扩张率与气体调节 ECA 服务绩效变化

率的 $Moran'S\ I$ 指数由 0.045 变为－0.053，表明两变量关系从正相关向负相关转变，从协同向权衡转变，城镇用地扩张对气体调节 ECA 服务绩效造成损害。根据图 6.20a－b、图 6.21 可知：①HH 型区域在 2000—2010 年面积占比为 15.98%，主要分布在晋中中、东部，该区林草地资源丰富，但在 2010—2020 年面积占比缩减至 3.13%，仅分布在晋中西部。②LL 型在 2000—2020 年间面积占比从 22.50%增加至 27.75%，主要分布在太岳山脉，地势海拔较高，林草地资源丰富，主要特征为城镇扩张率受地形约束偏低，服务绩效稳定变化率偏低。③HL 型在 2000—2010 年主要围绕在 HH 型周边，没有形成聚集态势。④LH 型在 2000—2010 年主要分布在晋中中、西部地区，该区城镇用地扩张比率高于 ECA 服务绩效增长率。HL 和 LH 型区域在 2010—2020 年面积占比高于 60%，表明城镇建设用地扩张与气体调节 ECA 服务绩效之间以空间负相关为主，两者以权衡关系为主。

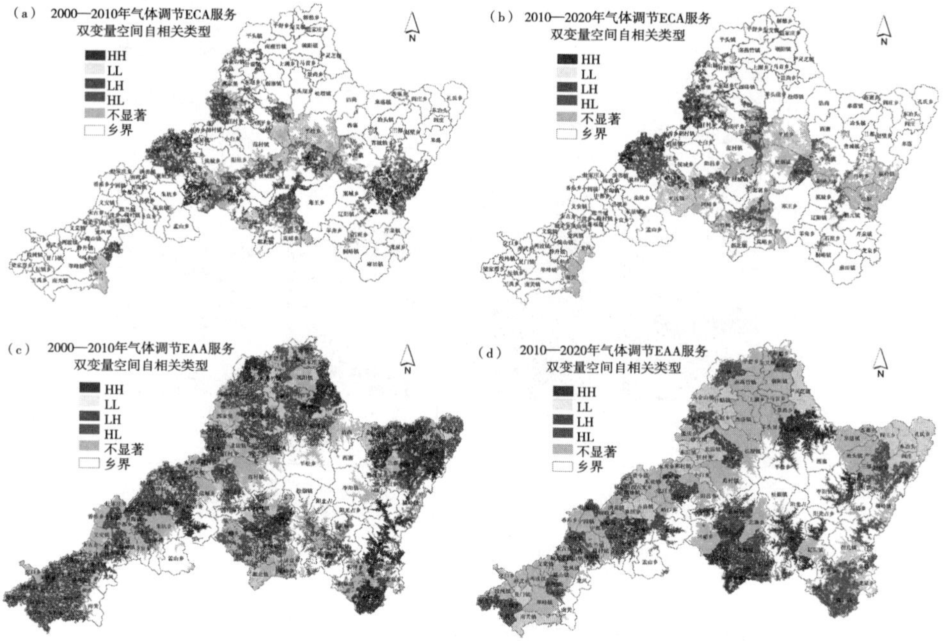

图 6.20　2000—2020 年气体调节服务绩效变化率与城镇用地扩张率 LISA 聚集图

EAA：2000—2020 年城镇用地扩张率与气体调节 EAA 服务绩效变化率的 *Moran'S I* 指数由 0.028 变为−0.013，表明两变量关系从协同转为权衡。根据图 6.20c－d、图 6.21 可知，2000—2010 年与 2010—2020 年这两个阶段：①HH 型区域面积占比从 17.85％提高至 18.51％，并逐渐由晋中东部向中部聚集。②HL 型向晋中东部聚集，并覆盖原 HH 型区域，反映气体调节 EAA 服务绩效下降。③LH 型区域逐渐由晋中西部向全域扩散，面积比重也逐渐减少，由于西部城镇用地规模扩大，导致气体调节 EAA 地表调节功能降低，逐渐转向 LL 型。④LL 型区域由全域散落向西部聚集。总体上，HL 和 LH 型总面积占比达 50％以上，表明气体调节 EAA 服务绩效与城镇用地扩张存在权衡关系。

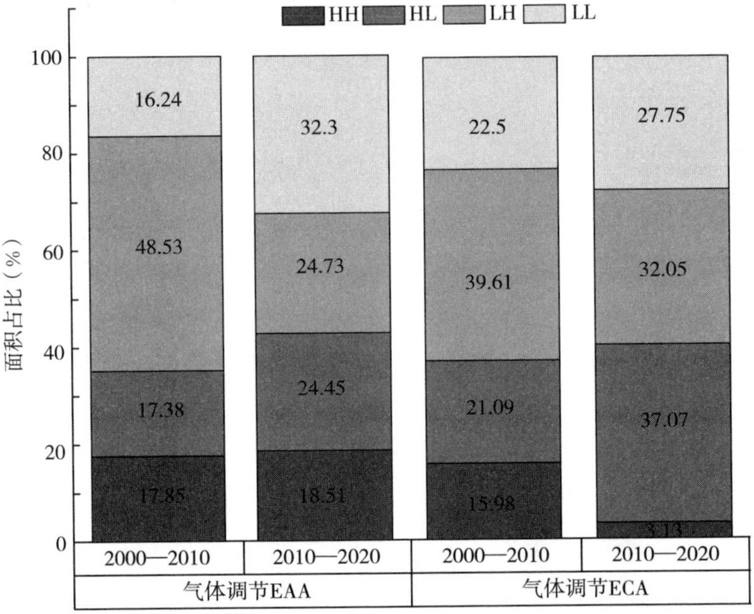

图 6.21　2000—2020 年气体调节服务绩效变化率与城镇用地扩张率双变量空间自相关类型面积占比

2. 土壤保持服务绩效与城镇用地扩张

ECA：2000—2020 年城镇用地扩张率与土壤保持 ECA 服务绩效变化率的 *Moran'S I* 指数由 0.026 转为−0.02，两变量由弱正相关转为弱负相关，表明城镇用地扩张对土壤保持 ECA 服务功能产生负面影响。根据图 6.22a－b、图 6.23 可知：①HH 型在 2000—2010 年主要分布在晋中东部，该区地貌以山区为主，蕴含丰富的林地资源，是主要的水土保持区域，同时由于该区城镇用地规模小潜力大，近 10 年城镇建设用地扩张比率较高，在 2010—2020 年区域面积占比降低。②HL 型在 2000—2010 年主要围绕在 HH 型周边或晋中中部丘陵地区，该区城镇用地扩张侵占林草资源，损害 ECA 服务功能。LH 型在 2000—2010 年主要分布在 HH 型周边或晋中西部，该区地形复杂限制城镇用地扩张，但生态资源丰富能提高 ECA 服务功能。HL 和 LH 型区域在 2010—2020 年面积占比提高并呈集中连片式聚集分布，反映城镇建设用地扩张与 ECA 服务绩效存在权衡关系。③LL 型在 2000—2010 年散布在全域，该区属于城镇用地和生态资源相对稳定区域，变化幅度偏小，在 2010—2020 年开始由全域分散向东部聚集，该区为城镇用地扩张与 ECA 服务绩效水平稳定区域，两变量

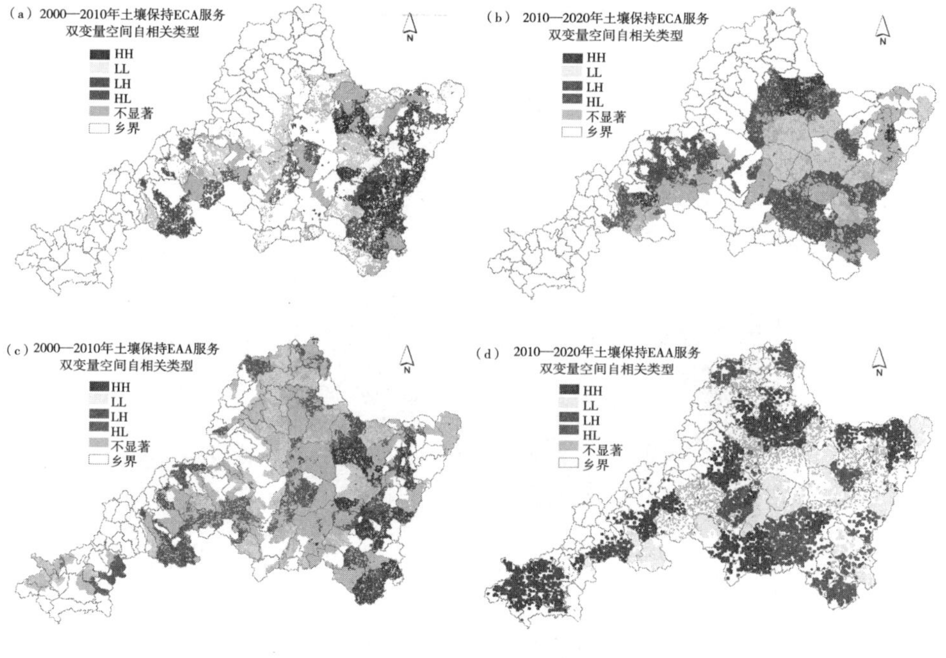

图 6.22　2000—2020 年土壤保持服务绩效变化率与城镇用地扩张率双变量 LISA 聚集图

变化幅度较小。总体上 HL 型和 LH 型总面积占比达 50%以上，而 HH 型面积比重从 27.84%下降至 7.78%，土壤保持 ECA 服务绩效与城镇用地扩张呈权衡状态。

EAA：2000—2020 年城镇用地扩张率与土壤保持 ECA 服务绩效变化率的 *Moran'S I* 指数由 0.025 转为−0.018，两变量在空间聚集从正相关转为负相关，表明城镇用地扩张比率与土壤保持 ECA 服务绩效从协同关系转为权衡关系。根据图 6.22c－d、图 6.23 可知，2000—2010 年与 2010—2020 年这两个阶段，HH 型空间分布由晋中东部向西部聚集；LL 型比重逐渐降低且分散全域，该区城镇用地扩张率和生态服务绩效保持稳定水平，因此变化率偏低；HL 型由晋中西部转向晋中东部区域，LH 型由分散型向集聚带状式分布，主要集中在晋中西部，LH 和 HL 型面积比重提升至 60%以上。

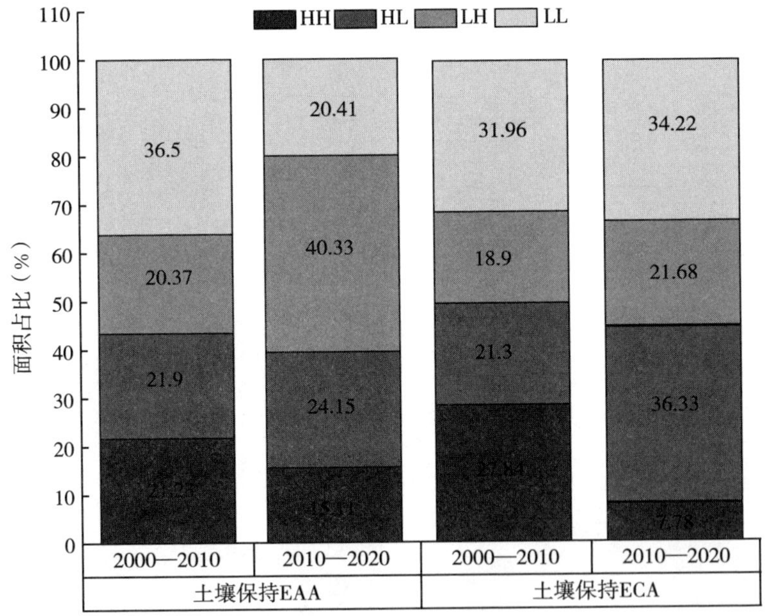

图 6.23　2000—2020 年土壤保持服务绩效变化率与城镇用地扩张率双变量空间自相关类型面积占比

3. 水供给服务绩效与城镇用地扩张

ECA：2000—2020年间城镇用地扩张率与水资源供给ECA服务绩效变化率的*Moran'S I*指数由0.004转为－0.099，表明两变量由弱正相关转为负相关，反映城镇用地扩张率与水资源供给ECA服务绩效先同步提升后城镇用地扩张率提高而服务绩效下降，空间分布有所变化。根据图6.24a－b、图6.25可知：①HH型在2000—2010年主要分布在东部区域，该区域城镇用地扩张率高，且降水丰沛、生态资源丰富，两变量为正相关；在2010—2020年空间分布开始由东部向中部转移，该区湿地和水库水面面积占比逐渐增加。②HL型在2000—2010年面积比重偏低忽略不计，在2010—2020年面积扩大并逐渐集中在晋中东部地区，主要由于城镇用地扩张较快降低了水资源供给ECA服务绩效。③LH型在2000—2010年主要分布在晋中中部和东部，该区城镇用地扩张率偏低，但蕴含主干河流资源能提升服务绩效；在2010—2020年空间分布由中、东部转移到中、西部。④LL型在2000—2010年主要分布在晋中中部，在2010—2020年空间分布逐渐由中、西部转移到东部，这与该时期东部地区城镇用地规模和服务绩效稳定有关，造成城镇用地扩张率与服务绩效变化率偏低。总体上，HH型和LL型面积比重呈下降趋势，HL和LH型面积比重增长较快，已超55%，城镇用地扩张比率与水供给ECA服务绩效在空间上呈权衡状态。

EAA：2000—2020年水资源供给EAA服务绩效变化率与城镇用地扩张率的*Moran'S I*指数由0.119转为－0.024，两变量由弱正相关转为负相关，反映水资源供给EAA服务绩效与城镇用地扩张先同步提升后转为城镇用地持续扩张而EAA服务绩效下降。由图6.24c－d、图6.25可知，2000—2010年与2010—2020年这2个阶段，HH型区域逐渐由东部向中部扩散，面积占比由30.10%下降至14.89%；LH型和HL型区域面积占比逐渐提升，在空间上逐步向晋中西部集聚，该区是城镇和耕地的集聚区，城镇建设和农业灌溉条件优越，城镇用地扩张和水资源供给EAA服务绩效都有不同程度的提升，相互交错分布形成LH和HL；LL型主要分布在地形复杂或管道占比较低的区域，城镇用地扩张和生态服务绩效变化幅度较小。

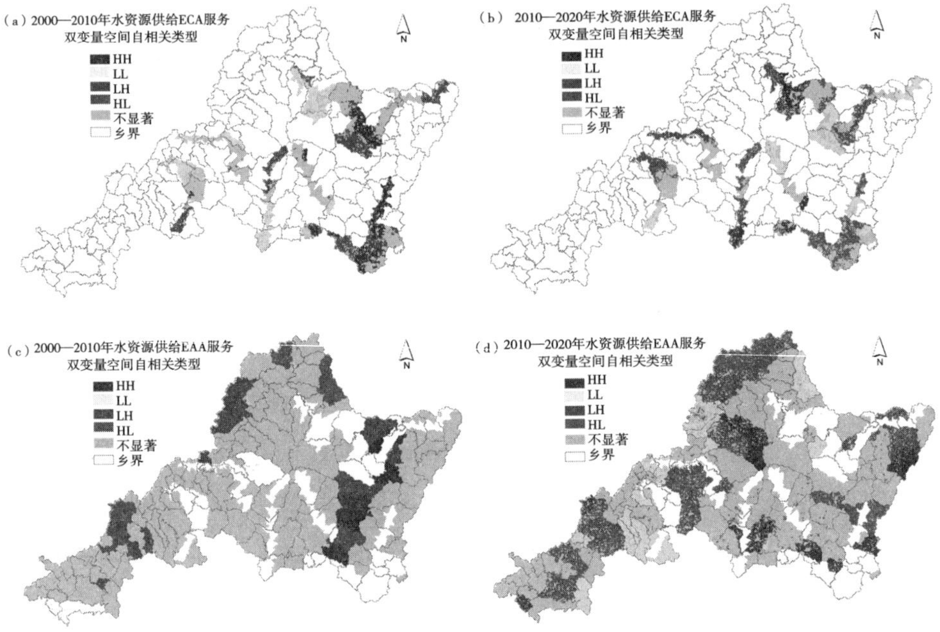

图 6.24　2000—2020 年水资源供给服务绩效变化率与城镇用地扩张率双变量 LISA 聚集图

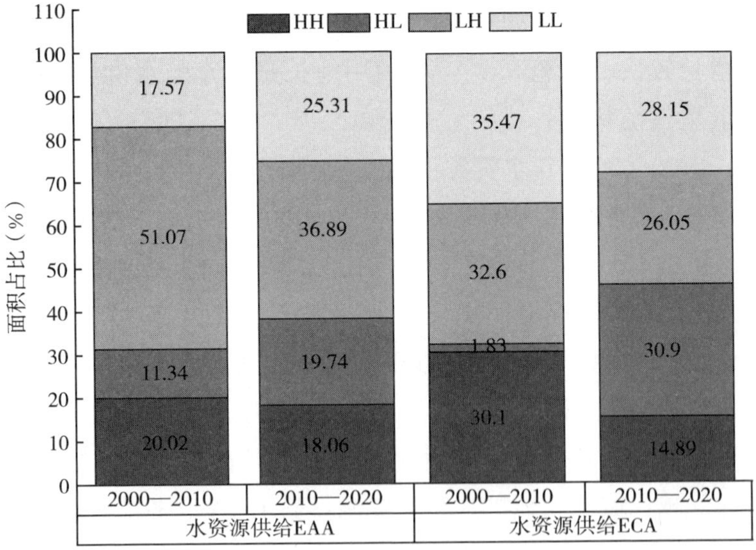

图 6.25　2000—2020 年水资源供给服务绩效变化率与城镇用地扩张率双变量空间自相关类型面积占比

4. 水污染处理服务绩效与城镇用地扩张

空间自相关特征具有明显的时空演变规律，同一相关性类型分布范围转移与增减明显，不同相关类型之间存在转化和此消彼长的现象。

ECA：2000—2020年城镇用地扩张率与水污染处理ECA服务绩效变化率的 *Moran'S I* 指数由0.024变为−0.047，表明两变量由正相关转为负相关，反映水污染处理ECA服务绩效与城镇用地扩张先同步提升后转为城镇用地扩张率提高而服务绩效下降。由图6.26a-b、图6.27可知：①HH型面积占比从22.07%下降到7.85%，在2000—2010年主要分布在晋中中、东部地区，城镇用地扩张率较高，同时该区山地林草地丰富，生态环境质量高，水污染处理ECA服务能力高；在2010—2020年HH型区域有所减少，由集中东部带状分布转为全域零散分布。②HL型在2000—2010年主要围绕在HH型周边，该地区城镇用地扩张比率较高，降低了水污染处理能力，水污染处理ECA服务绩效下降；LH型主要分布在晋中西部，这些地区城镇用地扩张比率较低，但是耕地和城镇的集聚区生产生活污染源聚集，其关联的区域ECA服务绩效较高。在2010—2020年HL和LH型区域面积比重有所增加，从40.20%上升至62.22%，并演变为主要空间自相关类型，在晋中西部和晋中东部呈集中连片式分布。③LL型在2000—2010年主要分布在晋中中部丘陵地区。由于丘陵地区蕴含丰富的林草资源，对污染物质有较强的降解作用，服务绩效稳定且变率偏低，同时受地形条件限制城市扩张率偏低；在2010—2020年由晋中中部向东南部延伸扩张，由于晋中东部的城镇用地扩张和水污染处理ECA服务绩效保持稳定，城镇用地扩张率和ECA服务绩效变化率偏低。

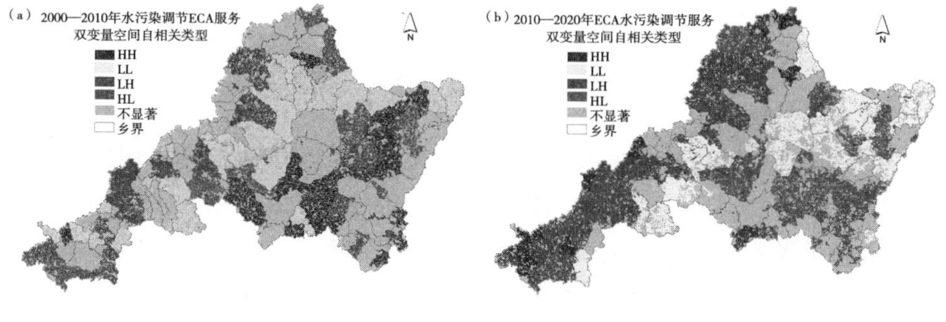

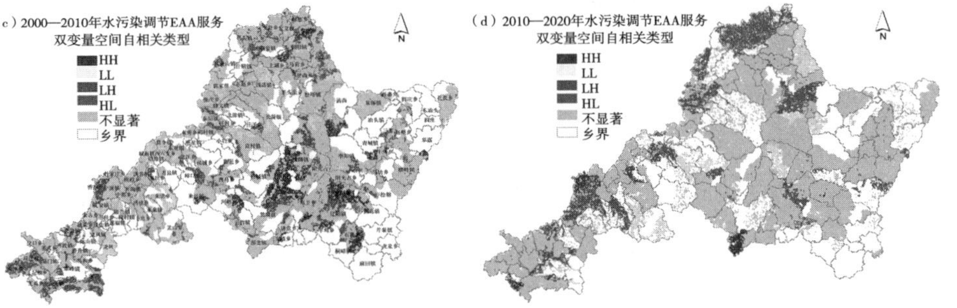

图 6.26　2000—2020 年水污染处理服务绩效变化率与城镇用地扩张率双变量 LISA 聚集图

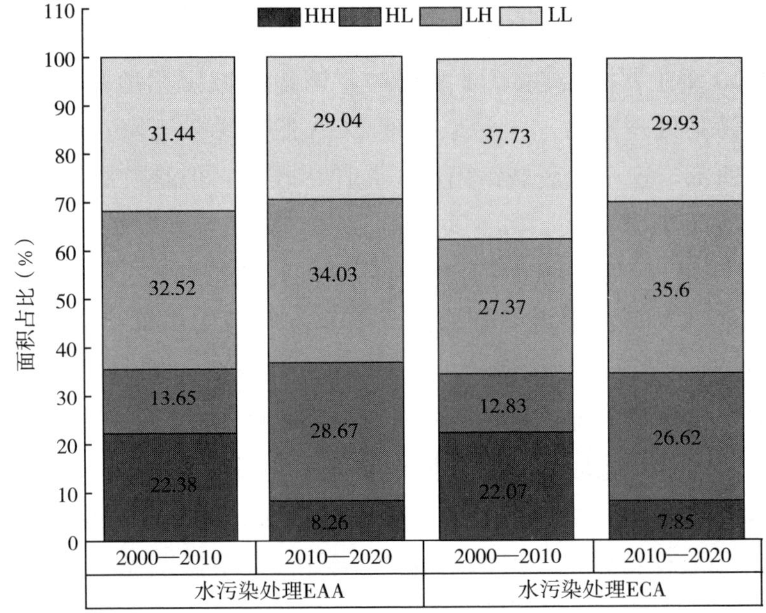

图 6.27　2000—2020 年水污染处理服务绩效变化率与城镇用地扩张率双变量空间自相关类型面积占比

EAA：2000—2020 年城镇用地扩张率与水污染处理 EAA 服务绩效变化率的 *Moran'S I* 指数由－0.121 变为－0.015，表明两变量存在显著的空间负相关关系，反映城镇用地扩张会导致周边水资源调节 EAA 服务绩效水平降低。但 *Moran'S I* 指数呈上升趋势，表明这种集聚的负相关性逐渐减低，城镇用地扩张过程中水污染处理 EAA 服务绩效有一定提升。由图 6.26c－d、图 6.27 可知，2000—2010 年与 2010—2020 年这 2 个阶段，HH 型面积占比从 22.38%降至 8.26%，空间分布由晋中东部转移分散至南部区域；LH 型区域逐渐由全域分散向西部集中，主要因为该区城镇用地扩张率低，地形平坦且林草丰富，提升了 EAA 服务绩效；HL 型逐渐向中、东部的解愁乡、总艾镇、平舒乡、松塔镇等区域扩散，该区域用地扩张率高，生态斑块的占用对水污染处理 EAA 服务绩效水平造成一定损害；LL 型主要分布在中部丘陵区域，该区域地形条件限制城镇用地扩张，但水污染处理 EAA 服务能力稳定，所以城镇用地扩张率和服务绩效变化率偏低。

5. 原材料生产服务绩效与城镇用地扩张

ECA：因 ECA 绩效保持稳定，故不做讨论。

EAA：2000—2020 年城镇用地扩张率与原材料生产 EAA 服务绩效变化率的 *Moran'S I* 指数由－0.019 变为－0.018，表明两变量存在空间弱负相关。由图 6.28c－d、图 6.29 可知，LH 型由晋中东部向西部集中扩大，面积占比由 29.71%上升至 68.97%。这种空间转移主要是因为近 20 年晋中西部交通网络完善，EAA 服务绩效逐渐提高；HL 型面积比重从 23.96%下降至 13.09%，主要分布在晋中北部寿阳县和和顺县，该区以农业生产为主，城镇用地扩张比率高，但由于交通发展滞后 EAA 服务绩效提升速度较慢；LL 型面积占比由 44.97%下降至 13.30%，空间分布从全域扩散缩至晋中西北部寿阳县，该区城市建设和交通网络比较稳定，变化幅度较小。

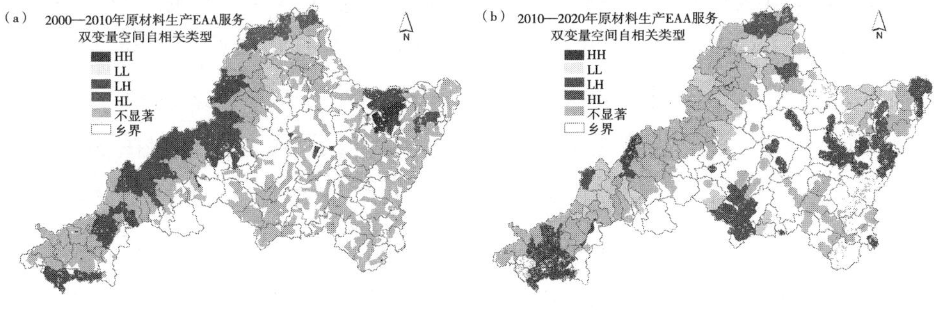

图 6.28　2000—2020 年原材料生产服务绩效变化率与城镇用地扩张率双变量 LISA 聚集图

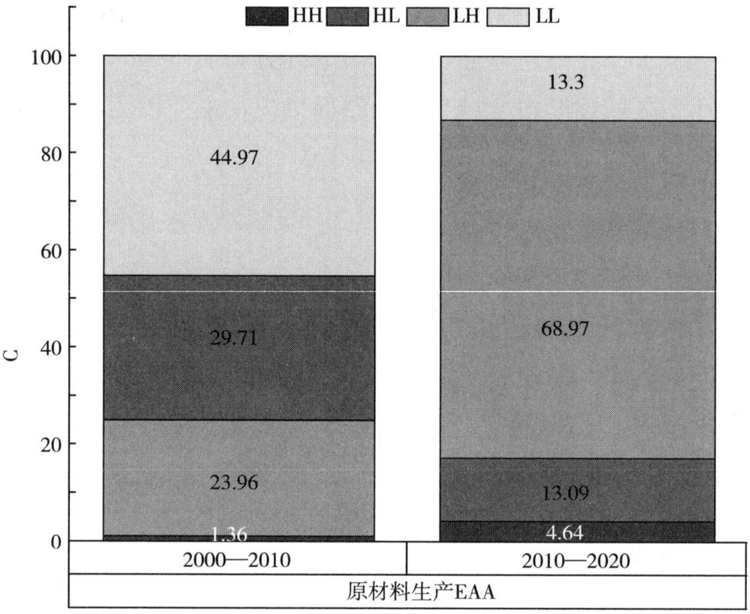

图 6.29　2000—2020 年原材料生产服务绩效变化率与城镇用地扩张率双变量空间自相关类型面积占比

6. 生物多样性维持服务绩效与城镇用地扩张

ECA：2000—2020 年城镇用地扩张率与生物多样性 ECA 服务绩效变化率的 *Moran'S I* 指数由 0.023 变为－0.074，表明两变量由空间正相关转为空间负相关，城镇用地扩张会导致生物多样性 ECA 服务绩效降低。由图 6.30a－b、图 6.31 可知，近 20 年空间集聚分布较稳定，HH 型区域主要分布在晋中东南部的麻田镇、芹泉镇、拐儿镇等，该区位于太行山脉，林地资源丰富，城镇建设速度较快；LH 型区域主要集中在晋中西南部及晋中东部；LL 型区域主要分布在晋中中部太岳山；HL 型区域散布在晋中中、东部。总体上 LL 型和 HL 型的面积比重偏大，这与 ECA 所处区域多为山区，植物种类丰富，ECA 生态空间服务绩效稳定，但城镇建设滞后有关。

EAA：2000—2020 年城镇用地扩张率与生物多样性 EAA 服务绩效变

化率的 *Moran'S I* 由 0.012 变为 0.022，表明两变量存在显著的空间正相关，城镇用地扩张率与生物多样性 EAA 服务绩效变化率同步提升或降低。从 *Moran'S I* 指数变化看，这种空间集聚的正相关性逐渐增加，城镇用地扩张过程中生物多样性 EAA 服务水平也逐步提升。由图 6.30c－d、图 6.31 可知，2000—2010 年和 2010—2020 年这 2 个阶段，空间分布由集中连片式转为全域扩散式；HH 型及 LH 型区域由晋中中、东部向全域扩散，面积占比分别从 24.36% 上升至 42.07%，从 38.18% 上升至 49.59%；LL 型面积占比逐渐缩减，从 29.76%下降至 8.33%；HH 和 LH 型面积占比提升也表示生物流动阻碍度逐渐降低，EAA 服务绩效呈上升状态。

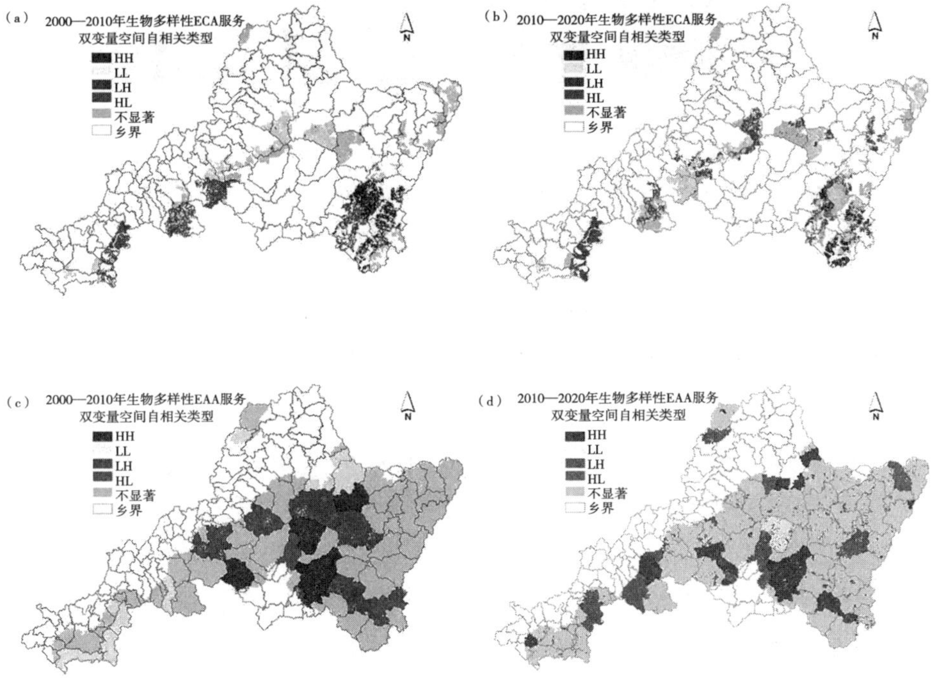

图 6.30　2000—2020 年生物多样性维持服务绩效变化率与城镇用地扩张率双变量 LISA 聚集图

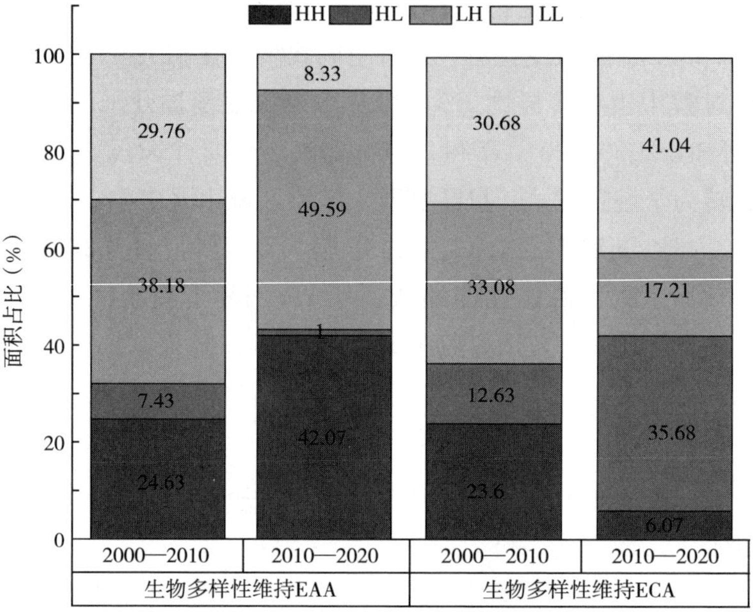

图 6.31　2000—2020 年生物多样性维持服务绩效变化率与城镇用地扩张率空间自相关类型面积占比

7. 景观文化服务绩效与城镇用地扩张

因 ECA 面积占比较小，故本研究不做讨论。

EAA：2000—2020 年城镇用地扩张率与景观文化 EAA 服务绩效变化率的 *Moran'S I* 指数由−0.052 变为 0.096，两变量由负相关转为正负相关，表明景观文化 EAA 服务绩效与城镇用地扩张之间关系由权衡向协同转变。由图 6.32 可知，2000—2010 年与 2010—2020 年这两个阶段，HH 型区域面积比重逐渐提高，并向东部集中覆盖原 HL 型区域，主要由于城镇建设推进道路网络建设，提升了景观文化 EAA 服务绩效；LL 型聚集区主要分布在晋中西部，该区城市建设与道路建设比较完善，城镇用地及道路密度变化幅度较小，因此 EAA 服务绩效水平相对比较稳定；LH 和 HL 散布在 LL 型和 HH 型周边。

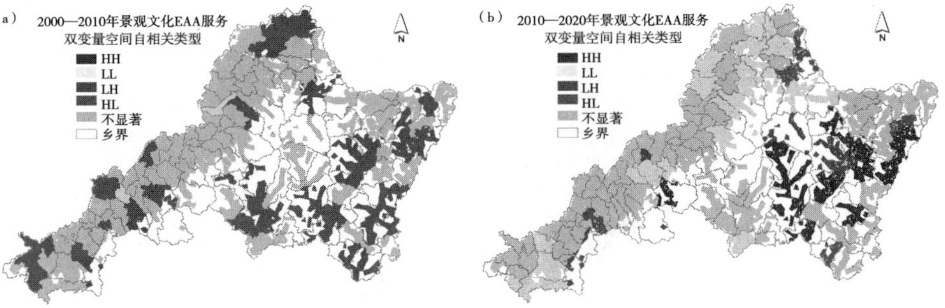

图 6.32　2000—2020 年景观文化服务绩效变化率与城镇用地扩张率双变量 LISA 聚集图

8. 生态综合服务绩效与城镇用地扩张

ECA：2000—2020 年城镇用地扩张率与 ECA 综合服务绩效变化率的 *Moran'S I* 指数由 0.129 变为－0.029，表明两变量由空间正相关转为空间负相关，随着城镇用地扩张，ECA 综合服务绩效先升后降，呈倒“U”形发展。由图 6.33a－b、图 6.34 可知，在 2000—2010 年与 2010—2020 年这两个阶段：①HH 型面积比重逐渐降低，从 29.99%下降至 4.09%，并从东部聚集分布转为西南端零星分布，表明晋中市 ECA 综合服务绩效与城镇用地扩张的“双赢”态势逐渐消失。②LL 型呈扩散趋势，面积比重大幅提升，从 24.19%升至 43.59%，主要依托太岳山脉，该区地形复杂生态资源丰富，生态环境保持稳定，受环境限制城镇用地扩张比率也逐渐降低。③HL 型面积比重呈上升趋势，从 16.33%升至 37.48%，在中、

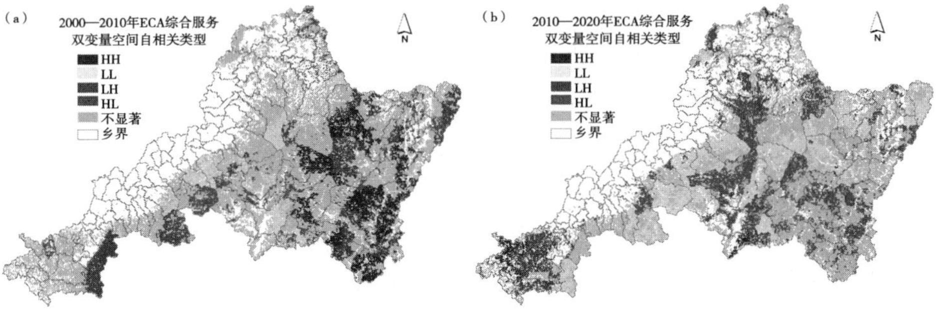

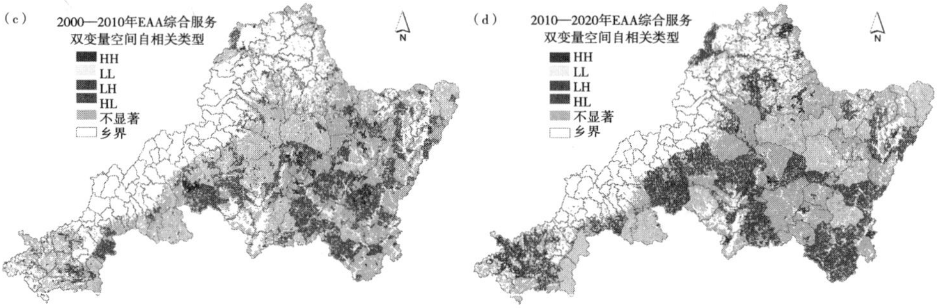

图 6.33　2000—2020 年生态空间综合服务绩效变化率与城镇用地扩张率双变量 LISA 聚集图

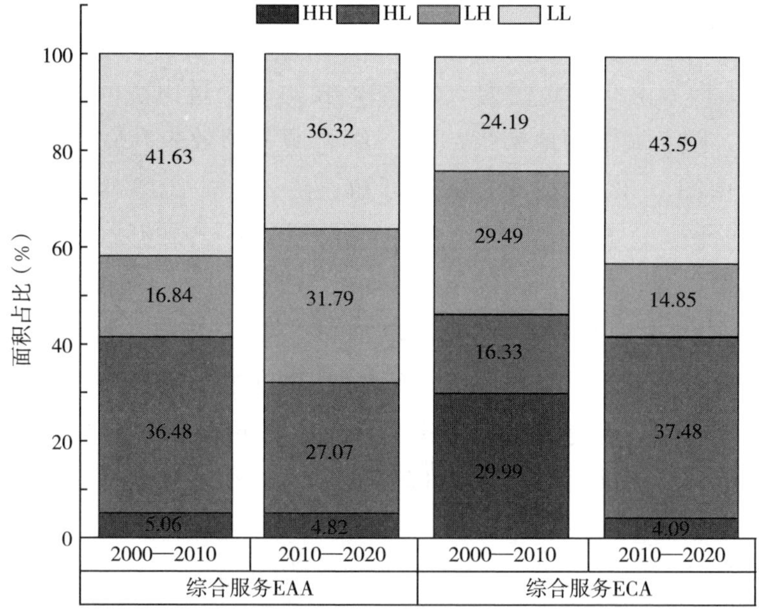

图 6.34　2000—2020 年生态空间综合服务绩效变化率与城镇用地扩张率双变量空间自相关类型面积占比

东部呈扩散趋势，该区城镇用地扩张比率高于 ECA 服务绩效增加速度。④LH 型面积比重逐渐下降，由 29.49%下降至 14.85%，由晋东部、西南部逐渐缩减至西南部，该区城市发展速度低于 ECA 服务绩效增加速度，说明高生态服务绩效也会制约城镇发展。总体表明，ECA 综合服务绩效与城镇用地扩张呈权衡状态，LH 和 HL 型总面积占比从 45.82%提升至 52.33%。

EAA：2000—2020 年城镇用地扩张率与 ECA 综合服务绩效变化率的 *Moran'S I* 指数由 0.02 转为−0.041，表明两变量由空间正相关转为空间负相关，随着城镇用地扩张 EAA 综合服务绩效先升后降，呈倒“U”形发展。由图 6.33c－d、图 6.34 可知，在 2000—2010 年与 2010—2020 年这两个阶段，空间聚集类型以 HL 和 LH 型为主，以 LL 和 HH 型为辅，表明 EAA 综合服务绩效与城镇用地扩张之间以权衡关系为主，以协同关系为辅。

6.6.2　空间自相关视角下交互关系演变特征

首先，生态空间服务绩效与城镇用地扩张呈现空间布局不匹配性和空间滞后性。除城镇用地扩张与景观文化 EAA 服务绩效、生物多样性维持 EAA 服务绩效趋向于正相关关系外，城镇用地扩张与其他类型生态空间服务绩效均由正相关逐步转向负相关，即城镇用地扩张比率高值区邻接生态空间服务绩效变率低值区或城镇用地扩张比率低值区邻接生态空间服务绩效变率高值区。总体反映城镇用地扩张抑制多种生态空间服务绩效水平提升，生态空间服务绩效高的地区约束城镇用地扩张，两者呈权衡状态。另外 2000—2010 年两者空间相关性为正相关，但 2010—2020 年后，城镇用地扩张速度和比率相对下降，两者空间相关性由正相关转为负相关，反映服务绩效对城镇用地扩张的动态响应仍存在空间滞后性特征。主要因为城镇用地在空间单元内对服务绩效的影响具有累积效应，当效应经过空间单元嵌套不断累积到达阈值才能从空间层面体现出整体关系，因此空间管控是调控两者交互关系的有效途径。

其次，生态空间服务绩效与城镇用地扩张的空间正相关关系以低水平正相关为主。除生物多样性维持 EAA 服务绩效变率与城镇用地扩张率以 HH 型为主要正相关关系，其他类型的绩效变率与扩张比率均以 LL 型为主要的正相关关系。表明晋中市还有部分区域的生态空间绩效与城镇用地扩张的交互状态处于勉强或初级阶段，还没有形成耦合响应，还需要通过资金支持和政策保障推动两者向高质量进阶。

6.7 本章小结

本章首先对城镇用地扩张形式进行理论分析，认为城镇用地扩张是一种客观的城镇发展必然性，主要体现在规模扩张、空间扩张、有序扩张。其次从生态空间服务绩效与城镇用地扩张的交互关系形成过程、判定依据和演变路径揭示两者交互机制，从理论层面分析生态空间服务绩效和城镇用地扩张交互关系形成条件和发展态势，为后续研究提供理论指导。再次以晋中市为例，从扩张速度、扩张比率、扩张贡献率和扩张形态等方面开展城镇用地扩张定量分析。最后采用圈层梯度分析、脱钩分析和空间自相关方法，从数量、速度和时空 3 个层面反映生态空间服务绩效与城镇用地扩张之间交互关系的时空异质性和依赖性。深入分析两者交互关系的时空演变特征，主要包括三方面：从梯度视角看，生态空间服务绩效是城镇距离变化的函数，随着距离增加绩效水平呈非线性变化，总体上生态服务供给能力随着城镇距离增加而增加，但是生态服务传递能力在一定距离范围内随着城镇距离增加而减少；从脱钩视角看，城镇用地扩张对生态空间服务绩效产生不同的累积效应，并且城镇用地扩张与不同类型下 EAA 服务绩效的交互强度相对较高，不同类型下生态空间绩效对扩张的响应具有时空滞后效应；从空间相关关系来看，生态空间服务绩效与城镇用地扩张呈现空间布局不匹配性和空间滞后性，空间正相关关系以低水平正相关为主。研究结果如下：

（1）城镇用地时空演变分析。从城镇用地扩张特征来看，2000—2020 年城镇用地扩张规模、扩张速度和扩张比率都呈增长趋势，分为速增长和缓慢增长 2 个阶段。其中 2000—2010 年从 149.87km^2 增加到 203.48km^2，共增加 53.61km^2，扩张速度为 5.361km^2/a，扩张比率为 35.77%；2010—2020 年从 203.48km^2 增加到 235.94km^2，共增加 32.46km^2，扩张速度为 3.246km^2/a，扩张比率为 15.95%。从乡镇层面看，晋中西部的城镇用地扩张速度一直高于东部地区；而晋中东部的扩张比率高于西部地区，这与城镇用地基数有关，即城镇用地基数面积越小，扩张比率就越高。从 FRAC 来看，2000—2020 年晋中市城镇用地的 FRAC 从 1.014 2 提高 1.092 3，说明晋中市的城镇用地是外延式扩张，通过占用城镇周边其他土地类型完成扩张，对城镇周边的生产空间和生态空间造成一定影响。从城镇用地贡献率看，在草地、林地、湿地和未利用地中，2000—2020 年城镇用地扩张对草地的占用面积较大，共计 30.32km^2，贡献率为 35.23%，而占用未利用地 0.921km^2，贡献率为 1.10%，占用林地面积 0.344km^2，贡献率为 0.4%。总体上 2010—2020 年城镇用地扩张占用林、草、湿地、未利用地的面积减少。从空间上看，晋中西部地区城镇用地扩张贡献率高于东部地区，这与城镇用地扩张速度的空间分布保持一致。

(2) 生态空间服务绩效是城镇距离变化的函数。随着距离增加绩效水平呈现递增或递减两种情形，以非线性变化为主要形式。其中土壤保持 ECA 服务绩效、气体调节 ECA 服务绩效、生物多样性 EAA 服务绩效、水污染处理 ECA 服务绩效、水污染处理 EAA 服务绩效、原材料生产 ECA 服务绩效、ECA 综合服务绩效与城镇距离呈正相关关系，即距离城镇建设用地越远，生态空间服务绩效越高；土壤保持 EAA 服务绩效、气体调节 EAA 服务绩效、景观调节 EAA 服务绩效、原材料生产 EAA 服务绩效与城镇距离呈负相关关系，即距离城镇建设用地越远，生态空间服务绩效越低；EAA 综合服务绩效与城镇距离呈先降后升的波动变化状态。总体上生态空间的服务供给能力随着城镇距离增加而增加，生态空间的传递能力在一定范围内随着城镇距离增加而减少。

(3) 2000—2020 年生态空间服务绩效与城镇用地扩张之间脱钩关系包括强正脱钩、弱正脱钩和扩张性负脱钩等 3 种关系，并以强正脱钩为主，以强正脱钩转为弱正脱钩和扩张性负脱钩为发展趋势。总体表明，随着城镇用地扩张，生态空间服务绩效开始逐步降低。不同类型生态空间服务绩效与城镇用地扩张关系具体包括：①与气体调节 ECA 服务绩效、气体调节 EAA 服务绩效的脱钩关系均为强正脱钩为主，强正脱钩向扩张性负脱钩转变，扩张性负脱钩主要分布在晋中西部区域；②与土壤保持

ECA 服务绩效、EAA 服务绩效的脱钩关系以强脱钩为主，逐步向扩张性负脱钩及弱脱钩转变，扩张性负脱钩和弱正脱钩型斑块散布在全区；③与水资源供给 ECA 服务绩效呈强正脱钩状态并转为弱脱钩和扩张性负脱钩、与 EAA 服务绩效呈强脱钩状态，这与城镇化进程中管道建设和河道修建有关；④与水污染 ECA 服务绩效以强正脱钩为主，但城镇用地扩张导致林草地减少，ECA 服务绩效有所微降，与 EAA 服务绩效的关系转为扩张性负脱钩和弱正脱钩；⑤与原材料生产 EAA 服务绩效呈强正脱钩，主要是城镇化过程中道路建设逐步完善；⑥与生物多样性维持 ECA 服务绩效以强脱钩为主，存在转为弱正脱钩和扩张性负脱钩的趋势，与 EAA 服务绩效呈强正脱钩；⑦与景观文化 ECA 服务绩效以强脱钩为主，存在转为弱正脱钩和扩张性负脱钩的趋势，与 EAA 服务绩效呈强正脱钩；⑧与综合服务 ECA 服务绩效、EAA 服务绩效的脱钩关系以强脱钩为主，逐步向扩张性负脱钩及弱脱钩转变，扩张性负脱钩及弱脱钩型图斑分布在全域。整体上，晋中市西部生态空间服务绩效与城镇用地以扩张性负脱钩为主，东部以强正脱钩和弱负脱钩为主；全域以强正脱钩为主，由强正脱钩逐渐向弱正脱钩和扩张性负脱钩转变，由协同交互逐渐转向权衡交互。

（4）2000—2020 年不同类型生态空间服务绩效与城镇用地扩张的空间相关关系主要演变趋势是由正相关转为负相关，即城镇用地扩张比率高值区邻接不同类型生态空间服务绩效变率低值区或城镇用地扩张比率低值区邻接不同类型生态空间服务绩效变率高值区。不同类型生态空间服务绩效随着城镇用地扩张总体变化呈倒 U 形。城镇用地扩张与不同类型生态空间服务绩效的空间相关关系具体包括：①与水污染处理 EAA 服务绩效的空间关系保持负相关，但区域 HL 和 LH 型面积比例逐步缩减；②与生物多样性维持 EAA 服务绩效的空间关系保持正相关，HH 型面积比例增长幅度较大；③与其他生态空间服务绩效的空间关系均由正相关转为弱负相关，高值区和低值区相邻，总体表明生态空间服务绩效与城镇用地扩张互相约束，两者呈权衡状态。

第 7 章　生态空间服务绩效与城镇用地扩张协同路径

通过第 6 章研究分析，已明确生态空间服务绩效总体处于下降趋势，生态空间服务绩效与城镇用地扩张以权衡关系为主，并且不同类型下 EAA 的服务绩效受城镇用地扩张影响更显著，空间分布差异性显著。本章基于国土空间治理结构理论，主要回答“如何促进生态空间服务绩效提升与城镇用地有序扩张协同发展?”

首先，基于“要素整合-空间优化-功能提升”的逻辑顺序梳理生态空间服务绩效与城镇用地扩张提升的协同路径；其次，基于 ECA 和 EAA 服务绩效评价结果建立空间优化分区矩阵，对晋中市生态空间结构进行分区并明确整合方向，再叠加障碍因素的障碍度大小排序结果，进一步明确生态空间优化分区的具体实施路径；再次，基于 FLUS 模型对 2035 年晋中市国土空间结构进行多情景模拟，明确国土空间结构优化方向，明确各类用地数量规模和空间位置，统筹权衡国土空间整体均衡发展；最后，根据共生理论，依据“共生单元功能提升、共生界面交流强化、共生环境制度完善、共生模式协同优化”的系统优化目标，构建生态空间服务绩效与城镇用地扩张的系统功能提升的政策制度保障体系。

7.1　协同治理逻辑框架

党的二十大报告指出“高质量发展是全面建设社会主义现代化国家的首要任务”，“要构建优势互补、高质量发展的区域经济和国土空间体系，是贯彻新发展理念、构建新发展格局的必然要求”，而实现高质量发展离不开城镇用地有序扩张与提升生态空间服务绩效的共同发力。城镇用地扩张过程中，与生态空间系统不断进行物质流、能量流和信息流的交换，两者形成自然、社会和经济等要素高度耦合的交互系统，具有要素、结构、功能等多重属性。系统要素指城镇的建设用地和生态空间的生态要素，是交互系统的基础和载体；系统结构是各类空间所占比例及组合关系，决定系统功能；系统功能是系统能够为人类提供福祉的能力，是要素整合和结构优化的综合体现。协同路径遵循要素整合、结构优化和功能提升 3 个目标，各个目标之间相互关联，层层深入（图 7.1）。

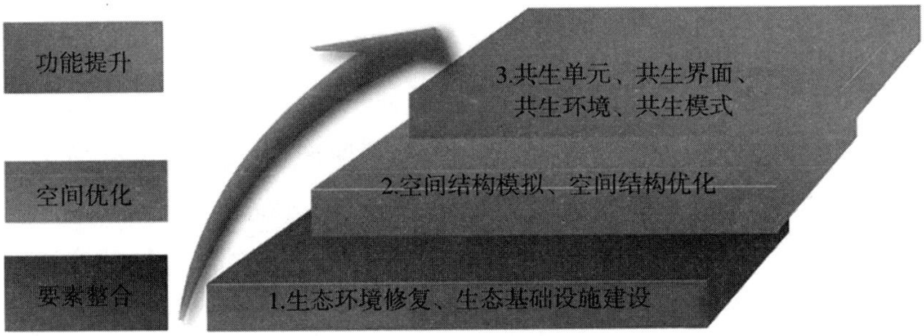

图 7.1　协同治理路径框架

（1）在要素整合层面，主要运用开发、整理、复垦、修复等工程措施实现城镇建设用地节约集约利用，生态资源要素的优化配置，提升生态空间服务的数量和质量，抵消城镇用地扩张引起的负面效应。具体包括：①生态环境修复，针对生态环境短板要素，通过生态关键节点全要素、全过程的共治，修复生态环境。②生态基础设施建设，依托地表河流、湿地、水库、护田林、护路林等设施，建设和完善生态廊道体系。

（2）在结构优化层面，依托空间规划调控手段，遵循总体稳定、局部微调原则，对局部不适宜的地区进行微调，有效控制空间规模，合理布局城镇空间、生态空间和农业空间，促进空间结构和高质量发展相适应。具体包括：①国土空间格局模拟，主要包括目标年多情景土地利用数量结构和空间布局，根据社会经济发展预测，采用趋势预测法、多元线性回归法等预测不同情景土地利用数量结构，采用 FLUS 模拟国土空间格局分布。

②空间格局优化，在多情景模拟结果基础上，与生态空间服务绩效评价结果叠加分析，识别冲突区并进行权衡，实现空间格局优化和检验，明确不同土地类型规模和空间布局。

（3）从功能提升层面，以城镇发展与生态保护共生发展为战略导向，在落实主体功能制度基础上，通过产业融合和政策制度保障，提升国土空间的社会、经济和生态功能，满足人类多样化、高质量的生产生活需求。具体包括：共生单元、共生界面、共生环境和共生模式。最终目标是实现城镇用地有序扩张的管控措施和策略，治理城镇用地扩张过程中的生态空间服务绩效下降，最终破解生态服务供需矛盾，实现城镇用地有序扩张与生态空间服务绩效有效提升。

综上，协同发展是最终目标，将生态空间服务绩效水平的排序组合及其与城镇用地扩张的交互关系作为依据，从工程措施、空间规划、政策制度实现要素整合、格局优化和功能提升等协同目标，具体包括3条路径：

（1）路径一：生态空间服务绩效排序组合信息→生态空间优化分区→探寻障碍因素→选择合理的工程措施→目标指向生态要素保护与利用。

（2）路径二：空间结构模拟预测结果及生态空间服务绩效排序组合信息→识别城镇用地扩张与生态空间的冲突区→高水平绩效冲突区严格保护和低水平绩效冲突区合理开发利用→优化空间结构→目标指向城镇用地合理扩张与生态空间质量提升的目标协同。

（3）路径三：生态空间服务绩效与城镇用地扩张的交互关系→政策制度保障→共生模式→目标指向为两者协同发展提供保障措施。

7.2　基于生态要素修复和整合的工程措施

7.2.1　工程措施与生态空间服务绩效关联逻辑

建立工程措施与生态空间服务绩效之间的有效连接，是实现生态服务绩效提升的关键，也是推动生态空间服务绩效与城镇用地扩张协同发展的直接动力。因此要从微观层面锚定生态空间服务绩效的障碍因素，寻求针对性、可操作的工程技术手段优化生态空间，提升生态空间服务绩效水平。

首先，依据服务绩效评价结果，建立生态空间优化分区判断矩阵进行优化分区，主要分为生态服务综合提升区、生态供给服务提升区、生态传递服务提升区、生态服务供给区等 4 区，确定不同分区中优化等级及优化方向（图 7.2）。根据 4 区中生态空间结构中不同生态服务功能的绩效"低"水平区域面积占比，按照从大到小的顺序，确定生态空间中关联的服务类型优先提升的主次顺序。具体操作为：在 ArcGIS 平台上对 2020 年 ECA 服务绩效与 2020 年 EAA 服务绩效评价结果图进行叠加分析，根据分区原则识别生态空间分区类型，将分区结果再与 2020 年单项生态服务绩效评价结果进行叠加分析，根据各分区中不同类型生态服务绩效水平所占面积百分比识别分区中服务类型优化提升主次顺序。

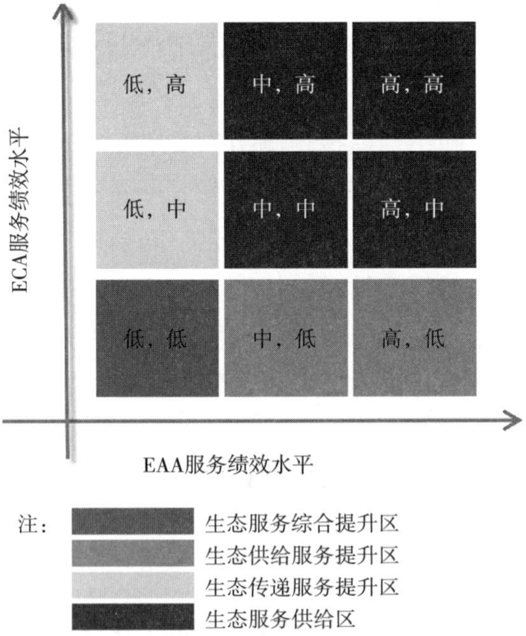

图 7.2　生态空间优化分区判断矩阵

其次，以各类型生态服务绩效评价指标为依据，识别每种生态空间服务类型中服务绩效障碍因素，并根据障碍度确定障碍因素提升的先后顺序，为针对性提升障碍因素的工程布局。具体方法是：采用障碍度诊断模型定量测算障碍因子在各类生态服务绩效中的障碍度，以此识别障碍因子对各类服务绩效限制程度大小；根据障碍度确定不同生态优化分区中的主要障碍因子。障碍度计算见式 7.1～式 7.3。

障碍度计算公式为：

$$x_i = 1 - r_i \tag{7.1}$$

$$p_i = \frac{w_i x_i}{\sum_{i=1}^{m} w_i x_i} \tag{7.2}$$

$$p = \sum_{i=1}^{m} p_i \tag{7.3}$$

式中，r_i 表示第 i 个指标的标准化值，x_i 表示第 i 个指标的偏离度值，w_i 表示第 i 个指标的权重，p_i 表示第 i 个指标的障碍度，p 表示某种生态服务类型中所有障碍因子的总体障碍程度大小。

最后，建立工程项目与障碍因子的关联框架（表 7.1）。在前两步计算结果的基础上，判断各分区主导服务类型障碍因素的优化路径及工程措施。首先根据不同服务类型的障碍因子的障碍度大小排序，辨识不同类型生态空间服务绩效水平的主要障碍因素；其次根据不同分区中各类型生态服务关联的障碍因子的障碍度及次数，综合判断各分区需要解决的障碍因子，依据障碍因子排序提出针对性工程项目布局和优化调控措施。

7.2.2　生态空间优化分区

本研究是对市域范围的生态空间进行优化分区，借助 ArcGIS 平台地理信息与分析技术，分别将 ECA 与 EAA 的综合绩效评价结果进行分级并空间叠加，依据生态空间优化分区判断矩阵，结合晋中市第三次国土资源调查数据、地形地貌特征及自然保护区分布图进行调整，将晋中市生态空间分为重点提升区、ECA 重点提升区、EAA 重点提升区和生态服务供

表 7.1 工程措施与障碍因子关联表

序号	工程措施	工程内容	实施效应	障碍因子	示意图
1	乔-灌-草立体配置	树种优化，林网建设	增加植被多样性和林草景观斑块面积	NDVI 林地占比 SHDI 草地占比	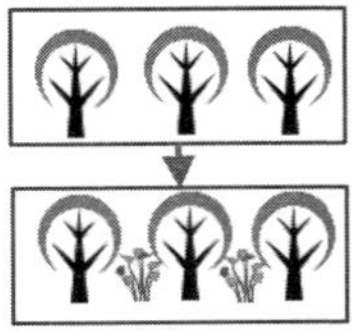
		在森林斑块、草地斑块及农地斑块内间隔种植不同类型植被	提高斑块内部植被覆盖种植复合性	表面粗糙度	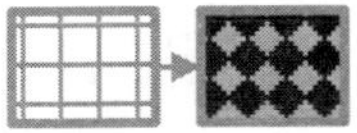
2	微地形改造	运用纵向设计和微地形改造技术，利用土方工程进行地形微调	恢复自然形态边界，提升边界复杂性和延展性	边缘密度 SHAPE GYRATE FRAC 蔓延度	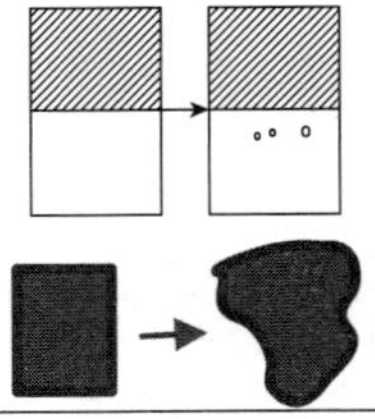
3	生境连通性建设	建设护路林、护田林、护岸林等不同类型景观廊道	恢复生物顺畅的流通性	PD	
		布设同类型景观踏脚石、自然保护区	组团式的脚踏石可形成多条连通线路	IJI	
		河道疏通	恢复河流流动性	CONNECT ENN AI	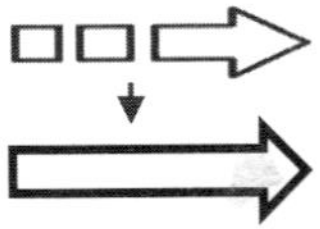

（续）

序号	工程措施	工程内容	实施效应	障碍因子	示意图
4	河道缓冲带	建设环河道 30～100 米缓冲带，缓冲带由退耕、退渔等湿地和乔灌草植被带构成	有效净化入河地表径流。	河网密度 水域占比 湿地占比	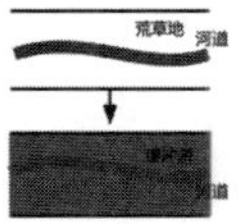
5	农林复合生态系统建设	农田合并、田坎修筑、田面平整、护田林网建设	生态设计农田与牧草灌木相结合的复合景观	耕、园地占比	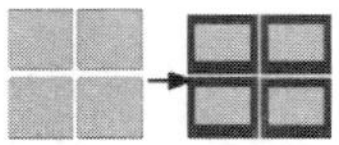
6	灌溉排水工程	渠系铺设、节水改造、水源修建、护渠林建设	改变水文环境、提高沟渠密度、增加灌溉面积	沟渠密度	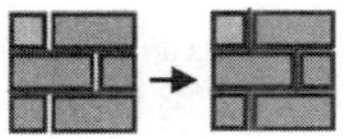
7	交通道路工程	修建景观与城镇空间之间连接道路，道路景观建设	提高通达性	路网密度	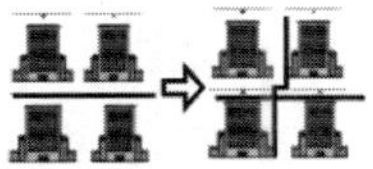
8	城市绿地建设	建设城市外围生态缓冲带 开展大规模植树造林，实现森林入城	利用缓冲带限制城市扩张，提升生态流畅通性 提升绿色空间的连通性	建设用地占比 地表覆盖径流系数	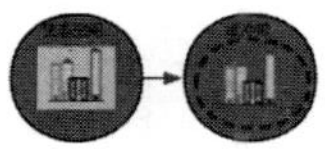
9	防护绿地建设	根据全年频率最高的风向及风力，适当设立透风林或半透风林，由乔木或乔灌构成	化解高程、坡度及地形起伏度的不利影响	高程	
10	盘山路建设	依据等高线布设道路	化解高程、坡度及地形起伏度的不利影响	坡度 地形起伏度	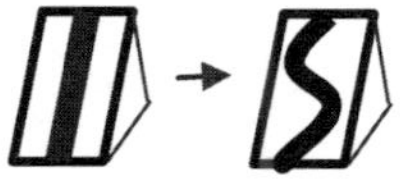

给区等 4 个优化分区。具体情况见图 7.3、表 7.2。

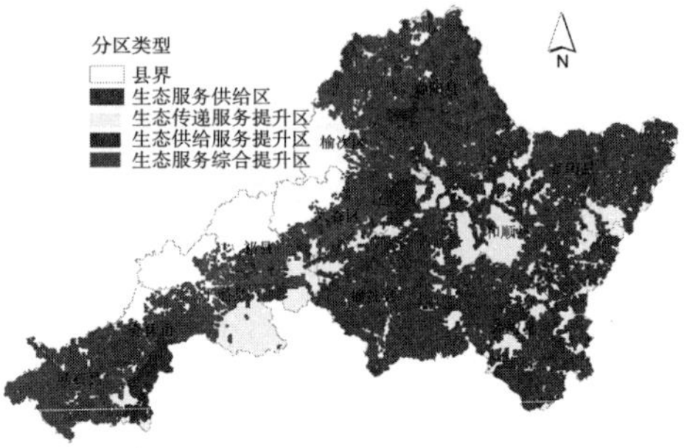

图 7.3　晋中市生态空间优化分区

表 7.2　晋中市生态空间优化分区的空间范围及主要特征

分区类型	面积（km^2）	空间范围	主要特征
生态服务综合提升区	4 380.24	主要分布在晋中市西部，涉及平遥县、祁县、太谷区、榆次区的西部区域，介休市和寿阳县大部分区域	地形以平原为主，东部为丘陵区，西部为汾河沟谷堆积地貌；农业用地是该区主要的用地类型，农用地条件较好，以水浇地为主，有少量盐渍化土地，是《晋中市生态功能区划》中山前平原农业生态功能区。该区也是晋中市主要城镇建设区域，城镇用地扩张规模和速度较快，面临多种景观生态服务需求，同时参与多种景观生态服务过程，该区生态服务绩效水平对于城镇建设可持续、韧性发展具有重要意义
生态供给服务提升区	3 016.03	主要分布在昔阳县、和顺县、左权县、榆社县	地形以山地、丘陵为主；林地和草地是该区域的主要用地类型，集中连片程度较高，设置多处国家和省级自然保护区；降水量丰富，水系沿着山谷从高处蜿蜒曲折流入下游水系；农用地景观主要分布在梁、峁、塬等地形区域；城镇建设零星点缀在农用地景观内部，城镇用地扩张速度较慢，扩张强度偏弱。该区是《晋中市生态功能区划》中重要的生态功能区
生态传递服务提升区	1 925.70	主要分布在昔阳县、和顺县、左权县	地形以山地、丘陵为主，地类以林地、草地为主，片状散布，湿地景观零星分布在区内；降水量丰富，河道纵横分布，是地表饮用水安全的重点保障功能区，是《晋中市生态功能区划》中太行山生态保育功能区

（续）

分区类型	面积（km^2）	空间范围	主要特征
生态服务供给区	1 751.43	分布在晋中全域	地形以山地、丘陵为主，地类以林地、草地、河流为主要类型，沿着山脊呈放射状分布，是自然保护核心区，农村建设用地零星分布其中，是《晋中市生态功能区划》中最重要的生态功能区

7.2.3　不同优化分区的障碍因素

1. 生态优化分区关联的生态服务类型主次分析

基于生态空间优化分区与生态空间单项生态服务绩效评价结果进行叠加分析，明确不同分区内生态服务类型主次如下：

（1）生态服务综合提升区 ECA 关联的重点提升服务类型从主到次依次为：气体调节、水资源供给、水污染治理、生物多样性、水土保持、原材料生产、景观文化；EAA 关联的重点提升服务类型从主到次依次为：气体调节、土壤保持、生物多样性、水污染治理、景观文化。

（2）生态供给服务提升区内关联的生态服务类型从主到次依次为：气体调解，水资源供给、生物多样性、水污染治理、水土保持、景观文化。

（3）生态传递服务提升区内关联的生态服务类型从主到次依次为：气体调节、景观文化、水资源供给、生物多样性服务、水污染治理、水土保持。

2. 不同生态服务类型的障碍因素障碍度排列

基于障碍度模型得到不同类型下限制不同服务绩效水平的影响因素障碍度计算结果，如表 7.3 所示，依据障碍因子的障碍度按照从大到小进行排列，并选取综合障碍度为 0.8 以上的障碍因子作为生态空间服务绩效的主要障碍因子。具体计算结果如下：

（1）原材料服务中 ECA 和 EAA 服务绩效障碍因素。原材料生产服务 ECA 服务绩效障碍因素中，障碍度总和超过 0.8 并按照障碍度从大到小排列的障碍因子，依次包括：林地占比、NDVI、草地占比及 SHAPE；原材料生产服务 EAA 服务绩效障碍因素中，障碍度总和超过 0.8 并按照

表 7.3　生态空间内关联服务绩效障碍因子的障碍度计算结果

指标	气体调节		水土保持		水资源供给		水污染治理		原材料生产		生物多样性维持		景观文化	
	ECA	EAA	ECA	EAA	ECA	EAA	ECA	EAA	ECA	EAA	ECA	EAA	ECA	EAA
高程		0.087 19							0.015 92	0.008 51				0.229 03
坡度		0.249 83	0.002 01	0.003 31		0.004 37	0.001 2	0.005 4	0.015 92	0.012 58		0.001 82		0.066 22
地形起伏度		0.336 88		0.007 05	0.003 02				0.015 45	0.007 4	0.095 08	0.052 16	0.005 19	0.001 2
林地占比	0.236 43		0.239 99		0.695 12		0.234 58		0.304 31		0.133 69		0.108 55	
草地占比	0.004 79		0.295 84				0.180 11		0.201 31		0.069 3		0.108 55	
耕、园地占比	0.005 99		0.024 49								0.000 12		0.000 43	
水域占比					0.007 64		0.021 49				0.158 94		0.095 57	
湿地占比	0.005 79				0.005 87		0.021 49				0.016 04		0.091 29	
建设用地占比														
NDVI	0.015 58		0.116 88				0.055 53		0.234 08		0.061 16			
地表覆盖径流系数				0.211 18				0.151 13						
表面粗糙度		0.004 07		0.413 18	0.288 35	0.021 96		0.466 14						
沟渠密度						0.225 93								
路网密度										0.020 36				0.703 56
河网密度				0.009 48		0.225 93		0.098 63		0.166 54	0.142 61			
GYRATE	0.188 74	0.019 53						0.048 41	0.010 77			0.089 92		
SHAPE	0.183 76						0.052 22	0.028 79	0.149 81			0.081 71		
FRAC	0.176 57						0.168 27	0.027 48	0.025 75		0.114 9	0.098 23		
PD	0.177 57						0.148 4	0.032 71	0.026 69			0.052 16	0.415 17	
IJI		0.080 68	0.105 89			0.019 75	0.102 53	0.027 48		0.166 54		0.127 53	0.019 79	
CONTAG		0.068 61	0.109 01	0.202		0.051 04	0.003 93	0.030 09		0.207 25		0.079 38	0.020 73	
AI							0.003 06	0.027 48			0.113 1	0.083 91		
ENN		0.077 29	0.098 4	0.076 91		0.225 93		0.028 79		0.203 55		0.106 54	0.030 15	
CONNECT		0.075 93	0.007 5	0.076 91		0.225 09	0.003 20	0.027 48		0.207 25		0.127 53	0.030 15	
CWED							0.003 49					0.003 85	0.033 92	
SHDI	0.004 79										0.095 08	0.095 25	0.040 51	

障碍度从大到小排列的障碍因子，依次为：CONTAG、CONNECT、ENN、河网密度及 IJI。

（2）水资源供给服务中 ECA 和 EAA 服务绩效障碍因素。水资源供给服务 ECA 服务绩效障碍因素中依次为：林地占比、表面粗糙度；水资源供给服务 EAA 服务绩效障碍因素中依次为：沟渠密度、河网密度、集合最邻近指数、CONNECT。

（3）气体调节服务中 ECA 和 EAA 服务绩效障碍因素。气体调节服务 ECA 服务绩效障碍因素中依次为：林地占比、GYRATE、SHAPE、PD、FRAC；气体调节服务 EAA 服务绩效障碍因素中依次为：地形起伏度、坡度、高程、IJI、ENN。

（4）生物多样性服务中 ECA 和 EAA 服务绩效障碍因素。生物多样性服务 ECA 服务绩效障碍因素中依次为：水域占比、河网密度、林地占比、分维指数、AI、地形起伏度和 SHDI；生物多样性服务 EAA 服务绩效障碍因素中依次为：IJI、CONNECT、ENN、FRAC、SHDI、GYRATE、AI、SHAPE。

（5）水土保持服务中 ECA 和 EAA 服务绩效障碍因素。土壤保持服务 ECA 服务绩效障碍因素依次为：草地占比、林地占比、NDVI、蔓延度、IJI；土壤保持服务 EAA 服务绩效障碍因素依次为：表面粗糙度、地表覆盖指数、CONTAG。

（6）水污染治理服务中 ECA 和 EAA 服务绩效障碍因素。水污染治理服务 ECA 服务绩效障碍因素依次为：林地占比、草地占比、FRAC、PD、IJI；水污染治理服务 EAA 服务绩效障碍因素依次为：地表粗糙度、地表覆盖度、河网密度、GYRATE、PD。

（7）景观文化服务中 ECA 和 EAA 服务绩效障碍因素。景观文化服务 ECA 服务绩效障碍因素依次为：PD、林地占比、草地占比、水域占比、湿地占比；景观文化服务 EAA 服务绩效障碍因素依次为：路网密度和高程。

综上所述，根据影响服务类型的种类及障碍程度，优先所需攻克的障碍因素依次为：林地占比对 7 种生态服务绩效产生限制；草地占比、PD、

FRAC、河网密度、GYRATE、ENN 等对 4 种生态服务绩效产生限制；表面粗糙度、CONNECT、蔓延度、SHAPE 等对 3 种生态服务绩效产生限制；NDVI、地表覆盖径流系数、地形起伏度、高程、AI、水域占比、SHDI 等对 2 种生态服务绩效产生限制；沟渠密度、林地占比、路网密度、坡度、湿地占比等对 1 种生态服务绩效产生限制。

3. 不同生态优化分区优化路径及调控模式

(1) 生态服务综合提升区。针对位于平原地区且城镇用地扩张集中区的主要特征，障碍因素以林地占比、草地占比、PD、FRAC、河网密度、GYRATE、ENN、表面粗糙度、CONNECT、蔓延度、SHAPE、NDVI、地表覆盖径流系数、地形起伏度、高程、AI、水域占比、SHDI、沟渠密度、路网密度、坡度、湿地占比等为主，可采用［1，2，3，4，6，7，8，9］等工程组合模式。工程措施［1］主要调控林地占比、草地占比、SHDI、NDVI 指数、表面粗糙度等障碍因子；工程措施［2］主要调控边缘密度、SHAPE、GYRATE、FRAC、蔓延度等障碍因子；工程措施［3］主要调控 PD、CONNECT、AI 等障碍因子；工程措施［4］主要调控河网密度、水域占比、湿地占比等障碍因子；工程措施［6］主要调控沟渠密度；工程措施［7］主要调控路网密度；工程措施［8］主要调控地表覆盖径流系数；工程措施［9］主要调控高程、坡度等障碍因子。

综上所述，生态服务综合提升区可依托湿地公园、小流域治理、滨河绿色长廊打造、绿色城市建设、水污染治理工程、农业面源污染控制、城市特色景观风貌营造等涵盖［1，2，3，4，6，7，8，9］工程组合模式的重大工程项目体系引导下实施。

(2) 生态供给服务提升区。针对位于山地丘陵区但城镇用地扩张较弱的主要特征，障碍因素以林地占比、草地占比、PD、FRAC、NDVI 值、SHAPE、水域占比、IJI、河网密度、GYRATE、AI、蔓延度、湿地占比、SHDI 等为主，可采用［1，2，3，4］工程组合模式。工程措施［1］主要针对林地占比、草地占比、NDVI、SHDI、表面粗糙度等障碍因子。工程措施［2］主要针对边缘密度、SHAPE、GYRATE、FRAC、蔓延度等障碍因子；工程措施［3］主要针对 PD、IJI、AI 等障碍因子；工程措施［4］主要针对河网密度、湿地占比等障碍因子。

综上所述，生态供给服务提升区可依托封山育林、退耕还林还草、重要水源补种林草、补给区生态保护工程、流域水土保持工程、坡改梯工程、土地整治工程、流域水利工程、生态城镇建设、自然保护区建设等涵盖［1，2，3，4］工程组合模式的重大工程项目的政策引导下实施。

（3）生态连接服务提升区。针对地形以山地、丘陵为主，地类以林地、草地为主，片状散布的主要特征，障碍因素以几何最近邻近距离指数、CONNECT、河网密度、IJI、表面粗糙度、高程、蔓延度、地表覆盖径流系数、GYRATE、PD、地形起伏度、FRAC、沟渠密度、AI、路网密度、坡度、SHDI、SHAPE 等障碍因子，可采用［1，2，3，4，6，7，8，9］工程组合模式。工程措施［1］主要调整 SHDI、表面粗糙度等障碍因子；工程措施［2］主要调整 SHAPE、GYRATE、分维指数、蔓延度等障碍因子；工程措施［3］主要调整几何最近邻近指数、PD、IJI、CONNECT、AI 等障碍因子；工程措施［4］主要调整河网密度等障碍因子；工程措施［6］主要调整沟渠密度等障碍因子；工程措施［7］主要调整路网密度等障碍因子；工程措施［8］主要调整地表覆盖径流系数等障碍因子；工程措施［9］主要调整高程、坡度等障碍因子。

综上所述，生态连接服务提升区可依托封山育林、退耕还林还草、荒山绿化、水土保持工程、兴修水利工程、道路建设工程、流域治理工程、河道绿色长廊建设、野生动植物保护与自然保护区建设、生态村镇等涵盖［1，2，3，4，6，7，8，9］工程组合模式的重大工程项目的政策引导下实施。

7.3　基于空间结构调整和优化的国土规划

空间格局是生态服务过程的载体，对于生态服务过程而言具有宏观的控制作用。小尺度空间范围内生态服务过程可以通过观测或实验直接获取结果，但是对于大尺度空间范围内的生态服务过程更多的是依赖于模型模拟，将生态要素与空间格局联系在一起，模拟分析空间格局优化后对生态空间服务产生的影响。因此本研究设定自然增长、城镇扩张、综合发展等三种情景模拟，叠加生态空间服务绩效评价结果识别城镇扩张与生态保护之间的冲突区并对其进行优化调整。具体框架如图 7.4 所示。

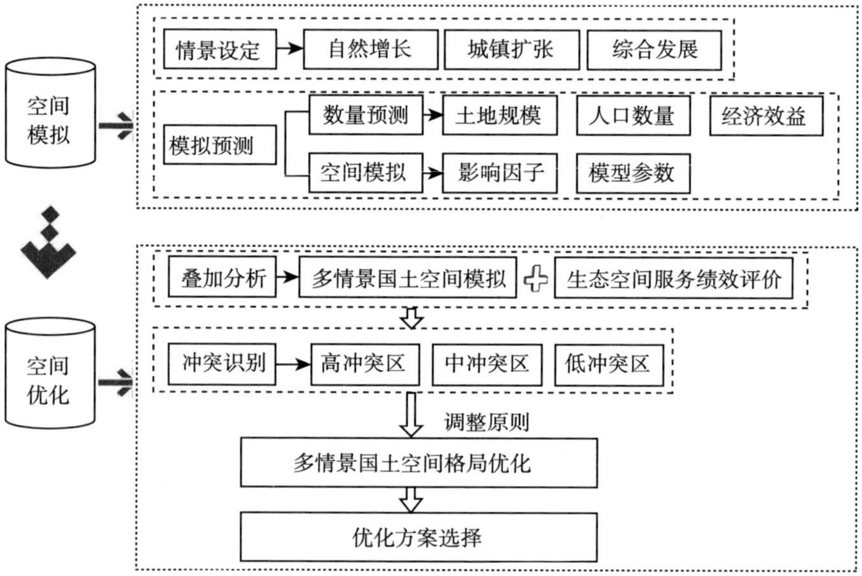

图 7.4　国土空间优化路线

7.3.1　FLUS 模型原理

本研究基于 GeoSOS－FLUS 平台采用 FLUS 模型对晋中市国土空间格局多情景模拟，为探寻城镇用地扩张过程中生态空间服务绩效提升治理路径提供依据。FLUS 模型原理源自元胞自动机（CA），空间动态模拟能力增强，能够有效处理外部因素干扰下各国土空间类型之间转换时的不确定性。FLUS 模型包括 ANN 和 Self－CA 两个模块，模型原理参考已有研究。首先，FLUS 模型采用 ANN 模块从 2020 年土地利用数据与包含人为与自然等多种驱动因子获取各类用地类型的适宜性概率；其次，根据不同情景设置邻域因子、自适应性系数和转换成本，结合适宜性概率得到晋中市国土空间转化总概率；最后，依据转化总概率、限制转换区等设置，完成国土空间类型之间的转换，模拟预测 2035 年晋中市国土空间布局。

GeoSOS－FLUS模型模拟运行的所需文件如表7.4所示。

表7.4　模型模拟的数据类型及作用

数据类型	作用
2020年和2015年土地利用栅格数据	模拟预测以及精度检验
2035年各地类的栅格数量	用于未来各类用地规模预测结果
生态红线区、基本农田保护红线区	禁止城镇扩张占用核心生态用地或基本农田
高程、坡度、人口等	计算土地类型适宜性概率

7.3.2　多情景设置

多情景设置有利于识别不同发展趋势下生态空间服务绩效与城镇用地扩张的权衡关系变化。多情景主要考虑3方面：首先，2020—2030年晋中市政府积极推进太榆一体化建设，中心城区——榆次向太原方向扩张，并与之建立了完善交通道路体系；同时实施“大县城”战略，引导人口向县城集中，晋中市未来的空间发展还可能继续保持较高的城镇用地需求。其次，2020年之前晋中市城镇用地以外延扩张为主，以占用耕地、林地为主，但在《晋中市城市总体规划（2016—2030年）》中要求城镇空间集约紧凑发展，提高城镇空间开发利用效能，城镇发展逐渐向外延与内涵结合的模式转变。最后，晋中市西部平原地区是优质耕地集聚区，东部山区具有丰富的生态资源，保护耕地、生态资源成为城镇空间规划主要约束条件。针对以上3点考虑，设置三种情景：自然增长情景为其他两类的对照；针对重大项目建设或人口增长发展，设置城镇扩张情景；考虑国土空间格局的经济效益和生态效益发展设置综合发展情景。具体如下：

7.3.2.1　自然增长情景

根据晋中市2015—2020年土地利用结构的历史发展趋势而自然外推设定的基础情景，其他2个发展情景以此为对照。在该情景条件下，土地利用格局保持2015—2020年的变化率恒定变化，不受宏观政策或规划调整的影响，各用地类型维持原有增长或减少趋势。根据2015—2020年土地利用类型的转移概率，采用FLUS中Markov chain模型预测2035年自然发展情境下晋中市土地利用类型的需求量。

7.3.2.2 城镇扩张情景

为了满足人口增长对建设用地的需求，城镇建设用地的增长同人口规模增加直接相关。主要根据《晋中市统计年鉴》（2014—2019年）总人口和城镇人口统计数据，采用趋势预测法对晋中市城镇人口和乡村人口进行预测，同时在预测过程中参考了《“健康山西2030”规划纲要》《晋中市城市总体规划（2016—3030年）》《晋中市第三次水资源评价报告》（2017年）中关于晋中市人口增长状况预测结果。根据晋中市统计年鉴，晋中市人口从2015年的3 335 694人增长到2020年的3 380 397人，总体保持平稳增长，年均增长率为0.4%；城镇人口从1 749 841增长到2028 072人，年均增长率为3.18%；参照《城市蓝皮书：中国城市发展报告NO.12》《晋中市城市总体规划（2016—2030年）》《晋中市“十四五”社会经济发展规划》，预计2035年晋中市城镇化保持为70%。综合上述分析预测2035年晋中市总人口为4 367 934人，城镇人口为3 644 300人，乡村人口为1 310 380人。

晋中市2035年城镇建设用地总规模预测采用基于人口数量的预测、基于历年城镇用地增长的预测等方法，结合各县（区、市）的区位、未来经济发展潜力等因素，对计算结果进行调整。

1. 晋中市2035年城镇建设用地总规模

（1）基于人口数量的预测。基本方法是基于规划年末人口预测规模，结合人均建设用地面积定额国家标准，预测2035年城镇用地总规模。晋中市2019年人均城镇建设用地91.89m^2，依据《城市用地分类与规划建设用地标准》（2011）进行规划指标设定（表7.5、表7.6）。

表7.5 人均建设用地指标分级

指标级别	Ⅰ	Ⅱ	Ⅲ	Ⅳ
人均建设用地指标（m^2/人）	60.1～75.0	75.1～90.0	90.1～105.0	105.1～120.0

表 7.6　城镇人均建设用地指标

现状人均建设用地水平（m^2）	指标级	规划人均建设用地指标（m^2）	允许人均调整幅度（m^2）
≤60.0	Ⅰ	60.1～75.0	+0.1～+25
60.1～75.0	Ⅰ	60.1～75.0	>0
	Ⅱ	75.1～90.0	+0.1～+20
75.1～90.0	Ⅱ	75.1～90.0	不限
	Ⅲ	90.1～105.0	+0.1～+15
90.1～105.0	Ⅱ	75.1～90.0	−15～+0
	Ⅲ	90.1～105.0	不限
	Ⅳ	105.1～120.0	+0.1～+15
105.1～120.0	Ⅲ	90.1～105.0	−20.0～0
	Ⅳ	105.1～120.0	不限
>120.0	Ⅲ	90.1～105.0	<0
	Ⅳ	105.1～120.0	<0

（2）基于历年城镇用地增长的预测。根据2000—2020年城镇建设用地的年均增长率进行正向离差标准化，分析其变化趋势，以此预测2020—2035年建设用地的变化趋势。

通过两种方法计算，考虑集约利用情况对结果进行修正，晋中市人均城镇建设用地面积控制良好，预计2035年晋中市城镇常住人口约为364.43万人，可调整城镇建设用地范围为328.35～382.65km^2。详见表7.7。

表 7.7　规划期晋中市城镇建设用地变化情况

行政区	2020年城镇建设用地（km^2）	规划调整人均城镇标准（m^2/人）	2035年城镇人口（万人）	2035年城镇建设用地，基于人口预测可调整范围（km^2）	2035年城镇建设用地，基于增长预测面积（km^2）	2035年城镇建设用地修正后面积（km^2）
晋中市	259.63	90.1～105.0	364.43	320.35～382.65	341.34	326.51

2. 晋中市2035年村庄建设用地总规模

（1）基于人口数量的预测。晋中市2019年人均农村居民点387.92m^2，根据《村镇规划标准》（GB50188－2006）《县级土地利用总体规划编制规程》要求，现状人均用地水平大于 150m²，要将人均建设用地指标控制在 150m² 以内（表 7.8）。

表 7.8　村镇人均建设用地指标分级

级别	一	二	三	四	五
人均建设用地指标（m²/人）	＞50 ≤60	＞60 ≤80	＞80 ≤100	＞100 ≤120	＞120 ≤150

（2）基于历年村庄用地增长的预测。根据 2000—2020 年村庄建设用地的历史增长率，预测 2020—2035 年村庄建设用地增长规模。

综上，晋中市各县人均乡村建设用地普遍较高，按照标准将人均乡村建设用地控制在 150m²，根据预测人口得出晋中市 2035 年的乡村建设用地，详见表 7.9。通过两种方法计算，考虑集约利用情况对结果进行修正最后得出，预计 2035 年乡村常住人口约为 131.04 万人，农村建设用地预计 332.36km²。与 2020 相比，需要增加 65.78km²，可充分满足新农村建设需求。

表 7.9　规划期晋中市乡村建设用地变化情况

行政区	2020 年村庄建设用地（km²）	2035 人均乡村标准（m²/人）	2035 年乡村人口（万人）	2035 基于人口预测村庄建设用地（km²）	2035 基于增长预测村庄建设用地（km²）	2035 年村庄建设用地修正后面积（km²）
晋中市	266.58	150	131.04	202.85	332.36	332.36

鉴于太行山区生态环境脆弱，根据《山西省主体功能区划》，晋中市是国家重要的水源涵养和水土保持功能区，为了维持林地面积每年持续稳定地增加，国家制定了太行山绿化工程（1985—2050 年），根据 2000—2020 年林地面积年均增长率计算得到 2035 年林地面积 3 756.61km²；根据 2000—2020 年草地面积年均增长率计算得到 2035 年草地面积 7 186.47km²；耕地保持 2020 年基准水平为 4 742.25km²，水域是重要的

生态空间，晋中市河流水面、湿地、水库是人类生产生活重要的水源地，须保持稳定不变；其他土地为总面积扣除城镇建设用地、乡村建设用地、林、草、耕、水域及湿地后剩余面积。

7.3.2.3 综合发展情景

综合考虑自然增长情景和城镇扩张情景面临的情况，以及“三区三线”建设情况，同时还需考虑国土空间格局优化产生的经济效益和生态效益。

1. 构建目标函数

基于协同目标，国土空间的经济价值和生态价值需要得到同步提升，实现综合效益最大化。根据已有研究[194]，本书构建经济效益和生态效益目标函数。

（1）经济效益最大化目标函数。

$$F_{economy}(x)=\mathrm{Max}\sum_{i=1}^{8}c_i x_i=c_1x_1+c_2x_2\cdots+c_8x_8 \quad (7.4)$$

式中，$F_{economy}$（x）为晋中市土地利用总经济效益（元）；C_i 为地类 i 的经济效益系数（元/hm^2）；x_i 为地类 i 的总面积（km^2）。

系数计算是根据 2015—2020 年晋中市土地利用类型对应的产值与其面积之比，得到逐年的效益系数，再利用 GM（1，1）灰色预测模型求得 2035 年研究区的经济效益系数 c_i，最终得到 2035 年经济效益系数（表 7.10）。

$$F_{economy}(x)=516.23x_1+242.64x_2+198.54x_3+25.14x_4+25.14x_5+178\,158.59x_6+65.84x_7 \quad (7.5)$$

（2）生态效益最大化函数。

生态效益系数根据生态系统服务价值计算[195]。

$$F_{ecology}(x)=\mathrm{Max}\sum_{i=1}^{8}c_i x_i=e_1x_1+e_2x_2\cdots+e_8x_8 \quad (7.6)$$

式中 $F_{ecology}$（x）为晋中市土地利用总生态效益（元）；e_i 为地类 i 的生态效益系数（元/hm^2），采用生态系统服务价值计算；x_i 为地类 i 的总面积（km^2）。

$$F_{ecology}(x)=6\,843.42x_1+27\,373.66x_2+11\,171.05x_3+49\,346.46x_4+49\,346.46x_5+1\,431.01x_8 \quad (7.7)$$

表 7.10　土地利用类型对应的生态、经济效益系数

土地利用类型	经济效益计算公式	经济效益系数（元/hm^2）	生态效益系数（元/hm^2）
耕地 x_1	农业产值/耕地面积	516.23	6 843.42
林地 x_2	林业产值/林地面积	242.64	27 373.66
草地 x_3	畜牧产值/草地面积	198.54	11 171.05
湿地 x_4	渔业产值/河流水面	25.14	49 346.46
水域 x_5	渔业产值/河流水面	25.14	49 346.46
城镇建设用地 x_6	二、三产业产值/城镇建设用地	178 158.59	0
农村建设用地 x_7	第一产业产值/农村建设用地	65.84	0
其他 x_8	主要为荒草地，忽略经济效益	0	1 431.01

2. 设置约束条件

主要考虑晋中市“十四五”规划、晋中市城市总体规划（2016—2030 年）等规划文件设置：

（1）土地利用总面积约束：

$$\sum_{i=1}^{8} x_i = 16\ 429.55 \tag{7.8}$$

（2）耕地保有量。随着国家对粮食安全和耕地保护战略意义的重视，为了满足国土空间规划对耕地面积的约束，以永久基本农田面积保护为下限，以 2020 年现有耕地面积为上限。

$$3\ 374.07 < x_1 \leqslant 4\ 742.25 \tag{7.9}$$

（3）林地保有量。根据 2015—2020 年晋中市林地面积增长趋势预测 2035 年林地为 3 756.61km^2，保有量在 2020 年现状和 2035 年自然增长量的变化范围。

$$3\ 675.31 < x_2 \leqslant 3\ 756.61 \tag{7.10}$$

（4）草地保有量约束。最低不低于根据年均减少率预测的 2035 年面积，最高不超于 2020 年现状值。

$$7\ 186.47 < x_3 \leqslant 7\ 412.87 \tag{7.11}$$

（5）湿地保有量约束：

$$x_4 \geqslant 15.40 \tag{7.12}$$

（6）水域保有量约束：

$$x_5 \geqslant 29.54 \tag{7.13}$$

（7）城镇建设用地：

$$259.63 \leqq x_6 < 326.51 \tag{7.14}$$

（8）农村建设用地保有量约束：

$$266.58 \leqq x_7 < 332.36 \tag{7.15}$$

（9）其他土地规模约束：

$$x_8 = 16\,429.55 - x_1 - x_2 - x_3 - x_4 - x_5 - x_6 - x_7 \tag{7.16}$$

7.3.2.4　多情景模拟国土空间布局

本研究根据 3 种情景模拟，预测空间格局模拟结果，如表 7.11 所示。

表 7.11　2035 年多情景下国土空间结构模拟结果

	自然发展情景	城镇扩张情景	综合发展情景	2020 年现状
耕地 x_1	4 673.95	4 742.25	4 742.25	4 742.25
林地 x_2	3 820.57	3 756.61	3 756.61	3 675.31
草地 x_3	7 224.74	7 186.47	7 269.49	7 412.87
湿地 x_4	20.36	24.73	15.4	15.47
水体 x_5	17.35	20.49	29.54	17.81
城镇建设用地 x_6	312.08	326.51	269.75	259.63
农村建设用地 x_7	318.44	332.36	306.51	266.58
其他用地 x_8	42.09	40.13	40.00	39.63

7.3.3　FLUS 模型参数设置

7.3.3.1　国土空间情景模拟的驱动因子选取

由于晋中市属于温带大陆性季风气候区，地形地貌、河流植被、土地类型等自然生态条件对该区域的生态服务影响较大，同时在城镇用地扩张过程中，其承载的人口、经济等人文因素也会与生态服务变化密切相关，结合模型构建要求，综合考虑自然和人文条件[196-197]，最终从人类影响和自然环境两个方面选取 9 个驱动因子（表 7.12），具体包括人口密度、

GDP、与道路距离、道路网密度、距河流距离、DEM数据、地形起伏度、坡度和植被覆盖度。

表7.12 FLUS模型国土空间类型转换的驱动因子

类型	数据名称	格式/精度	因子说明
人类影响	人口密度	矢量	各栅格单元的人口密度
	GDP	矢量	各栅格单元的GDP值
	道路密度	矢量	各栅格单元的道路密度
	与道路距离	栅格/1km	各栅格单元到最近道路的欧式距离
	与河流距离	栅格/1km	各栅格单元到最近河流的欧式距离
自然条件	DEM数据	栅格/1km	各栅格单元的高程值
	地形起伏度	栅格/1km	各栅格单元的最低值和最高值之间差值
	坡度	栅格/1km	各栅格单元的坡度
	植被覆盖度	栅格/1km	各栅格单元的NDVI值

7.3.3.2 基于神经网络的土地利用类型适宜性概率

首先，将2015年土地现状值输入到ANN计算模块中；其次，在ArcGIS中提取9个驱动因子，确保行列号一致（3041列，2034行），全部输入到ANN计算模块中；第三，在ANN Training中将采样模式设置为Uniform Sanmling，参照已有研究选取采样比例为2%，即采样参数为20；第四，隐藏层设置为12；最后，加载驱动因子计算每种土地利用类型在各个像元的适宜性概率，最终得到2015年土地利用适宜性概率（图7.5）。结果显示，均方根误差0.253，说明该模型可用于模拟预测。

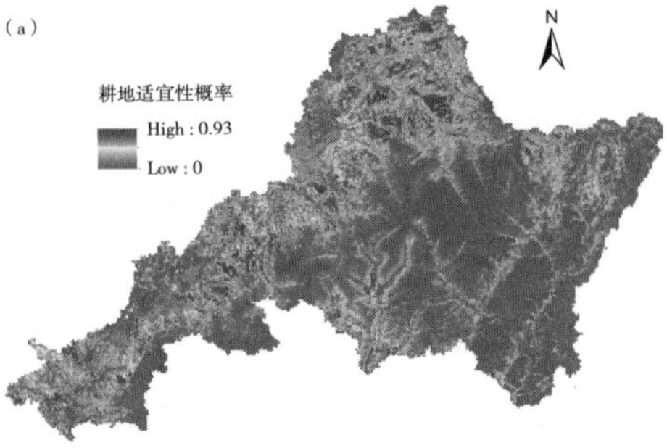

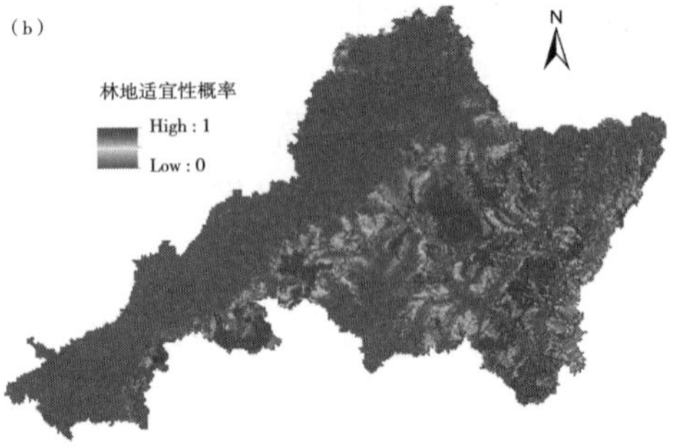

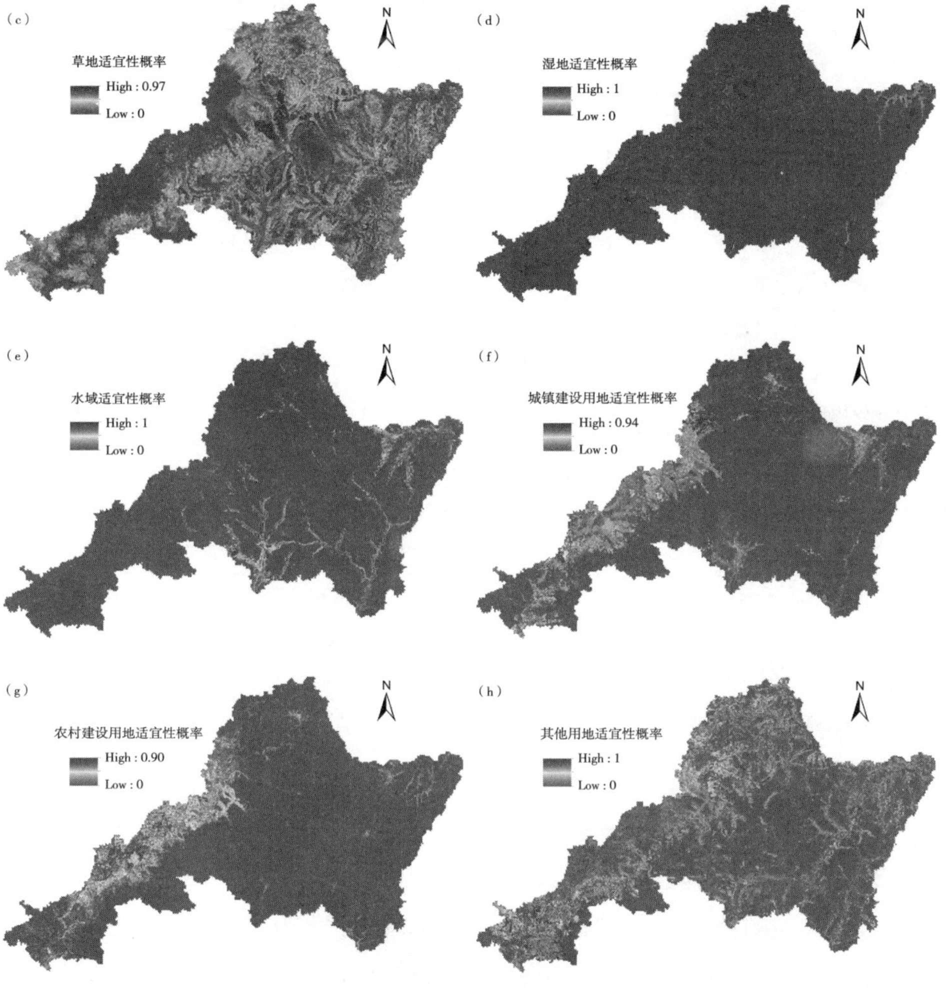

图 7.5　2015 年土地利用类型适宜性概率分布

7.3.3.3　基于自适应惯性机制的元胞自动机

以 2015 年土地利用分类栅格数据为初始输入数据，预测 2035 年土地利用数量。即根据 2015—2020 年土地利用转移矩阵设置土地利用转换成本（表 7.13），当一种土地类型可转换为另一种类型设定为 I，不允许转换则设定为 0。根据王保盛[198]和孙乔[199]的多情景邻域因子计算规则，设置本研究的邻域因子（表 7.14），邻域因子参数取值范围内 [I，0]，越接近 I，表示该国土空间类型越难转换为其他类型。

表 7.13　2015—2020 年土地利用转换成本矩阵

	林地	草地	耕地	水域	湿地	其他土地	城镇建设用地	农村建设用地
林地	I	I	I	0	I	I	I	I
草地	I	I	I	0	I	I	I	I
耕地	I	I	I	0	I	I	0	0
湿地	I	I	I	0	I	I	0	0
水域	0	0	0	I	0	0	0	0
其他土地	I	I	I	0	I	I	I	I
城镇建设用地	I	I	0	0	0	I	I	0
农村建设用地	I	I	I	0	I	I	I	I

表 7.14　2020—2035 年土地利用邻域因子参数

土地利用类型		耕地	林地	草地	湿地	水域	城镇	乡村	未利用
2015 年面积（km^2）		4 623.43	3 645.34	7 524.18	12.20	16.81	244.45	249.75	33.14
2020 年面积（km^2）		4 719.11	3 657.38	7 376.70	15.40	17.73	258.36	265.28	39.43
年均变化率（%）		1.157	0.801	−1.144	1.422	1.405	1.416	1.441	1.402
领域因子	自然发展情景	0.8	0.56	0.1	0.99	0.98	0.98	0.95	0.97
	城镇扩张情景	0.9	0.56	0.1	0.99	0.98	1.00	1.00	0.8
	综合发展情景	0.9	0.65	0.2	0.99	0.98	0.95	0.95	0.8

7.3.3.4　国土空间模拟结果及精度验证

为检验预测精度，通过将 2020 年模拟数据与 2020 年真实数据进行对比，具体见表 7.15、图 7.6。选择 20%的样点进行 Kappa 系数验证，Kappa 为 0.953>0.75，总精度为 0.969，FoM 系数为 0.018，通过精度验证。

表 7.15　2020 年土地利用实际值与模拟值比较

单位：km^2

	耕地	林地	草地	湿地	水域	城镇建设用地	农村建设用地	其他土地
实际 2020	4 719.11	3 657.38	7 376.7	15.4	17.73	258.36	265.28	39.43
模拟 2020	4 739.911	3 899.37	7 640.295	13.995	20.475	263.263	266.741	33.183
误差率（%）	0.441	6.616	3.573	9.127	15.482	1.898	0.551	15.845

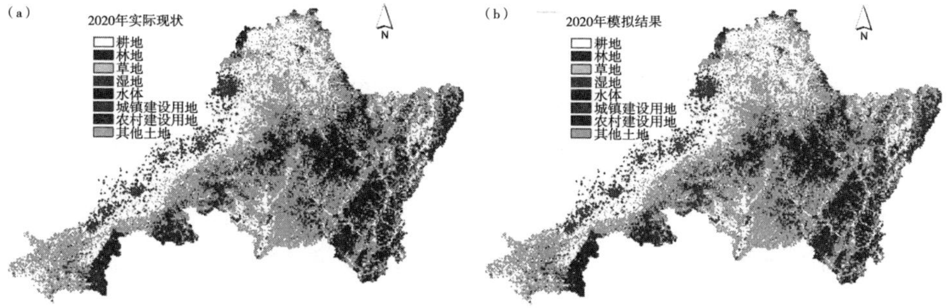

图 7.6　2020 年土地利用现状与模拟结果

7.3.4　多情景下城镇用地扩张模拟结果

以 2020 年为预测基准年，结合驱动因子、转换成本、领域因子对 2035 年晋中市国土空间格局进行多情景模拟，并提取出城镇建设用地，结果如表 7.16、图 7.7 所示。

表 7.16　多情景下 2035 年土地利用模拟值与 2020 年土地利用现状值

单位：km^2

		耕地 x_1	林地 x_2	草地 x_3	湿地 x_4	水体 x_5	城镇建设用地 x_6	农村建设用地 x_7	其他用地 x_8
自然发展情景	模拟值	4 673.95	3 820.57	7 224.74	20.36	17.35	312.08	318.44	42.09
	变化值	−68.3	145.26	−188.13	4.89	−0.46	52.45	51.86	2.46
城镇扩张情景	模拟值	4 742.25	3 756.61	7 186.47	24.73	20.49	326.51	332.36	40.13
	变化值	0	81.3	−226.4	9.26	2.68	66.88	65.78	0.5
综合发展情景	模拟值	4 742.25	3 756.61	7 269.49	15.4	29.54	269.75	306.51	40
	变化值	0	81.3	−143.38	−0.07	11.73	10.12	39.93	0.37
2020 年现状	实际值	4 742.25	3 675.31	7 412.87	15.47	17.81	259.63	266.58	39.63

自然增长情景：依据历史变化趋势，2035 年晋中市耕地和草地明显减少，城镇建设用地增加了 52.45km^2，主要来源于耕地、草地和农村建设用地，贡献率分别为 66.06%、13.83%、20.12%，其余土地类型呈增

加趋势。

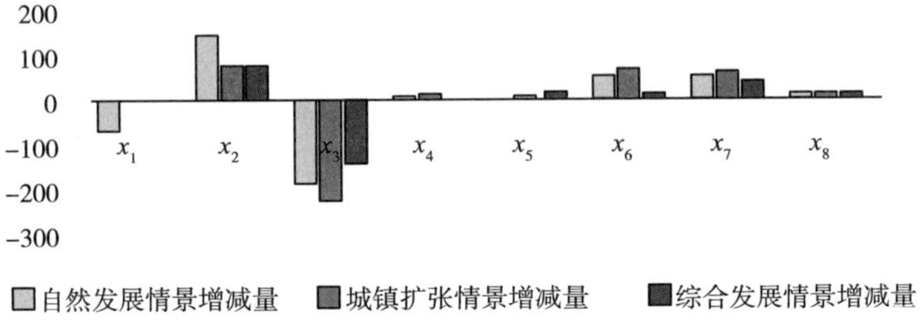

图 7.7　多情景下 2035 年模拟数据与 2020 年现状值比较

城镇扩张情景：2035 年晋中市城镇用地扩张 66.88km²，草地减少面积 226.4km²，其他地类面积以提高为主。其中耕地、草地和农村建设用地转为城镇建设用地面积分别为 43.91km²、9.63km²、13.34km²，占比分别为 65.66%、14.40%、19.95%。

综合发展情景：2035 年晋中市城镇用地扩张 10.12km²，草地减少面积 143.38km²，其他地类增加幅度不同。其中耕地、农村建设用地和草地转为城镇建设用地面积分别为 6.17km²、2.33km²、1.62km²。

对比上述 3 种情境下，晋中市 2035 年国土空间类型变化分析发现，3 种情景下城镇建设用地均增加，建设用地来源主要为耕地、草地和农村建设用地，其中耕地转为城镇建设用地的贡献率为 60%以上；3 种情景下草地均呈不同程度的下降，而林地、水域及湿地面积呈增加趋势。相比较，城镇扩张情境下城镇用地扩张面积最大为 66.88km²，而综合情境下城镇用地扩张面积最小为 10.12km²；自然增长情境下耕地面积下降 68.3km²，其他两种情境下耕地保持不变；自然情境下林地增长面积最大为 145.26km²，城市扩张情景和综合情景下林地面积增长 81.3km² 左右；城市扩张情境下草地减少面积最大为 226.4km²，而综合情景下草地减少面积最小为 143.38km²。总体而言，自然情景下耕地和草地呈减少趋势明显，综合情境下草地减少趋势明显，城市扩张情境下城镇用地扩张和草地减少特征显著。

7.3.5　多情景下国土空间格局冲突

7.3.5.1　多情景模拟下冲突空间诊断

以晋中市 ECA 综合生态空间服务绩效和 EAA 综合生态空间服务绩效作为刚性约束，叠加到 3 种情境下国土空间格局，分别得到新增城镇用地空间与生态空间的冲突分布。冲突区空间，主要分布在晋中西部地区，绩效水平越高的生态空间与城镇用地扩张的空间冲突级别越高（图 7.8）。

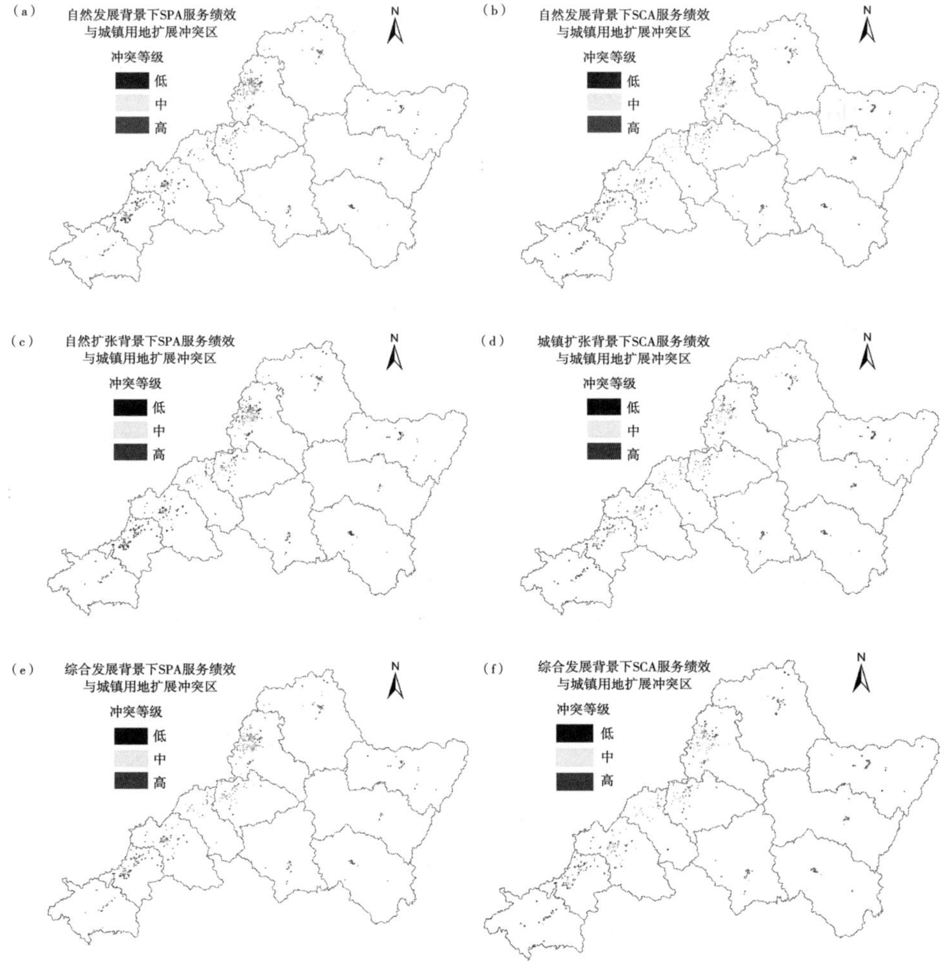

图 7.8　多情景下生态空间与城镇用地扩张空间冲突分布

从表 7.17 可知，晋中市在 3 种情景下 ECA 与城镇用地扩张的冲突面积从大到小依次为，城镇扩张情景（45.68km²）＞自然增长情景（43.47km²）＞综合情景（43.44km²）；高冲突区在城市扩张情景占比最大，中冲突区在综合发展情境下占比最大，低冲突区在城市扩张情境下占比最大。总之，新增城镇用地占用 ECA 形成冲突区域，3 种发展情景下冲突等级均以中、低冲突区为主。

晋中市在 3 种发展情景下 EAA 与新增建设用地的冲突面积从大到小依次为城镇扩张情景（45.68km²）＞自然发展情景（43.48km²）＞综合发展情景（43.46km²）；高冲突区在综合发展情景下冲突面积占比最大（36.17%），中冲突区在自然发展情景下冲突面积占比最大（34.59%），低冲突区在城镇扩张情景下冲突面积占比最大（29.63%）。总体上 3 种情景下主导冲突等级类型差异，新增城镇建设用地与 EAA 的冲突区在 3 种情境中均以高、中冲突区为主。

晋中市 3 种情景下生态用地与城镇用地扩张的冲突用地类型均以草地和未利用地为主，总计占比 90%以上（表 7.18）。

7.3.5.2 冲突区调控

由于新增城镇用地与生态用地形成的冲突区内斑块破碎且分散，根据生态保护优先和生态系统完整的原则，结合生态空间优化分区判断矩阵（图 7.2），制定冲突区调整规则（表 7.19），将冲突区域斑块进行适当调整，实现城镇用地有序扩张与生态空间服务绩效提升。本研究将不同情境下模拟预测的新增城镇建设用地与 EAA－ECA 综合服务绩效评价结果进行空间叠加，得到新增城镇建设用地 ECA－EAA 综合服务绩效评价结果。根据冲突区调整规则，将晋中市冲突区调整为城镇用地及草地、林地、水体及湿地等生态用地，优化后的国土空间格局多情景模拟结果如图 7.9 所示。从优化结果看，城镇用地主要分布在西部平原及东部丘陵和台地，生态用地主要分布在东部及西南部的山地和黄土梁峁，且生态用地占主导。

表 7.17　多情景下冲突区面积与占比

情景类型	ECA内冲突面积								EAA内冲突面积							
	高冲突区（km^2）	占比（%）	中冲突区（km^2）	占比（%）	低冲突区（km^2）	占比（%）	面积小计（km^2）	总比	高冲突区（km^2）	占比（%）	中冲突区（km^2）	占比（%）	低冲突区（km^2）	占比（%）	面积小计（km^2）	总比
自然发展情景	2.75	6.32	15.79	36.33	24.93	57.36	43.47	100	15.67	36.03	15.04	34.59	12.77	29.37	43.48	100
综合发展情景	2.73	6.28	15.83	36.44	24.88	57.28	43.44	100	15.72	36.17	15	34.52	12.74	29.3	43.46	100
城镇扩张情景	2.91	6.37	16.43	35.97	26.34	57.66	45.68	100	16.49	36.1	15.66	34.27	13.54	29.63	45.68	100

表 7.18　冲突区内主要土地类型面积及占比

地类	ECA 内冲突面积						EAA 内冲突面积					
	综合情景（km^2）	占比（%）	城镇扩张（km^2）	占比（%）	自然发展（km^2）	占比（%）	综合情景（km^2）	占比（%）	城镇扩张（km^2）	占比（%）	自然发展（km^2）	占比（%）
草地	18.45	80.68	22.49	80.36	21.06	79.49	18.45	80.66	22.49	80.39	21.07	79.49
林地	0.47	2.06	0.56	1.99	0.52	1.96	0.47	2.06	0.56	1.99	0.52	1.95
湿地	1.34	5.84	1.68	5.99	1.69	6.39	1.33	5.83	1.67	5.98	1.69	6.38
水体	0.03	0.13	0.05	0.19	0.05	0.18	0.03	0.13	0.05	0.19	0.05	0.18
未利用地	2.59	11.31	3.21	11.47	3.17	11.98	2.59	11.33	3.21	11.46	3.18	12.00
小计	22.87	100.00	27.99	100.00	26.5	100.00	22.88	100.00	27.98	100.00	26.5	100.00

表 7.19　冲突区域用地调整规则

ECA－EAA 服务绩效等级	高，高	高，中	高，低	中，高	中，中	中，低	低，高	低，中	低，低
调整方向	生态	生态	生态	生态	生态	城镇	生态	城镇	城镇

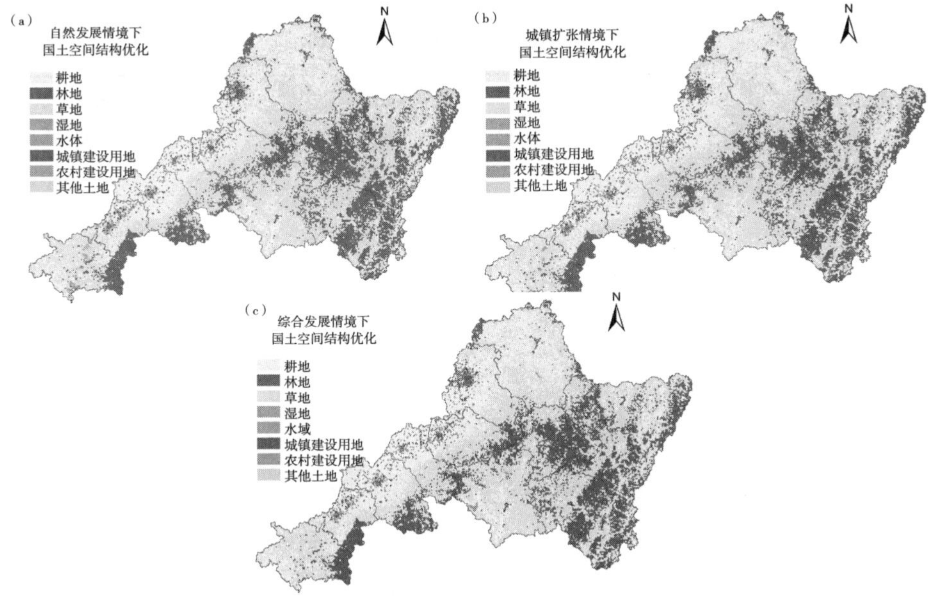

图 7.9　多情景下国土空间格局优化

优化后国土空间格局多情景模拟结果比较分析（表 7.20）：城市扩张情境下城镇用地面积占比最大为 1.93%，而草地面积最小，占比为 43.40%；自然发展情境下林地面积占比最大为 23.20%，耕地面积占比最小为 28.62%；综合情境下耕地和草地的面积占比相较最大，分别为 29.02%和 44.04%，而城镇建设用地面积占比最小仅为 1.63%。综上分析，综合发展情境下强调了耕地保护和草地建设，但林地面积占比最低，且城镇建设用地面积较 2020 年仅增 7.75km^2，无法满足社会经济发展用地及高质量生态用地的需求；自然发展情景下侧重生态用地发展，林地和草地面积占比较大，城镇建设用地较 2020 年可增加 46.5km^2，但耕地保护面积比例最低，影响耕地保护和粮食安全；城市扩张背景下主要变化特征是耕地、林地、城镇建设用地和农村建设用地面积增加，草地面积呈下降趋势，生产生活用地面积占比较大，生态用地占比居于中间水平，兼顾了生态、生产和生活用地需求，城镇用地比 2020 年还可增加 56.74km²。因此优化后的城镇扩张情境下国土空间结构符合晋中市发展趋势，能够协调好生态保护与经济发展的关系。

表 7.20　多情景下优化后国土空间结构

	自然发展情景		城镇扩张情景		综合发展情景	
	面积（km²）	比例（%）	面积（km²）	比例（%）	面积（km²）	比例（%）
耕地	4 702.19	28.62	4 765.5	29.01	4 767.5	29.02
林地	3 811.99	23.20	3 800.79	23.13	3 770.25	22.95
草地	7 210.82	43.88	7 131.19	43.40	7 235.69	44.04
湿地	20.32	0.12	24.65	0.15	15.22	0.09
水体	19.63	0.12	20.64	0.13	29.14	0.18
城镇	306.13	1.86	316.37	1.93	267.38	1.63
农村	316.85	1.93	330.71	2.01	304.64	1.85
其他	41.66	0.25	39.74	0.24	39.77	0.24

7.3.6　优化结果检验

生态空间服务绩效与城镇用地扩张是一个对立统一的矛盾体，两者相互制约，处于动态平衡状态。一个区域是侧重于城镇发展还是生态保护取决于两种价值观博弈的结果，本研究从城镇用地扩张和生态空间服务绩效两个方面考虑博弈的过程，评价与选取晋中市最优的情景预案。选取生境质量、生态源地绩效评分、用地空间紧凑度和景观连通度指数这 4 个评价特征指标（表 7.21）。其中生境质量是反映该区未来的建设用地处在市域生态绩效水平哪个等级；生态源地绩效评分反映未来建设用地对生态源地绩效水平的影响；用地空间紧凑度主要是考虑未来城镇建设用地布局是否紧凑节约；景观连通度指数反映景观组分之间的功能连接性，反映生态过程中要素流动的畅通性。

表 7.21　国土空间优化结果检验指标

检验指标	指标解释
生境质量	I_1 表征晋中市生境质量和评价生物多样性水平
生态源地绩效评分	$I_2=\sum_{i=1}^{n}E_i p_i$ E_i 转为建设用地的生态源地生态绩效分值；P_i 表示处于该生态绩效水平的建设用地比例
空间紧凑度	$I_3=2\sqrt{\pi A}/P$ A 和 P 代表城镇建设用地图斑 i 的面积和周长，I_3 值越大，土地利用空间格局越紧凑
空间连通性指数[200]	$I_4=\left[1-\frac{\sum_{i=1}^{m}\sum_{j=1}^{n}p_{ij}}{\sum_{i=1}^{m}\sum_{j=1}^{n}p_{ij}\sqrt{a_{ij}}}\right]\left[1-\frac{1}{\sqrt{Z}}\right]^{-1}\times 100$ P_{ij} 为斑块 ij 的周长，m；a_{ij} 为斑块 ij 的面积，m^2；Z 为景观栅格总数；$0<I_4<100$，该值越大，斑块连通性越好，生态要素流动性越好

生境质量 I_1 采用 InVEST 中生境质量模块，该模块是结合土地利用类型和生物多样性的生境威胁生成特定区域所有土地覆盖类型的退化程度和生境质量地图，公式见 5.1.2.3 中（5.2）。具体参数参考 InVEST 模型用户指南手册、已有文献[201]，具体包括土地利用类型图、威胁源因子及权重（表 7.22）、敏感性指数（表 7.23），模拟结果如图 7.10 所示。

表 7.22　威胁源的权重和最大影响距离

威胁因子	最大距离/km	权重	衰退类型
城镇建设用地	10	1	指数
农村建设用地	8	0.7	指数
耕地	3	0.6	线性
其他土地	6	0.2	指数

表 7.23　不同土地类型对威胁因子的敏感性

土地类型	生境适宜性	城镇建设用地	农村建设用地	耕地	其他土地
耕地	0.3	0.8	0.6	0	0.4
林地	1	0.8	0.7	0.6	0.2
草地	1	0.7	0.5	0.5	0.6
水体	0.9	0.7	0.6	0.4	0.4
湿地	0.9	0.7	0.6	0.4	0.4
城镇建设用地	0	0	0	0	0
农村建设用地	0	0	0	0	0
其他土地	0.6	0.6	0.5	0.4	0

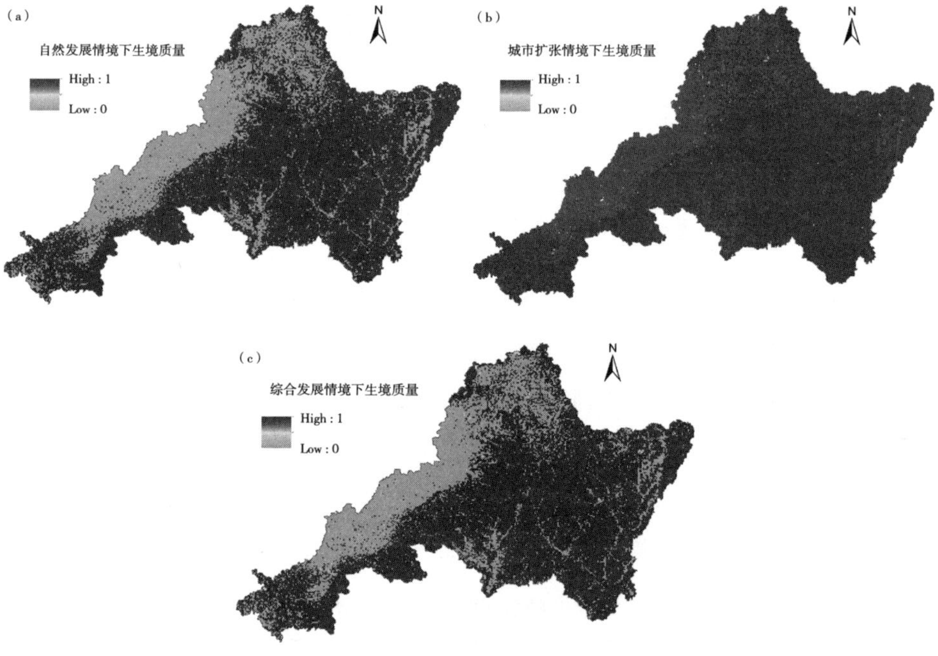

图 7.10　不同情景下生境质量空间分布

根据计算结果来看（表 7.24），不同情景下优化后的空间格局验证指数差异较大，生境质量从大到小依次为：自然发展情境＞城市扩张情景＞综合发展情境；生态源地绩效评分中综合发展背景下城镇建设用地扩张对 ECA 和 EAA 空间绩效水平损害较低，城镇扩张情景下对 ECA 空间生态绩效水平损害最高，自然发展情景下对 EAA 空间生态绩效水平损害最高；空间紧凑度从大到小依次为：自然发展情境＞综合发展情境＞城市扩张情境；景观连通性指数从大到小依次为：自然发展情境＞城市扩张情境＞综合发展情境。

总体而言，城市扩张情境下国土空间结构的生境质量、生境源地绩效水平、空间连通性指数处于中间水平，城市扩张情境下空间紧凑度与综合发展情境下空间紧凑度基本持平，兼顾城镇扩张和生态保护，更有利于晋中市平衡城镇发展与生态保护。城镇用地扩张情境下城镇建设相较 2020 年可增加 56.74km^2，耕地增加 13km^2，林地增加 125.8km^2，草地下降 281.68km^2，林地面积增加可有效支持和维护关键生态过程的完整性，提高生态空间服务绩效，新增城镇建设用地也为经济社会发展提供资源支持，该模拟结果可为晋中市空间规划提供依据。

表 7.24　不同情景下国土空间优化检验指标评价结果

情景类型		自然发展情景	城市扩张情景	综合发展情景
生境质量 I_1		0.421	0.418	0.416
生态源地绩效评分	I_2ECA	0.19	0.193	0.166
	I_2EAA	0.269	0.268	0.234
空间紧凑度 I_3		0.692 6	0.691 3	0.691 7
空间连通性指数 I_4		99.079	98.957	98.475

7.4　基于系统功能提升的政策制度

城镇用地系统与生态空间系统构成的交互系统是由不同功能和等级单元构成，具有复杂性和耗散结构性，追求的最终目标是合作与协同，而合作与协同是共生的本质，因此可借鉴共生理论分析城镇用地-生态空间复合系统功能提升路径。共生理论起源于 20 世纪 70 年的生态学领域，后引入管理研究领域，1998 年袁纯清在对小型经济发展进行研究过程中借鉴并阐述了共生理论，包括共生单元、共生模式、共生环境等 3 个要素，总结系统共生基本原理包括质参量兼容原理、共生能量生成原理、共生界面选择原理、共生系统相变原理、共生系统进化原理[202—203]。

在整合交互系统构成要素的基础上，以互惠共生、协同发展为导向，按照“共生单元功能提升、共生界面交流强化、共生环境制度完善、共生模式协同优化”的系统优化目标，构建生态空间服务绩效与城镇用地扩张的系统功能提升路径（图 7.11）。

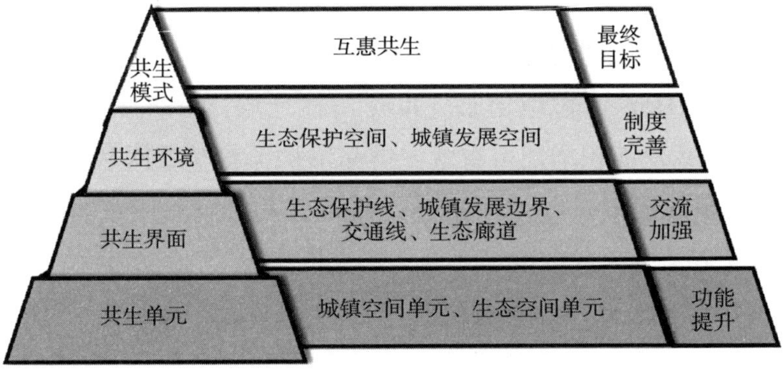

图 7.11　复合系统功能提升路径

7.4.1　提升共生单元优势功能

根据城镇建设用地与生态空间服务绩效分别对应的城镇空间单元和生态空间单元，分别采取不同的要素组合（自然资源、产业政策、人口规模等）形成差异化空间功能。为培育共生单元组合形成的优势功能，应遵循强化优势功能与提升弱势功能的原则，对每类共生单元实施差异性的功能优化策略。

本研究基于《山西省主体功能区划（2019 年）》对晋中市重点开发区、限制开发区、禁止开发区的规划，结合《晋中市城市总体规划（2006—2030 年）》划分为 4 个区，落实主体功能区制度，提出差异化功能优化策略，空间分区如图 7.12 所示。

（1）以榆次区为代表的太榆中心区及现代服务业和先进制造业发展区，是功能完善、富有吸引力的市域城镇发展核心区。要巩固和壮大新支柱产业，推动产业多元化和高加工度化发展，强化中心城区物流、教育和旅游等服务业发展；根据城镇开发边界，选择适度城镇用地扩张速度与规模，调整用地格局；支持二、三产业发展，适度增加建设用地；盘活存量建设用地，内涵挖潜城镇建设用地利用潜力。

（2）以太谷区、祁县、平遥县为代表的平原城镇密集区及综合产业发展和晋商文化旅游区，是市域城镇化推进重点地区，同时也是农业现代化地区。要引导城镇空间集约紧凑发展，提高城镇空间开发利用效能，严格设置基本农田保护红线，减少对优质农业空间资源的占用；改造中低产田，加强农田水利工程修复改造，建设节水增效示范园区；建设循环农业资源利用体系，减少农业面源污染；重点依托城池古镇、村落古堡、商号古店、深宅古院、名胜古迹与诗书古雕等大力推广晋商民俗文化旅游。

（3）以介休市和灵石县为代表的平原城镇密集区及煤焦化工产业和晋商文化旅游区，是市域城镇化推进重点地区。要以技术提升，延伸产业链，加快资源型产业的精深加工发展为产业目标；严格工业废水排放制度，加大重点工业企业环境监控力度；加大对采煤塌陷区生态修复和治理的投入，促进可持续发展；根据环境容量，合理布局工业，加大空气和水体污染治理力度。

（4）以榆社县、左权县、和顺县和昔阳县为代表的东山生态保育区及新兴能源产业发展和生态休闲旅游区。要重点加强生态保育，适度控制城镇建设，为平原城镇发展提供生态屏障；整合生态资源，开发多元旅游产品，创造生态旅游的高附加值；引导人口向平原城镇集聚，加大生态敏感地区村庄搬迁，引导乡村集聚发展；依托山脉、河流水系进行生态廊道建设，建设太行山脉-太岳山脉廊道，加强山体植被条件建设和恢复，提高植被覆盖率；禁止对主要山体进行大开大挖的场地整平，植树造林，治理水土流失；加强重要河流生态廊道的建设，包括汾河、潇河—松溪河、浊漳河、清漳河等，沿干流建设不少于 50 米宽的防护林带，防止污染物质排入河道；沿河避免建设污染型工业，积极治理农业面源污染，沿支流建设不少于 30 米宽的防护林带，涵养水源、保持水土，阻隔污染。

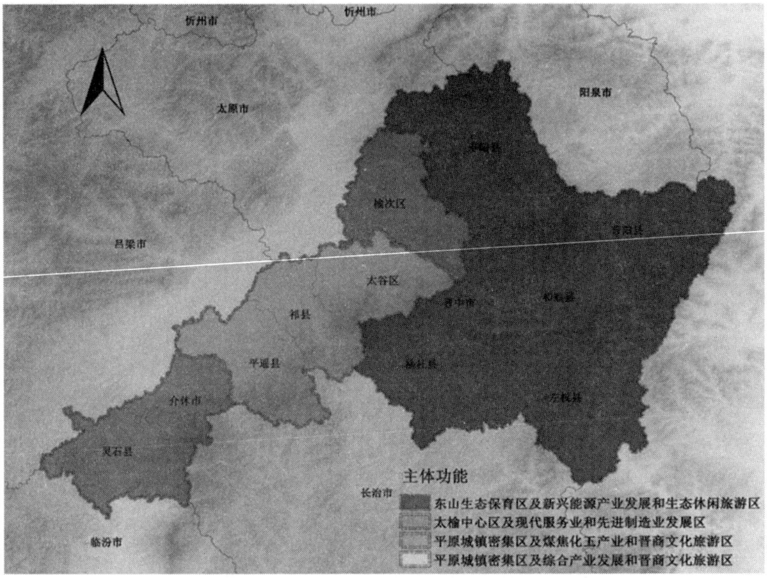

图 7.12　晋中市主体功能分区

7.4.2　强化共生界面交流渠道

共生界面能够实现共生单元之间物质流、能量流和信息流的交流和沟通，是重要的沟通途径，决定了共生系统运行效率和稳定性[204]。在本研究中，共生界面由城镇建设用地与生态空间服务系统之间进行物质流、能量流和信息流交流的渠道或方式构成，具体包括交通网络、生态网络、信息网络。

1. 交通网络建设

晋中市空间以同蒲铁路为分界线，以西为平原城镇密集区，以东为东山生态保育区，为了强化东、西部共生单元之间互动，为各类要素流动提供通道，根据《晋中市城市总体规划》构建的公路交通网络，具体包括市域高速公路系统规划，完善国省道干线公路系统，形成“井”字形的干线公路网络格局，如图 7.13 所示。总体上，交通建设集中在晋中西部，实现晋中西部与东部之间交流互动，为城镇空间与生态空间之间实现良好互动提供支撑，共生单元之间的交流互通要改善每个基本单元与外部交流的共生界面，最终促进西部城镇建设用地承载的经济、人口、产业等要素可以有序流入东部生态空间，东部生态产品满足西部城镇人口和农业生产的需求，为晋中市可持续发展提供强有力的保障。

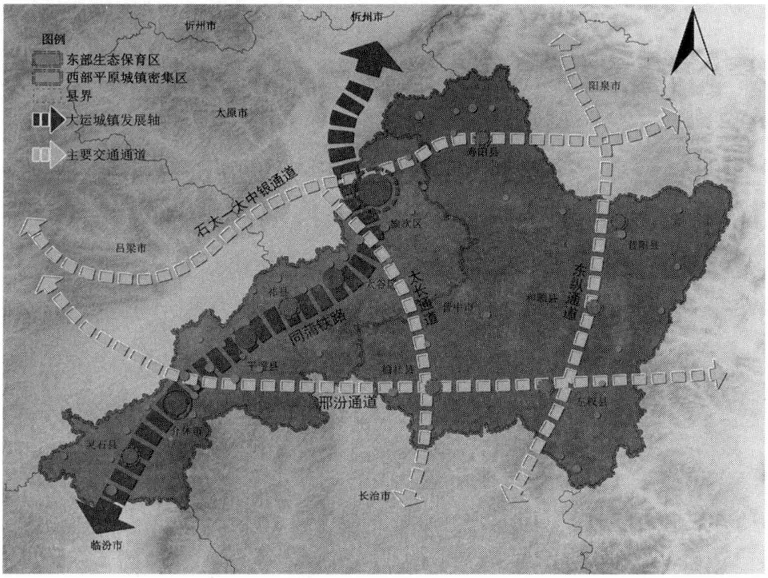

图 7.13　晋中市交通网络规划示意图

2. 生态网络建设

首先，宏观层面晋中市构建“一带、两脉、五廊、六楔”的生态网络，如图 7.14 所示。一带：汾河流域带，生态功能为区域水源涵养、行洪保障、气候改善、生物多样性维持。两脉：太行山脉-太岳山脉，生态功能为区域生态屏障、水源涵养、水土保持、生物多样性维持。五廊：潇河、松溪河、清漳东源、清漳西源、浊漳北源等五条生态廊道，生态功能为城镇行洪保障、水源补给、水土涵养。六楔：连接汾河流域带与太岳山脉的六条生态绿楔，实现山水相通，保证生态系统和生态过程的完整性，贯通共生单元之间的生态要素。其次，微观层面在城镇空间与生态空间的共生界面，要依托山脉、水系和骨干道路，建设护水林带和护路林网等贯通性生态廊道，实现城镇空间与生态空间内部的森林、绿地、水系的有效连接，增强城镇用地扩张过程中生态服务绩效。

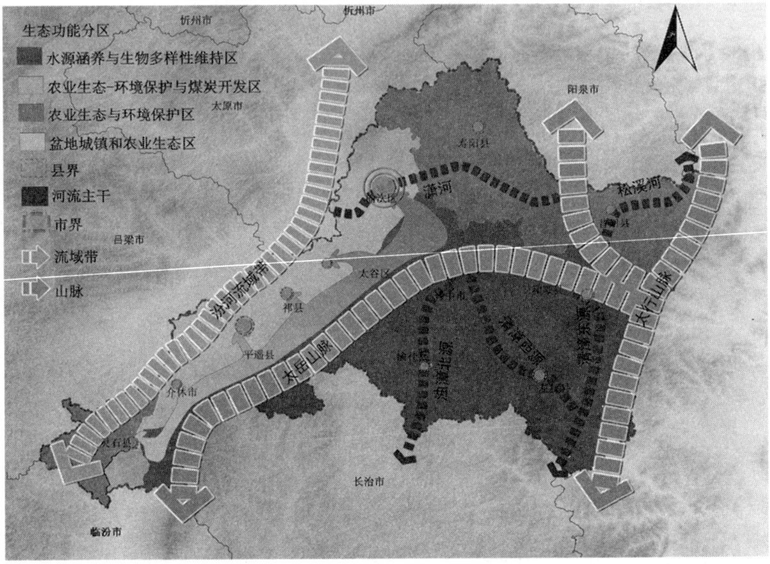

图 7.14　晋中市生态网络规划示意图

3. 信息网络建设

加快建设信息网络设施，将大数据应用于智慧城市建设，通过土地整治、城乡建设、人口流动等信息资源，构建城镇建设用地信息数据库和共享平台，提升城镇建设用地的利用效率；同时将大数据应用于生态保护产业中，形成“生态＋互联网”的融合产业，推动生态经济转型升级，利用信息技术推动城镇建设用地合理扩张与生态空间服务功能提升同步发展。

7.4.3　完善共生环境制度

通过制定相应的政策体系，为加强共生单元优势功能引导，共生单元之间交流互动提供环境支持。主要包括以下 3 个方面：

1. 政策理念引导

2022 年中共二十大报告提出着力推进高质量发展、推动构建新发展格局、实施供给侧结构性改革等发展理念，这是破解生态空间服务绩效与城镇用地扩张矛盾的新动力，要从源头上引导政策制定，缓解生态空间服务绩效与城镇用地扩张之间矛盾，推行实施新型城镇化、退耕还林、基本农田保护、“三线”划定、土地利用节约集约等政策。

2. 促进产业转型和融合发展

一方面通过优化能源消费结构，制定环境准入负面清单，以发展第三产业和高科技产业为主。同时制定严格用水资源管理制度，推进重点领域能耗标准设定，减少城镇建设用地的无效和低端供给；另一方面延伸生态产业链条，创建品牌生态产业，提升生态经济效益，并从财政支付、生态补偿、自然资源调查等方面健全生态保护机制。

3. 构建城镇-生态融合保障体系

构建城镇生态融合性评价体系、城镇空间配套生态基础设施体系、交通-旅居-科研配套建设体系、科学技术支撑体系、生态考核监督和追责体系等，为城镇-生态协同发展提供有力保障。

7.4.4　协同优化共生模式

对称性互惠共生是城镇用地-生态服务共生系统的最终目标，主要通过城镇建设用地与生态空间服务之间良性互动实现。首先要客观认识城镇建设用地和生态空间服务两者各自优势功能，促进同类要素聚合，追求效益最大化，实现联动发展；其次要保障共生利益对称分配，一方面承载于城镇建设用地之上的经济、人口、技术等要素要与蕴含于生态空间内的自然资源要素相结合，为生态空间服务绩效提升提供经济和技术支持；另一方面生态空间服务绩效为城镇用地有序扩张提供生态支持，建立互助关系；最后对于生态脆弱区、生态敏感区要在经济、资金、技术、人力等方面加大支持，保障生态空间服务绩效稳步提升，保障城镇建设用地与生态空间服务绩效共生发展。

7.5　本章小结

为了促进生态空间服务绩效与城镇用地有序扩张提升协同发展，提出针对性治理路径，本章首先按照“要素整合-空间优化-功能提升”顺序提出协同治理的逻辑框架；其次，根据生态空间服务绩效评价结果构建空间优化分区矩阵，并结合障碍因素的障碍度大小排序，从宏观上确定优化方向，从微观上明确可实施的工程措施，最终制定相应的空间调控模式；第三，根据国土空间多情景模拟，明确2035年国土空间结构优化结果，通过数量和空间的模拟预测，为空间规划和治理提供依据；最后，从“共生单元功能提升、共生界面交流强化、共生环境制度完善、共生模式协同优化”目标出发，制定相应的规划措施和政策措施。

本章研究结果如下：

（1）空间优化分区中涉及3类生态提升区，其中生态功能重点提升区，面积占比15.82%，位于平原地区，障碍因素以林地占比、草地占比、PD、FRAC、河网密度、GYRATE、ENN、表面粗糙度、CONNECT、蔓延度、SHAPE、NDVI、地表覆盖径流系数、地形起伏度、高程、AI、水域占比、SHDI、沟渠密度、路网密度、坡度、湿地占比等为主，可依托郊野公园、风景名胜区建设、小流域治理、滨河绿色长廊打造、河流湿地景观修复工程、绿色城市建设、水污染处理工程、农业面源污染控制、城市特色景观风貌营造等工程组合模式的重大工程项目体系引导下实施。ECA重点提升区面积占比15.77%，位于山地丘陵区，障碍因素以林地占比、草地占比、PD、FRAC、NDVI值、SHAPE、水域占比、IJI、河网密度、GYRATE、AI、蔓延度、湿地占比、SHDI等为主，可依托封山育林、退耕还林还草、荒山绿化、重要水源补给区生态保护工程、流域水土保持工程、坡改梯工程、土地整治工程、流域水利工程、生态城镇建设、自然保护区建设等工程组合模式的重大工程项目的政策引导下实施。EAA重点提升区面积占比33.58%，以山地、丘陵为主，地类以林地、草地为主，障碍因素以几何最近邻近距离指数、CONNECT、河网密度、IJI、表面粗糙度、高程、蔓延度、地表覆盖径流系数、GYRATE、PD、地形起伏度、FRAC、沟渠密度、AI、路网密度、坡度、SHDI、SHAPE等为主，可依托封山育林、退耕还林还草、荒山绿化、水土保持工程、兴修水利工程、道路建设工程、流域治理工程、河道绿色长廊建设、野生动植物保护与自然保护区建设、生态村镇等工程组合模式的重大工程项目的政策引导下实施。

（2）采用FLUS模型对2035年晋中市国土空间结构进行多情景模拟预测，并识别城镇用地扩张与生态用地形成的冲突区域，同时基于生态空间优化分区判断矩阵设定冲突区域调整依据，最后进行优化结果检验。最终认为城市扩张情境下国土空间结构的生境质量、生境源地绩效水平、空间连通性指数处于平稳状态，兼顾城镇扩张和生态保护，更有利于晋中市平衡城镇发展与生态保护。城镇用地扩张情境下，2035年城镇建设用地相对于2020年可增加57.07km^2，耕地增加13km^2，林地增加125.8km^2，草地下降281.68km^2，林地面积增加可有效支持和维护关键生态过程的完整性，提高生态空间服务绩效，新增城镇建设用地也为经济社会发展提供资源支持。

（3）借鉴共生理论，依据"共生单元功能提升、共生界面交流强化、共生环境制度完善、共生模式协同优化"的系统优化目标，探寻城镇用地—生态空间服务复合系统功能提升路径。在提升共生单元优势功能方面，本研究基于《山西省主体功能区划》结合《晋中市城市总体规划（2006—2030年）》划分为4个区，提出以榆次区为代表的太榆中心区及现代服务业和先进制造业发展区，以太谷区、祁县、平遥县为代表的平原城镇密集区及综合产业发展和晋商文化旅游区，以介休市和灵石县为代表的平原城镇密集区及煤焦化工产业和晋商文化旅游区，以榆社县、左权县、和顺县和昔阳县为代表的东山生态保育区及新兴能源产业发展和生态休闲旅游区。在强化共生界面交流渠道方面加强道路网络、生态网络、信息网络建设；在完善共生环境制度方面，通过政策理念引导、促进产业转型和协同发展、构建城镇-生态融合保障体系等路径制定相应的政策体系，为加强共生单元优势功能引导，共生单元之间交流互动提供环境支持，最终实现对称性互惠共生是城镇用地-生态服务共生系统的最终目标，保障城镇建设用地与生态空间服务绩效协同发展。

第 8 章　结论与展望

8.1　研究结论

快速城镇化是中国乃至世界在 21 世纪的必然趋势，最直接的表现就是城镇用地快速扩张，但在扩张过程中伴随着人口增加、粗放利用、污染排放、占用生态用地等问题，造成生态环境质量下降，影响生态空间结构有效支撑生态服务，即生态空间服务绩效下降，生态空间服务绩效与城镇用地扩张的矛盾日益突出。在高质量发展的国家战略政策背景下，亟须以高效服务为导向，以城镇化与生态保护协同为目标，厘清生态空间服务绩效与城镇用地扩张状态，揭示两者之间的交互关系与时空特征，优化资源配置，推进国土空间均衡发展。鉴于此，首先建立生态空间服务绩效与城镇用地扩张交互关系的分析框架，其次基于 ArcGIS10.2、FragStats4.2、GeoDa1.6、InVEST、Originpro 2019 等软件及多种数学模型，探析生态空间服务绩效、城镇用地扩张及两者交互关系的时空演变特征，最后探寻协同发展路径。主要结论如下：

（1）建立生态空间服务绩效与城镇用地扩张交互关系研究的分析框架，包含生态空间服务绩效评价、城镇用地扩张及两者交互关系研究的理论基础和分析方法。以景观生态学理论为指导，结合 MA 和基于人类需求的生态系统服务分类，借鉴 Fisher 的生态分区理论，采用水文模拟、InVEST、MCR、空间制图、物元可拓模型、二次等权加和模型、景观指数等方法，构建基于生态服务过程的生态空间服务绩效评价模型；基于城镇用地的规模扩张、空间扩张、有序扩张等特征，以耗散结构理论为指导，分析生态空间服务绩效与城镇用地扩张交互机制；基于“要素整合-结构优化-功能提升”的协同目标，从“工程措施—空间规划—制度保障”

3 个方面确定调控模式和协同路径，为提升国土空间治理能力提供理论支撑和决策依据。

（2）晋中市是快速城镇化与生态脆弱的重叠区域，当前存在污染物排放总规模仍将增长、优良天数比例偏低、PM10 和 PM2.5 均未达到国家二级标准等气体调节问题，丘陵山区严重的水土流失导致山洪及城镇防洪等土壤保持问题，人均水资源偏低及水污染严重等水资源调节问题、原材料供给紧张、重点保护区生物多样性下降、人们对生态景观的向往等问题，使人们对生态空间服务的类型和服务水平的追求不断提高。

（3）生态空间服务绩效评价。首先建立生态空间服务绩效评价思路，以景观生态学理论为基础，明确供给与需求相结合的生态系统服务分类，并基于不同类型服务的生态服务过程、生态空间结构及生态空间属性，建立生态空间服务绩效评价框架。其次基于评价框架，采用水文模拟、InVEST、MCR 对不同生态服务类型下空间结构进行解析；基于生态空间结构的空间异质性和空间连通性的空间差异性引起不同生态服务类型的不同空间位置的 ECA 和 EAA 的服务绩效水平存在明显空间分异性，采用物元模型、熵权模型、二次加权模型，从“ECA－EAA”与“空间异质性-空间连通性”关联组合构建多维度评价指标体系，分别对不同生态服务类型下 ECA 和 EAA 服务绩效水平进行评价。最后以晋中市为例进行实证分析。研究结果如下：①晋中市不同类型的单项生态空间服务绩效以中水平为主，ECA 综合服务绩效以高、中水平为主，EAA 综合服务绩效以中、低水平为主，生态空间服务绩效水平有待提高。②不同生态服务类型下 ECA 主要分布在太岳山-太行山脉中段、高植被覆盖、河流等关联区域且服务功能为高等级，EDA 以城镇和农田为主，EAA 是 ECA 和 EAA 的连接区域且服务功能为中、低等级。③不同生态服务类型的 ECA 与 EAA 的空间关联特征以空间分离为主，空间包含为辅。④不同生态服务类型下生态空间服务绩效变化特征均有显著差异。2000—2020 年气体调节 ECA 服务绩效以中、高水平为主但对应面积占比呈下降趋势，EAA 服务绩效以中水平为主且对应面积占比呈上升趋势。土壤保持 ECA 服务以中、高水平为主，中水平区域面积占比微升但高水平区域呈下降趋势，

EAA服务绩效以中、低水平为主，低水平面积比重较大且逐渐上升。水资源供给ECA服务绩效中、低水平占比最大且保持稳定状态，EAA服务绩效以中水平为主且上涨幅度较大。水污染处理ECA与EAA的服务绩效水平均以中为主且呈增幅较大。原材料生产ECA服务绩效以高水平为主，EAA服务绩效以中水平为主且呈上升趋势。生物多样性ECA和EAA服务绩效均以中为主但有不同程度下降。景观文化ECA和EAA服务绩效以中水平为主。ECA综合服务绩效以高、中水平为主且对应面积占比呈下降趋势，EAA综合服务绩效以中、低水平为主且对应面积占比呈上升趋势。⑤从变化趋势看，高水平服务绩效的空间占比逐渐下降，中、低水平服务绩效的空间占比逐渐上升，生态服务水平有待提高。

（4）城镇用地扩张的一般模式包括规模扩张、空间扩张和有序扩张，相应可采用扩张速度、扩张比率、FRAC、扩张贡献率等指标进行分析。晋中市城镇用地扩张态势实证分析结果如下：从城镇用地扩张特征来看，2000—2020年城镇用地扩张规模、扩张速度和扩张比率都呈增长趋势，分为前期快速增长和后期缓慢增长2个阶段。晋中西部的城镇用地扩张速度一直高于东部地区；晋中东部的扩张比率高于西部地区，这与城镇用地基数有关；从扩张贡献率看，城镇用地是外延式扩张，通过占用城镇周边其他土地类型完成扩张，其中对草地的占用面积较大，林地占用面积最小。

（5）生态空间服务绩效与城镇用地扩张的交互机制研究。从交互关系的形成过程、判断原则、演变路径等方面揭示两者交互机制，采用梯度分析、脱钩分析及空间自相关等判别方法，推演晋中市生态空间服务绩效与城镇用地扩张交互关系的时空演变特征。研究结果如下：①不同类型的生态空间服务绩效具有明显的距离递增/递减效应，其中土壤保持、气体调节、水污染处理、原材料生产等ECA服务绩效，生物多样性、水污染处理等EAA服务绩效，ECA综合服务绩效分别与城镇距离呈正相关关系，即距离城镇建设用地越远，生态空间服务绩效越高；气体调节、土壤保持、水资源供给、景观调节、原材料生产等EAA服务绩效与城镇距离呈负相关关系，即距离城镇建设用地越远，生态空间服务绩效越低；EAA

综合服务绩效与城镇距离呈现先降后增的波动变化。②根据脱钩分析结果可知，从静态看不同类型生态空间服务绩效与城镇用地扩张处于强脱钩状态，即两者处于同步提升状态；从动态来看，不同类型生态空间服务绩效与城镇用地扩张以强正脱钩转为弱正脱钩和扩张性负脱钩为发展趋势，总体表明随着城镇用地扩张，生态空间服务绩效开始逐步降低。③根据空间自相关分析可知，2000—2020年不同类型生态空间服务绩效随着城镇用地扩张总体呈倒U形动态变化；不同类型生态空间服务绩效与城镇用地扩张主要由正相关转为弱负相关关系，即城镇用地扩张比率高值区对应不同类型生态空间服务绩效变率低值区或城镇用地扩张比率低值区对应不同类型生态空间服务绩效变率高值区。总体表明生态空间服务绩效与城镇用地扩张互相约束，两者呈权衡状态。④总结时空演变特征，从梯度视角看，生态空间服务绩效是城镇距离变化的函数，随着距离增加绩效水平呈现递增或递减两种情形，呈非线性变化；生态服务供给能力随着城镇距离增加而增加，但是生态服务传递能力在一定距离范围内随着城镇距离增加而减少。从脱钩视角看，城镇用地扩张对生态空间服务绩效产生不同的累积效应并具有时间滞后效应，城镇建设对水供给、景观文化和原材料生产等服务传递能力具有强化作用，对大气调节、土壤保持、水资源供给、水污染处理、生物多样性等服务供给能力及大气调节、土壤保持、水污染处理和生物多样性等服务传递能力具有弱化作用。另外城镇用地扩张与不同类型下EAA服务绩效的交互强度更高一些，对生态服务传递能力影响更显著。从空间相关关系来看，生态空间服务绩效与城镇用地扩张呈现空间布局不匹配性和空间滞后性，空间关系以低水平正相关为主，空间管控是调控两者交互关系的有效途径之一。

（6）本研究在解析生态空间服务绩效与城镇用地扩张交互关系的基础上，基于“要素整合-空间优化-功能提升”的逻辑顺序构建工程措施、空间规划、政策制度等三条协同路径。①工程措施可从微观上直接消除障碍因素促进生态要素优化整合，因此基于生态空间优化分区判断矩阵对生态空间优化分区，主要包括生态功能综合提升区、生态供给服务提升区、生态连接服务提升区，涉及的工程措施包括乔—灌—草立体配置、微地形改造、生境连通性建设、河道缓冲带、农林复合生态系统建设、灌溉排水工程、交通道路工程、城市绿地建设、防护绿地建设、盘山路建设等工程，并针对不同分区的主要障碍因素采用相应工程组合模式。②空间规划从宏观上为协同发展提供目标导向。基于 FLUS 空间结构模拟预测结果叠加生态空间优化分区判断矩阵得到最终国土空间优化结果，明确城镇扩张情境下国土空间优化结果能够兼顾生产与生态需求，符合晋中市发展趋势。③政策制度为两者协同发展提供保障支持，包括根据共生单元主体功能优势提出功能优化策略，加强生态空间与城镇空间共生界面的交通网络、生态网络和信息网络建设的对策，通过政策理念引导、产业转型和融合发展、融合保障体系等途径为共生单元交流互动提供政策环境支持，最终实现对称性互惠共生模式。

8.2 研究展望

生态空间服务绩效与城镇用地扩张的交互关系直接映射生态空间要素保护和城镇开发利用，也是土地管理、资源环境、生态学等学科关注焦点，本书构建交互关系分析框架，以晋中市为例，对 2000—2020 年交互关系的时空演变特征进行分析，并提出协同路径，以期为资源优化配置、国土空间均衡发展提供建议。本研究在理论和实践方面具有一定意义，但还可对以下问题进一步探讨。

（1）生态空间服务绩效与城镇用地扩张的交互关系具有复杂性和多变性。随着时空变化，交互关系演变也呈现一定的不确定性，而在实证分析中时间尺度仅为 2000—2020 年，空间尺度为晋中市，研究结果具有阶段性，不能够准确推演交互关系周期性变化特征，因此可采用 SD 模型对交互关系进行模拟预测弥补时空限制；另外交互关系的变化除了受时空因素影响外，还有社会、经济、人口等影响因素，因此后续研究中可对交互关系的影响因素进一步剖析，对交互关系做更深入研究。

（2）本研究只是针对交互关系的状态量时空演变进行分析，具有宏观特征，没有进一步刻画交互关系变化的突变阈值，对于实践规划缺乏直接的参考依据。未来可依托相关数学模型，融入研究区社会经济发展特点，测算交互关系的突变阈值，提出针对性更强的规划管理措施。

（3）生态空间服务绩效与城镇用地扩张交互关系呈权衡发展趋势，为了实现两者协同发展，需要将高质量发展融入协同路径，进一步剖析两者交互机制，构建多层次多体系的协同体系，促进国土空间均衡高质量发展。

参考文献

[1] 柳清．基于景观生态服务过程的济南市生态空间结构研究［D］．哈尔滨：哈尔滨工业大学，2021.

[2] 方创琳．中国快速城市化过程中的资源环境保障问题与对策建议［J］．中国科学院院刊，2009，24（5）：468－474.

[3] 韩婷．武汉市主城区水空间格局演变研究［D］．武汉：华中科技大学，2017.

[4] 邓木林，朱江，刘国威．市级国土空间总体规划建设用地资源配置方法研究［J］．中国土地．2022（9）：44－45.

[5] 甄江红，王亚丰，田圆圆，等．城市空间扩展的生态环境效应研究：以内蒙古呼和浩特市为例［J］．地理研究，2019，38（5）：1080－1091.

[6] 黄宝荣，张慧智，王学志．城市扩张对北京市城乡接合部自然和农业景观的影响：以昌平区三镇为例［J］．生态学报，2014，34（22）：6756－6766.

[7] 李启珍，胡希军，韦宝婧，等．长沙市绿色空间与城市扩张耦合关系研究［J］．经济地理．2022，42（11）：87－94.

[8] 艾军勇．生态系统服务与城市化关系研究：以江苏省为例［D］．南京：南京大学，2019.

[9] 方创琳，周成虎，顾朝林，等．特大城市群地区城镇化与生态环境交互耦合效应解析的理论框架及技术路径［J］．地理学报，2016，71（4）：531－550.

[10] 宋永永．黄土高原城镇化过程及其生态环境响应［D］．西安：陕西师范大学，2019.

[11] 辛源，王守荣．“未来地球”科学计划与可持续发展［J］．中国软科学，2015（1）：20－27.

[12] 王雨辰．论以人与自然和谐共生为基础的高质量发展［J］．长安大学学报（社会科学版）．2023，25（1）：11.

[13] 杨保军，陈鹏，董珂，等．生态文明背景下的国土空间规划体系构建［J］．城市规划学刊，2019（4）：16－23.

[14] 马晓河．经济高质量发展的内涵与关键［N］．经济参考报，2018－07－11（5）.

[15] 孙迅．国土空间规划引领下城市高质量发展研究［D］．长春：东北师范大学，2020.

[16] 王伟．面向“十四五”发展的国土空间规划治理新认识与新思考 [J]. 北京规划建设．2022 (2)：43-46.

[17] 刘宇舒，赵天宇．景观生态视角下镇域生态服务评价与网络构建 [J]. 中国园林，2015，31 (10)：71-75.

[18] 李兰，侯全华，陈晓键．生态文明价值范式转换下的城市生态空间绩效研究 [J]. 中国园林，2020，36 (6)：72-77.

[19] 刘滨谊，吴敏．基于空间效能的城市绿地生态网络空间系统及其评价指标 [J]. 中国园林，2014，30 (8)：46-50.

[20] 陈国磊．湖北省主体功能区空间发展绩效研究 [D]. 武汉：华中师范大学，2019.

[21] Daily G C. Nature's Services：Societal Dependence on Natural Ecosystem [M]. Washington DC：Island Press. 1997.

[22] Robert Costanza，Ralph d' Arge，Rudolf de Groot， et al. The value of the world's ecosystem services and natural capital [J]. Nature，1997 (387)：253-260.

[23] Robert Costanza. Ecosystem services：multiple classification systems are needed [J]. Biological Conservation，2008，(141)：350-352.

[24] De Groot R S，Wilson M A，Boumans R M J. A typology for the classification, description and valuation of ecosystem function，goods and services [J]. Ecological Economics，2002，41 (3)：393-408.

[25] MA. Ecosystems and Human Well - being：Current State and trends [M]. Washington，D C：Island Press，2005.

[26] 李双成．生态系统服务地理学 [M]. 北京：科学出版社，2014.

[27] Boyd J，Banzhaf S. What are ecosystem service? The need for standardized envir onmental accounting units [J]. Ecological Economic，2007，63 (2)：616-626.

[28] Wallace K J. Classification of ecosystem services：Problem and solutions [J]. Biological Conservation，2007 (139)：235-246.

[29] Fisher B，Turner R K，Morling P. Defining and classifying ecosystem service for decision making. Ecological Economics，2009，68 (3)：643-653.

[30] Haines-Young R，Potschin M. Proposal for a Common International Classifi cation of Ecosystem Goods and Services (CICES) for Integrated Environmental and Economic Accounting (V1) [R]. Report to the European Environment Agency. Centre for Environm ent Management，University of Nottingham，Nottingham，UK，2010.

[31] 张彪，谢高地，肖玉，等．基于人类需求的生态系统服务分类 [J]. 中国人口．资

源与环境，2009，6（12）：64－67.
[32] 李琰，李双成，高阳，等．链接生态系统服务与多层次人类福祉：概念与服务分类框架［J］．地理学报，2013，68（8）：1038－1047.
[33] 吴舒尧，李双成．基于传递媒介的生态系统服务分类［J］．北京大学学报（自然科学版），2018，54（5）：1133－1136.
[34] 吴舒尧，黄姣，李双成．不同生态恢复方式下生态系统服务与生物多样性恢复效果的 整合分析［J］．生态学报，2017，37（20）：6986－6999.
[35] 董孝斌，刘梦雪．土地利用/覆盖变化-生态系统服务-人类福祉关系研究进展［J］．北京师范大学学报（自然科学版），2022，58（3）：465－475.
[36] 李双成，赵志强，王仰麟．中国城市化过程及其资源与生态环境效应机制［J］．地理科学进展，2009（28）：63－70.
[37] 陈利顶，傅伯杰，赵文武．"源""汇"景观理论及其生态学意义［J］．生态学报，2006，26（5）：1444－1449.
[38] Kenneth J. Bagstad，Gary W. Johnson，Brian Voigt，et al. Spatial dynamics of ecosystem service flows：A comprehensive approach to quantifying actual services［J］．Ecosystem Services，2013（4）：117－125.
[39] 范逸凡，王珂，黄璐．乡村地区生态系统服务权衡与协同关系——以湖州市为例［J］．生态学报，2022，42（17）：6875－6887.
[40] 王云才，申佳可，象伟宁．基于生态系统服务的景观空间绩效评价体系［J］．风景园林，2017（1）：35－44.
[41] 戴代新，李明翰．美国景观绩效评价研究进展［J］．风景园林，2015（1）：25－31.
[42] 徐亚如，戴菲，殷利华．基于美国景观绩效平台（LPS）的生态绩效研究——以武汉园博园为例［C］．中国风景园林学会 2019 年会论文集（上册），2019.
[43] 王柯力，彭楠淋，姜昕怿，等．冬奥廊道植物景观绩效评价体系构建［J］．中国城市林业，2021，19（6）：88－93.
[44] 裴佩．景观绩效视角下的北方城市内河更新设计研究［D］．大连：大连理工大学，2021.
[45] 曹宏丽．龙脊金坑大寨梯田景观绩效评价与旅游可持续发展研究［D］．桂林：桂林理工大学，2019.
[46] 朱启雁．新数据环境下的历史街区景观绩效研究——以福州三坊七巷为例［D］．福州：福建农林大学，2020.

[47] 王晶，齐伟，王鑫，等．基于生态服务能力的土地利用景观空间绩效评价方法［J］．中国人口·资源与环境．2017，27（S2）：32－35.

[48] 童亮．基于模糊物元的地域景观空间绩效评价［D］．合肥：安徽建筑大学，2021.

[49] 宁越敏．中国城市化特点、问题及治理［J］．南京社会科学，2012（10）：19－27.

[50] 韩帅帅．中国城市空间结构的生态绩效研究［D］．上海：华东师范大学，2020.

[51] Bruce K Ferguson，Rupert Friday. Ecological performance standards for land development［J］．Biological Conservation，1983（26）：193－213.

[52] 梁甜甜．济南市土地整治工程实施的生态绩效评价［D］．济南：山东师范大学，2020.

[53] 郑昕．自然保护区绩效评价研究［D］．哈尔滨：东北林业大学，2008.

[54] 曾琼，孟全省．自然资源净资产视角下的生态绩效评价——以陕南生态功能区为例［J］．农村经济，2017（8）：85－90.

[55] 邢贞成，王济干，张婕．长江经济带全要素生态绩效评价研究［J］．软科学，2018，32（7）：102－106.

[56] 安超．城乡空间利用生态绩效的内涵、表现及内在机理探析［J］．城市发展研究，2013，20（6）：16－24.

[57] 孟雪；狄乾斌；季建文．京津冀城市群生态绩效水平测度及影响因素［J］．经济地理，2020，40（1）：7.

[58] 贾俊平，何晓群，金勇进．统计学［M］．北京：中国人民大学出版社，2009.

[59] 贠剑，郭慧凤，王志玲，等．基于层次分析法的植物景观评价——以太谷西苑公园为例［J］．内蒙古民族大学学报（自然科学版），2021，36（6）：490－495，500.

[60] 裴玮．基于熵值法的城市高质量发展综合评价［J］．统计与决策，2020，36（16）：119－122.

[61] 陈括，匡翠萍，王蕾等．基于粗集理论的海洋数据质量检验方案多属性决策法［J］．海洋环境科学，2019，38（2）.

[62] 车志晖，张沛．城市空间结构发展绩效的模糊综合评价：以包头中心城市为例［J］．现代城市研究，2012，27（6）：50－54，58.

[63] 刘鹏，钟姗姗．海绵城市建设绩效物元评价及敏感性分析［J］．人民珠江，2020，41（7）：132－139.

[64] 闪丽洁，张利平，李薇，等．汉江流域基于模糊物元评价和数据包络分析的水资源用水效率评价［J］．长江流域资源与环境，2017，26（10）：1517－1524.

[65] 郭维东，鲁薇，张家阳．辽宁省多沙河流水库物理生境完整性灰色综合评价［J］．

水电能源科学，2015，33（2）：5.
[66] 林龙圳，李达，林震．基于熵权-TOPSIS模型的库布齐沙漠地区水资源承载力评价[J]．华中师范大学学报（自然科学版），2020，54（4）：640-648.
[67] 邹浩．基于熵权和余弦决策模型的物流服务商选择研究[J]．赤峰学院学报（自然科学版），2016，32（4）：98-101.
[68] 罗春香．基于突变级数法的城乡接合部土地生态系统服务价值研究[D]．长沙：湖南农业大学，2017.
[69] 陈衍泰，陈国宏，李美娟．综合评价方法分类及研究进展[J]．管理科学学报，2004（2）：69-79.
[70] 王嗣均．城市效率差异对我国未来城镇化的影响[J]．经济地理，1994（1）：46-52.
[71] 邢海峰，李倩，张晓军，等．城市基础设施综合绩效评价指标体系构建研究[J]．城市发展研究，2007（4）：42-45，53.
[72] 王海滔，陈雪，雷诚．苏州市大都市外围地区空间绩效评价及演化机理[J]．规划师，2019，35（18）：5-11.
[73] 鲍春晓，陈松林．基于"社会—经济—生态"模型的福建省城镇土地利用绩效空间差异研究[J]．水土保持通报，2018，38（3）：279-285.
[74] Jean Gottman，Megalopolis：The Urbanized Northeastern Seaboard of the United States [M]，New York：Twentieth Century Fund，1961：247.
[75] Rolbert Burchell，Economic and Fiscal Costs（and Benefits）of Sprawl [J]．The Urban Lawyer，1997（29）：156-157.
[76] 查冬冬．基于政治经济分析的城市空间增长动力机制初步研究：以合肥市为例[D]．武汉：华中科技大学，2010.
[77] 刘克华．基于精明增长的城市用地扩展调控研究——以泉州中心城区为例[D]．南京：南京农业大学，2012.
[78] 徐改花，张福平，赵沙．西安市建成区扩张及动力机制分析[J]．干旱区资源与环境，2012，26（4）：37-43.
[79] 邓紫微．武陵山片区中心城市城镇扩展模拟与优化：以湖南怀化市为例[D]．长沙：湖南师范大学，2020.
[80] 童陆亿．国内外城市扩张内涵及度量研究进展[J]．世界地理研究，2020，29（4）：762-772.
[81] 张庭伟．20世纪90年代中国城市空间结构的变化及其动力机制[J]．城市规划，

2001，25（7）：7－14.

[82] Camagni R，Gibelli M C，Rigamonti P. Urban mobility and urban form：The social and environmental costs of different patterns of urban expansion [J]. Ecological economics，2002，40（2）：199－216.

[83] 杨叶涛. 土地利用景观格局对城市扩张影响研究 [J]. 自然资源学报，2010，25（2）：320－329.

[84] 杨清可，段学军，金志丰，等. 南通市建设用地扩张情景模拟与景观生态效应 [J]. 地理科学，2017，37（4）：528－536.

[85] 魏石梅，潘竟虎，魏伟. 绿洲城市用地扩展的景观生态格局变化——以武威市凉州区为例 [J]. 生态学杂志，2018.37（5）：1498－1508.

[86] 方创琳，李广东，张蔷. 中国城市建设用地的动态变化态势与调控 [J]. 自然资源学报，2017，32（3）：363－376.

[87] 高金龙，陈江龙，苏曦. 中国城市扩张态势与驱动机理研究学派综述 [J]. 地理科学进展，2013，32（5）：743－754.

[88] 罗鑫芯，焦利民. 城市扩张格局和过程的关联分析 [J]. 特区经济，2022（3）：63－67.

[89] Galster G，Hanson R，Ratcliffe M R，et al. Wrestling Sprawl to the Ground：Defining and measuring an elusive concept [J]. Housing Policy Debate，2001，12（4）：681－717.

[90] Dietzel C，Oguz H，Hemphill J J，et al. Diffusion and coalescence of the Houston Metropolitan Area：evidence supporting a new urban theory [J]. Environment& Planning B Planning&Design，2005，32（2）：231－246.

[91] Xu C，Liu M，Zhang C et al. The spatiotemporal dynamics of rapid urban growth in the Nanjing metropolitan region of China [J]. Landscape Ecology，2007，22（6）：925－937.

[92] Liu X，Li X，Chen Y et al. A new landscape index for quantifying urban expansion using multi－temporal remotely sensed data [J]. Landscape Ecology，2015，25（5）：671－682.

[93] Jiao L，Mao L，Liu，Y. Multi－order landscape expansion index：Characterizing urban expansion dynamics [J]. Landscape and Urban Planning，2015（137）：30－39.

[94] 刘稼丰，焦利民，董婷，等. 一种新的城市景观扩张过程测度方法：多阶邻接度指

数 [J]. 地理科学，2018，38 (11)：1741-1749.

[95] Sutton，P. C，A scale-adjusted measure of "Urban sprawl" using nighttime satellite imagery [J]. Remote Sensing of Environment，2003，86 (3)：353-369.

[96] M'Ikiugu，M M，I. Kinoshita，and Y. Tashiro，Urban Green Space Analysis and Identification of its Potential Expansion Areas [J]. Aice-Bs 2011 Famagusta (Asia Pacific Inter national Conference on Environment-Behaviour Studies)，2012 (35)：449-458.

[97] Dutta，I. and A. Das，Exploring the dynamics of urban sprawl using geo-spatial indices：a study of English Bazar Urban Agglomeration [J]，West Bengal. Applied Geomatic s，2019，11 (3)：259-276.

[98] 李晓燕，李慧颖，满卫东，等．哈长城市群城镇用地扩展进程及其驱动因素研究 [J]. 地理科学，2018，38 (8)：1273-1282.

[99] 陈宝芬，张耀民，江东．基于CA-ABM模型的福州城市用地扩张研究 [J]. 地理科学进展，2017，36 (5)：626-634.

[100] 赵旭，汤峰，张蓬涛，等．基于CLUE-S模型的县域生产-生活-生态空间冲突动态模 拟及特征分析 [J]. 生态学报，2019，39 (16)：5897-5908.

[101] 罗紫元，曾坚．资源环境保护下天津市用地空间增长模拟 [J]. 地理研究，2022，41 (2)：341-357.

[102] 宋歌，王金朔，何立恒，等．基于CLUE-S模型的西部干旱区土地利用变化情景模拟 [J]. 南京林业大学学报（自然科学版），2013，37 (3)：135-139.

[103] Garcia A M，Sante I，Boullon M，et al. Calibration of an urban cellular automato nmodel by using statistical techniques and a genetic algorithm. Application to a small urban settlement of NW Spain [J]. International Journal of Geographical Information Science，2013，27 (8)：1593-1611.

[104] 黄康，戴文远，黄万里，等．基于FLUS模型与动能定理的城镇用地增长边界划定 [J]. 地球信息科学学报，2020，22 (3)：557-567.

[105] 刘沁萍，杨永春，付冬暇，等．基于DMSP_OLS灯光数据的1992—2010年中国城市空间扩张研究 [J]. 地理科学．2014，34 (2)：129-136.

[106] 刘傲然．城市化进程中的城市空间扩张响应模式、机理及策略 [D]. 西安：西北大学，2021.

[107] 岳文泽，汪锐良，范蓓蕾．城市扩张的空间模式研究：以杭州市为例 [J]. 浙江大学学报（理学版），2013，40 (5)：596-605.

[108] 赵和生．城市规划与城市发展 [M]. 南京：东南大学出版社，2011：26.

[109] 郁鸿胜．城市化研究国际理论前沿 [M]. 上海：上海社会科学院出版社，2017：78.

[110] 朱学新，段进军．中国城市空间扩张与空间转型思考 [J]. 苏州大学学报（哲学社会科学版），2012，33（5）：46-51.

[111] 刘耀彬，李仁东，张守忠．城市化与生态环境协调标准及其评价模型研究 [J]. 中国软科学，2005（5）：140-148.

[112] 方创琳，黄金川．西北干旱区水资源约束下城市化过程及生态效应研究的理论探讨 [J]. 干旱区地理，2004，27（3）：1-7.

[113] 侯兰功，乔标．北京市城市扩张及其生态效应研究 [J]. 水土保持研究，2012，19（6）：193-196.

[114] 周侃，陈妤凡，徐勇．城市扩张与水污染物排放的伴生效应与交互机理：基于2011—2015年长三角地区的实证检验 [J]. 生态学报，2022，42（8）：3167-3180.

[115] 梁建设，白永平，杨雪荻．基于多源数据的城市扩张中热环境演变及响应 [J]. 环境科学，2022，43（6）：3365-3374.

[116] 李嘉译，匡鸿海，王佩佩．重庆市主城区城市扩张对生态系统服务影响的时空评估 [J]. 长江流域资源与环境，2020，29（4）：859-868.

[117] 朱晓南．生态系统服务对城市用地扩张的响应机理 [D]. 武汉：武汉科技大学，2020.

[118] 约日古丽卡斯木，孜比布拉·司马义，王蕾，等．新疆博乐市生态环境变化对城市建设用地扩张的响应 [J]. 农业工程学报，2019，35（1）：252-259.

[119] 赵丹阳，佟连军，仇方道，郭付友．松花江流域城市用地扩张的生态环境效应 [J]. 地理研究，2017，36（1）：74-84.

[120] 禹丝思．中国城镇用地扩展及其对主要环境要素的影响 [D]. 北京：中国科学院空天信息创新研究院，2021.

[121] 刘荣增，李盼．中国城市扩张的环境质量效应研究 [J]. 生态经济，2021，2（37）：76-81.

[122] 刘钰．生态空间评价及控制研究 [D]. 上海：复旦大学，2012.

[123] 李广娣，冯长春，曹敏政．基于土地生态敏感性评价的城市空间增长策略研究 [J]. 城市发展研究，2013，20（11）：69-74.

[124] 周锐，王新军，苏海龙，等．基于生态安全格局的城市增长边界划定：以平顶山新区为例 [J]. 城市规划学刊，2014（4）：57-63.

[125] 吴健生，毛家颖，林倩，等．基于生境质量的城市增长边界研究：以长三角地区为例［J］．地理科学，2017（1）：31－39.

[126] 易丹，赵小敏，郭熙，等．基于生态敏感性评价和CA－Markov模拟的平原型城市开发边界划定：以南昌市为例［J］．应用生态学报，2020，31（1）：208－218.

[127] 张健，高中贵，濮励杰．经济快速增长区城市用地空间扩展对生态安全的影响［J］．生态学报，2008，28（6）：2709－2810.

[128] 袁凯华，甘臣林，杨慧琳，等．建设用地扩张与碳排放增长的EKC验证及特征分解研究［J］．中国土地科学，2019，33（1）：56－64.

[129] 李平星，樊杰．城市扩张情景模拟及对城市形态与体系的影响：以广西西江经济带为例［J］．地理研究，2014，33（3）：509－519.

[130] 丛佃敏，赵书河，于涛，等．综合生态安全格局构建与城市扩张模拟的城市增长边界划定：以天水市规划区（2015—2030年）为例［J］．自然资源学报，2018，33（1）：14－26.

[131] 郭珊珊．黄河流域生态系统健康与城镇化耦合协调研究［D］．徐州：中国矿业大学，2022.

[132] 郑茜．武汉市生态空间评价与优化研究［D］．武汉：华中师范大学，2018.

[133] 魏宏森，曾国屏．系统论：系统科学哲学［M］．北京：清华大学出版社，1995：288.

[134] 牛林凤．合肥市生态空间结构优化研究［D］．合肥：合肥工业大学，2015.

[135] 王宁．城镇规划与管理［M］．北京：中国物价出版社，2004：42－43.

[136] 占小林．经济发达地区城市用地扩展与供地政策选择：以马鞍山市为例［D］．南京：南京农业大学，2004.

[137] 沈小峰，胡岗，姜璐．耗散结构论［M］．上海：上海人民出版社，1987：38－49.

[138] 方创琳．耗散结构理论与地理系统论［J］．干旱区地理，1989（3）：51－56.

[139] 卢艳芹，彭福扬．基于耗散结构理论的自然与社会互动关系探析［J］．生态经济，2016，32（2）：211－214.

[140] 钟大勇，张恒．耗散结构理论视角下公共部门绩效管理［J］．经济研究导刊，2022（3）：117－121.

[141] 周理乾，张云霞．生态与人类社会系统演化的熵增分析和高熵危机［J］．佛山科学技术学院学报（社会科学版），2009，27（5）：15－19.

[142] 方创琳，杨玉梅．城市化与生态环境交互耦合系统的基本定律［J］．干旱区地理，2006（1）：1－8.

[143] 傅伯杰．地理学的新领域——景观生态学［J］．生态学杂志，1983（4）：60－7.

[144] 徐延达，傅伯杰，吕一河．基于模型的景观格局与生态过程研究［J］．生态学报，2010，30（1）：212－220.

[145] 李秀珍，布仁仓，常禹，等，景观格局指标对不同景观格局的反应［J］．生态学报，2004，24（1）：123－134.

[146] 朱明，濮励杰，李建龙．遥感影像空间分辨率及粒度变化对城市景观格局分析的影响［J］．生态学报，2008，28（6）：2754－2765.

[147] 张韧璎，刘学录．天水市土地利用景观格局的幅度效应研究［J］．生态科学，2019，38（3）：80－89.

[148] 刘可暄，王冬梅，常国梁，等．多空间尺度景观格局与地表水质响应关系研究［J］．环境科学学报，2022，42（2）：23－31.

[149] 朱从谋，王珂，张晶，等．国土空间治理内涵及实现路径——基于"要素—结构—功能—价值"视角［J］．中国土地科学，2022，36（2）：10－18.

[150] 陈美球，刘桃菊，林雯璐．以新发展理念引领国土空间治理［J］．中国土地，2022（3）：20－22.

[151] 邓兴栋，韩文超，霍子文．基于人地和谐的国土空间治理框架——以广州市为例［J］．城市规划学刊，2022（2）：47－53.

[152] Syrbe R，Walz U. Spatial Indicators for the Assessment of Ecosystem Services：Providing，Benefiting Connecting Areas and Landscape Metrics［J］．Ecological Indicators，2012（21）：80－88.

[153] 傅伯杰．地理学综合研究的途径与方法：格局与过程耦合［J］．地理学报，2014，69（8）：10 52－1059.

[154] 苏常红，傅伯杰．景观格局与生态过程的关系及其对生态服务的影响［J］．自然杂志，2012，34（5）：277－283.

[155] 王勇强．基于GIS降雨条件下尾矿库周围土壤金属污染环境影响评价［D］．南京：南京大学，2021.

[156] Wischmeier W H，Smith D. Predicting rainfall erosion losses：a guide to conserv ation planning［M］．USDA－ARS Agriculture Handbool，Washington DC. 1978.

[157] 荆田芬．基于InVest模型的高原湖泊生态系统服务功能评估研究——以抚仙湖流域为例［D］．昆明：云南师范大学，2016：28.

[158] 江忠善，李秀英．黄土高原土壤流失预报方程中降雨侵蚀力和地形因子的研究［J］．中国科学院西北水土保持研究所集刊，1988（1）：40－45.

[159] 燕玲玲，巩杰，徐彩仙，等．子午岭地区土壤保持服务时空变化及其影响因素[J]．水土保持学报，2021，35（1）：188－197.

[160] 刘长雨，杨洁，谢保鹏，等．黄河流域甘青段生境质量时空特征及其地形梯度效应[J]．农业资源与环境学报，2022（7）：13.

[161] 如克亚·热合曼，等．基于InVEST模型的天山北坡城市群生境质量时空演化研究[J]．生态与农村环境学报，2022，38（9）：1112－1121.

[162] Eigenbrod F，Armsworth P R，Anderson B J，et al. The impact of proxy－based methods on mapping the distribution of ecosystem services [J]．Joural of Applied Ecology，2010（47）：377－385.

[163] 王书明，张志华．景观格局—生态过程—生态系统服务的系统耦合——傅伯杰景观生态学思想述评[J]．鄱阳湖学刊，2017（2）：78－83，127.

[164] 黄辉玲，罗文斌，吴次芳，等．基于物元分析的土地生态安全评价[J]．农业工程学报，2010，26（3）：316－322.

[165] 余健，房莉，仓定帮，等．熵权模糊物元模型在土地生态安全评价中的应用[J]．农业工程学报，2012，28（5）：260－266.

[166] 虞燕娜．城市化过程对生态系统服务的影响[D]．南京：南京农业大学，2016：23.

[167] 张艳，王体健，胡正义，等．典型大气污染物在不同下垫面上干沉积速率的动态变化及空间分布[J]．气候与环境研究，2004（4）：591－604.

[168] 韦仲斌．浅谈合作杨木材材积测定方法及建议[J]．特种经济动植物，2021，24（11）：119－121.

[169] 陈剑阳，尹海伟，孔繁花，等．环太湖复合型生态网络构建研究[J]．生态学报，2015，35（9）：1－12.

[170] 陈南南，康帅直，赵永华，等．基于MSPA和MCR模型的秦岭（陕西段）山地生态网络构建[J]．应用生态学报，2021，32（5）：1545－1553.

[171] 李怡，赵小敏，郭熙，等．基于InVEST和MCR模型的南方山地丘陵区生态保护红线优化[J]．自然资源学报，2021，36（11）：2980－2994.

[172] 陈万旭，梁加乐，卞娇娇，等．黄河流域景观破碎化对土壤保持服务影响研究[J]．地理科学，2022，42（4）：589－601.

[173] 赵筱青，石小倩，李驭豪，等．滇东南喀斯特山区生态系统服务时空格局 及功能分区[J]．地理学报，2022，77（3）：736－756.

[174] 王飞，陶芹，程宪波，等．快速城镇化地区景观格局变化对水生态系统服务的影响

[J]. 水土保持学报 .2023，37（1）：159-167.

[175] 马宇，李德平，周亮，等 . 长沙市人口空间分布与地形起伏度关系分析 [J]. 湖南师大学自然科学学报，2022（6）：12-20.

[176] 杨晓楠 . 黄土高原多尺度景观格局对径流及输沙过程的影响 [D]. 杨凌：西北农林科技大学，2019.

[177] 张少杰，游洋 . 雨水综合利用与海绵城市浅析 [J]. 治淮，2015（11）：49-51.

[178] 刘程 . 深圳近地面风的时空特征研究 [D]. 深圳：中国科学院大学（中国科学院深圳先进技术研究院），2020.

[179] 刘文剑，张会兰，王玉杰，等 . 模拟植被地表覆盖率和粗糙度对坡面流水动力特性的影响 [J]. 水土保持学报，2017，31（6）：1-7.

[180] 鲁春阳，周彦兵，李玥，等 . 重庆市城市建设用地扩张与经济发展关联测度 [J]. 中国农业资源与区划，2020，41（3）：161-168.

[181] 刘新芳 . 山东省城市规模结构及其优化研究 [D]. 济南：山东师范大学，2008.

[182] 王小鲁，夏小林 . 优化城市规模推动经济增长 [J]. 经济研究，1999，(9)：22-29.

[183] 张扬，姚志毅 . 中国城市集聚与最优规模研究 [J]. 江西社会科学，2018（12）：80-88.

[184] 邓紫微 . 武陵山片区中心城市城镇扩展模拟与优化——以湖南怀化市为例 [D]. 长沙：湖南师范大学，2020.

[185] 李双成，张才玉，刘金龙，等 . 生态系统服务权衡与协同研究进展及地理学研究议题 [J]. 地理研究，2013，32（8）：1379-1390.

[186] 虞燕娜 . 城市化过程对生态服务系统的影响 [D]. 南京：南京大学，2016.

[187] World Bank. World development report：deveiopment report：development and the environment [M]. London：oxford university press，1992.

[188] 盛业旭 . 经济增长与城市土地扩张脱钩：测度、影响因素及管控策略 [D]. 南京：南京农业大学，2015.

[189] 钟太洋，黄贤金，韩立，等 . 资源环境领域脱钩分析研究进展 [J]. 自然资源学报，2010：25（8）：1400-1412.

[190] 盖美，胡抗爱，柯丽娜 . 长江三角洲地区资源环境与经济增长脱钩分析 [J]. 自然资源学报，2013，28（2）：185-198.

[191] 李小文，曹春香，常超一 . 地理学第一定律与时空邻近度的提出 [J]. 自然杂志，2007（2）：69-71.

[192] 罗庆 . 海量空间面数据的空间自相关统计方法研究 [D]. 武汉：武汉大学，2019.

[193] 刘海龙，丁娅楠，王跃飞，等．山西省城镇化与生态系统服务时空相关性及空间效应分析 [J]. 水土保持学报，2022，36 (1)：124-134.
[194] 周鹏．太行山区国土空间格局优化与功能提升路径研究 [D]. 北京：中国科学院大学，2020.
[195] 王旭，马伯文，李丹，等．基于 FLUS 模型的湖北省生态空间多情景模拟预测 [J]. 自然资源学报，2020，35 (1)：230-242.
[196] 朱寿红，舒帮荣，马晓冬，等．基于“反规划”理念及 FLUS 模型的城镇用地增长边界划定研究：以徐州市贾汪区为例．地理与地理信息科学，2017，33 (5)：80-86，127.
[197] 王保盛，廖江福，祝薇，等．基于历史情景的 FLUS 模型邻域权重设置：以闽三角城市群 2030 年土地利用模拟为例 [J]. 生态学报，2019，39 (12)：4284-4298.
[198] 孙乔．基于 Markov-FLUS 模型的洛川县土地利用变化和多情景模拟研究 [D]. 西安：长安大学，2021.
[199] 张海博．昕水河流域景观格局与水土流失的关联分析及优化配置 [D]. 北京：北京林业大学，2020.
[200] 刘长雨，杨洁，谢保鹏，等．黄河流域甘青段生境质量时空特征及其地形梯度效应 [J]. 农业资源与环境学报，2002，40 (2)：372-383.
[201] 袁纯清．共生理论及其对小型经济的应用研究 [J]. 改革，1998 (1)：101-105.
[202] 张路路．湖南省国土空间共生分区研究 [D]. 北京：中国地质大学，2017.
[203] 李良贤．基于竞合关系的中小企业成长过程中的共生行为研究 [D]. 南昌：江西财经大学，2011.